A CULTURA DA EXPERIMENTAÇÃO

A CULTURA DA EXPERIMENTAÇÃO

Como os experimentos nos negócios podem melhorar sua capacidade de inovação

STEFAN H. THOMKE

Tradução
Cristina Yamagami

Benvirá

Direção executiva Flávia Alves Bravin
Direção editorial Renata Pascual Müller
Gerência editorial Fernando Penteado
Edição Tatiana Vieira Allegro
Produção Estela Janiski Zumbano

Preparação Paula Carvalho
Revisão Carmem Becker
Diagramação Edson Colobone / Lais Soriano
Capa adaptada do projeto gráfico original de Tyler Comrie

Dados Internacionais de Catalogação na Publicação (CIP)
Angélica Ilacqua CRB-8/7057

T465c   Thomke, Stefan H.

A cultura da experimentação: como os experimentos nos negócios podem melhorar sua capacidade de inovação / Stefan H. Thomke; tradução de Cristina Yamagami. – São Paulo: Benvirá, 2021.
288 p.

ISBN: 978-65-5810-005-8
Título original: Experimentation works

1. Gestão. 2. Inovação. 3. Tecnologia. 4. Cultura Organizacional. 5. Negócios. I. Yamagami, Cristina. II. Título.

	CDD 658.4012
2021-141	CDU 65.011.

Índices para catálogo sistemático:
1. Gestão : Negócios   658.4012
2. Gestão : Negócios   65.011.4

1ª edição, março 2021 | 4ª tiragem, julho de 2024

Nenhuma parte desta publicação poderá ser reproduzida por qualquer meio ou forma sem a prévia autorização da Saraiva Educação. A violação dos direitos autorais é crime estabelecido na Lei n. 9.610/98 e punido pelo artigo 184 do Código Penal.

Todos os direitos reservados à Benvirá, um selo da Saraiva Educação.
Av. Paulista, 901, 4º andar
Bela Vista - São Paulo - SP - CEP: 01311-100

Atendimento ao cliente:
www.editoradodireito.com.br/contato

CÓDIGO DA OBRA   703669   CL   670957   CAE   758655

A meus pais, que me deram o empurrão inicial,
e a Savita, Arjun, Vikram e Anjali,
que me mantêm seguindo em frente.

Sumário

Prefácio
Uma homenagem ao método científico

Em 2003, quando meu livro *Experimentation Matters: Unlocking the Potential of New Technologies of Innovation* foi publicado, fiz uma previsão: as ferramentas digitais de experimentação tinham não apenas o potencial de revolucionar a área de P&D de uma empresa como também poderiam transformar setores inteiros, transferindo a experimentação (e, portanto, a inovação) para usuários e clientes. Cinco anos depois, a Apple abriu a App Store, que possibilitou a qualquer pessoa, em qualquer lugar, criar e distribuir novos aplicativos. No início de 2017, cerca de 2,2 milhões de aplicativos já estavam disponíveis aos usuários do iOS. Naquele mesmo ano, a App Store gerou cerca de US$ 10 bilhões em receita para a Apple, possivelmente com uma margem bruta altíssima. Em meados de 2017, a Apple já tinha pagado mais de US$ 70 bilhões para desenvolvedores de aplicativos desde a abertura da App Store, e, segundo as estimativas da empresa, os downloads cumulativos de aplicativos chegaram a 180 bilhões.[1] E, como qualquer pessoa que acompanha de perto a evolução de ferramentas de simulação e prototipagem sabe, a utilização dessas ferramentas já está generalizada em empresas de manufatura, apesar de as organizações ainda tropeçarem nos problemas de integração e gestão sobre os quais escrevi em 2003. Depois de constatar, satisfeitíssimo, que minhas previsões se concretizaram, decidi que era hora de seguir em frente e estudar outro tema.

Só que eu estava errado! O problema era que, em 2003, o Google tinha acabado de fazer 5 anos, a Amazon tinha 9 anos e a Booking.com ("Booking") ainda era uma startup independente de Amsterdã. Mesmo tendo estudado os princípios estatísticos e de gestão que são a parte central da experimentação, eu não tinha analisado de perto como esses princípios afetam a experiência do cliente e o design do modelo de negócio. Eu não fazia ideia de como sua utilização impulsionaria a ascensão das empresas on-line de hoje. Quando finalmente me dei conta disso, percebi imediatamente que a experimentação controlada em grande escala revolucionaria a maneira como *todas* as empresas conduzem seus negócios e o modo como os gestores tomam decisões. O que eu estava vendo era o método científico *plenamente aplicado nas organizações* – e turbinado! As semelhanças com as mudanças na área de P&D eram impressionantes. As duas revoluções se baseavam no potencial de novas ferramentas, processos e culturas de experimentação e no que as empresas precisavam fazer para destravar todo esse potencial. Em 2003, nem todas as empresas manufatureiras estavam totalmente comprometidas com a proposta de ajustar suas organizações às novas ferramentas e seguir os princípios descritos em *Experimentation Matters*. Alguns anos depois, essas empresas perceberam que não tinham outra escolha a não ser pisar no acelerador se quisessem permanecer competitivas.

Para os leitores que acreditam que a experimentação em grande escala só afeta empresas B2C com raízes digitais, espero que este livro os leve a mudar de ideia, por três razões. Para começar, as empresas sem raízes digitais estão cada vez mais interagindo com os clientes na internet. É dificílimo beneficiar-se do número enorme de pontos de contato digitais, opções de design e decisões de negócios sem ter acesso a testes em grande escala. Em segundo lugar, as ideias e os princípios abordados neste livro são aplicáveis a qualquer contexto de negócio, não importa se a sua empresa é off-line ou on-line, B2C ou B2B, do setor da manufatura, varejo, serviços administrativos e financeiros, logística, viagens, mídia, entretenimento, saúde ou [preencha a lacuna]. O livro é sobre decisões de inovação testáveis que envolvem algum grau de incerteza. Realizar experimentos rigorosos não é mais exclusividade de projetos de ciência e engenharia. Os estudos de caso apresentados neste livro, que mostram que é possível realizar experimentos com qualquer coisa, podem parecer radicais à primeira vista, mas darão ao leitor um vislumbre de um futuro de inovação que já começou. Em terceiro lugar, as empresas sem raízes digitais devem respeitar a máxima do investidor de capital de risco Marc Andreessen: "O software está devorando o mundo". Vi muitos projetos de desenvolvimento de hardware nos quais o software devorou mais da metade de todos os recursos. Note que as melhores práticas da área de desenvolvimento de software mudaram radicalmente na última década. Na Microsoft, cerca de 80% das alterações propostas para o Bing são executadas antes na forma de experimentos controlados. (Excluindo algumas correções de bugs de baixo risco e alterações no nível de máquina, como atualizações do sistema operacional.)[2] Projetos de software que até então seguiam metodologias lineares, com um começo e um fim, agora seguem ciclos de testes contínuos que só param quando o produto é substituído.

O *timing* da publicação de *A cultura de experimentação* não poderia ser mais adequado: 400 anos atrás, em 1620, Francis Bacon publicou *Novum Organum*, a explicação clássica de um novo instrumento para desenvolver e organizar o conhecimento: o método científico. A proposta de pensar e agir cientificamente teve um enorme impacto no mundo. Passamos séculos desenvolvendo e organizando conhecimentos científicos e tecnológicos por meio de explicações e previsões testáveis. Estas, por sua vez, nos deram a medicina moderna, alimentos, energia, transportes, comunicações e muito mais. A experimentação é o motor que move o método científico. Passei mais de 25 anos estudando a experimentação em empresas e me beneficiei enormemente do trabalho dos vários estudiosos e profissionais mencionados neste livro. Acredito que todos eles concordariam comigo: *a experimentação funciona*! No entanto, para se beneficiar em sua plenitude de todo o surpreendente poder da experimentação, as empresas precisam investir em uma "fábrica de experimentação", ou seja, em sistemas, ferramentas, princípios organizadores, valores e comportamentos que possibilitem aos gestores de hoje pensar e agir pautados pela ciência, com grande velocidade, com precisão e em grande escala. Este livro mostrará como fazer isso.

Introdução
Por que a experimentação é imprescindível

E pur si muove (No entanto ela se move).
— Frase atribuída a Galileu Galilei quando foi forçado a
negar sua tese de que a Terra se move em torno do Sol

Este livro trata de como as empresas podem usar a experimentação para inovar continuamente. A inovação é importante porque impulsiona o crescimento lucrativo e cria valor para o acionista. O dilema é que, apesar de serem bombardeados de informações vindas de todas as direções, os gestores de hoje precisam trabalhar em um mundo incerto, sem acesso aos dados necessários para embasar suas decisões estratégicas e táticas.[1] Em consequência, para o bem ou para o mal, nossas ações tendem se basear na experiência, na intuição e em crenças. O problema é que tudo isso costuma não funcionar. E acontece muito de descobrirmos que as ideias verdadeiramente inovadoras contradizem nossas experiências prévias, nossas suposições ou o pensamento convencional. Seja melhorando a experiência do cliente, testando novos modelos de negócio ou desenvolvendo novos produtos e serviços, até os gestores mais experientes erram muito, gostando ou não. Neste livro, você conhecerá muitas dessas pessoas e situações e verá como os experimentos melhoraram muito sua capacidade de inovação. Vejamos o exemplo a seguir, do Capítulo 3.

Em 2012, um funcionário da Microsoft que trabalhava no Bing teve a ideia de mudar a maneira como a ferramenta de busca exibia os títulos dos anúncios.[2] A mudança não exigiria muito esforço, mas era mais uma entre centenas de outras ideias propostas, e os gerentes do programa a consideraram de baixa prioridade. A ideia ficou esquecida por seis meses, até que um engenheiro lançou um simples experimento controlado on-line para avaliar seu impacto. Em questão de horas, a nova variação dos títulos dos anúncios já gerava uma receita anormalmente alta, disparando um alerta do tipo "bom demais para ser verdade". Uma análise demonstrou que a mudança aumentou a receita em nada menos que 12% (o que, em termos anuais, chegaria a mais de US$ 100 milhões só nos Estados Unidos) sem prejudicar as principais métricas de experiência do usuário. Foi a melhor ideia geradora de receita da história do Bing. Essa história ilustra a dificuldade de avaliar o potencial de novas ideias. À primeira vista, a ideia original foi descartada pelos gestores, que não viram sua importância. O que fez a diferença foi a capacidade de um funcionário de *lançar um experimento rigoroso* para avaliar o impacto da ideia.

Este livro também mostra como uma organização pode se beneficiar do poder desses experimentos, desenvolvendo sua capacidade de *conduzir muitos testes em alta velocidade* para fazer mais e melhores perguntas. Quando falo em uma *organização de experimentação*, refiro-me a uma empresa na qual a experimentação é adotada (tanto em termos de ação quanto de orientação) por todos os funcionários, de todos os níveis. A experimentação não é responsabilidade de um único departamento, do laboratório de P&D ou de um grupo de especialistas. Pelo contrário, todos os funcionários participam, de um jeito ou de outro, em uma organização na qual fazer experimentos é tão importante quanto realizar cálculos financeiros. O *ethos* da organização é *pensar experimentalmente*.[3]

Ao longo deste livro, você conhecerá empresas que realizam anualmente mais de dez mil experimentos on-line, sendo que cada um desses experimentos engaja milhões de usuários. Essas organizações descobriram que adotar uma mentalidade do tipo "tudo é um teste" leva a benefícios e vantagens competitivas surpreendentes e pode até melhorar o desempenho das ações (veja a Figura I-1).

Essas empresas levaram anos para desenvolver uma infraestrutura e uma cultura que lhes possibilitam conduzir centenas de experimentos por semana a um custo praticamente zero. Com os avanços das ferramentas terceirizadas, hoje esses recursos estão ao alcance de todas as organizações, independentemente de atuarem on-line ou off-line. Ao combinar o poder do software com o rigor dos experimentos controlados, as empresas podem se transformar em

FIGURA I-1

Desempenho das ações das principais organizações de experimentação (2 de janeiro de 2008 = 100)*

Um índice igualmente ponderado, composto por Amazon, ETSY, Facebook, Google, Microsoft, Netflix e Booking Holdings. Essas empresas passaram anos desenvolvendo infraestruturas e culturas de experimentação em grande escala.

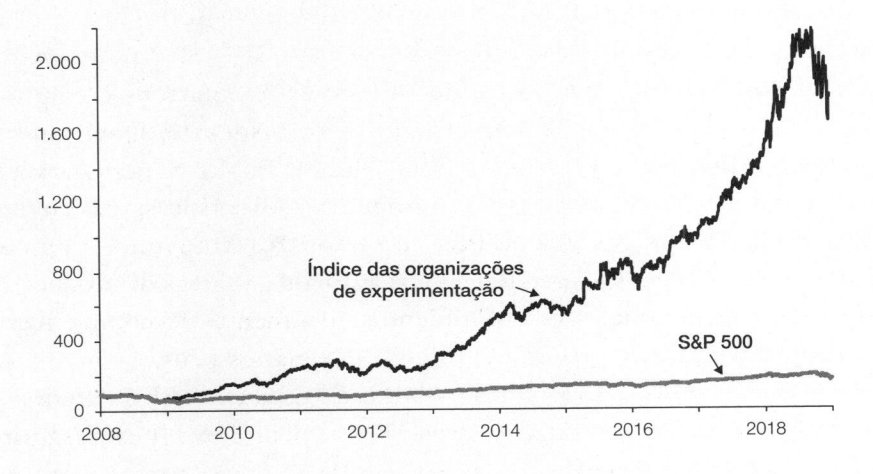

Fonte: Bloomberg 2019.
* Naturalmente, não devemos confundir correlação com causalidade. Os preços das ações resultam de muitos fatores, e a amostra só inclui empresas de capital aberto. No entanto, isso não exclui o fato de que o crescimento dessas empresas foi afetado por seus experimentos on-line. A análise foi elaborada por James Zeitler, da Baker Research Services da Faculdade de Administração de Harvard, usando dados da S&P 500 da Bloomberg. Ele começou com um nível de referência de 100 para a base de dados de 2 de janeiro de 2008. Em seguida, calculou o retorno de cada empresa do índice a cada dia e encontrou a média dos retornos das empresas. No caso de um índice ponderado, esse valor seria uma simples média aritmética. Bastaria ponderar os retornos (por exemplo, pela capitalização de mercado do dia anterior) para obter um índice ponderado. No entanto, estamos calculando um índice igualmente ponderado. Se $R(t)$ for a média dos retornos das empresas no tempo t, e $I(t)$ for o nível do índice no tempo t, o nível do índice calculado a cada dia será $I(t) = I(t-1) \times (1 + R(t))$.

organizações de aprendizagem... turbinadas! No entanto, para liberar esse poder, você precisa construir uma organização de experimentação que domine a ciência dos testes e ter cultura, processos e sistema de gestão que contrariem muito do que valorizamos hoje. Por exemplo, na Booking, a plataforma líder mundial de hospedagem, todos os funcionários podem criar uma hipótese e lançar um experimento para milhões de usuários sem precisar de permissão da gestão. A empresa passou mais de uma década criando uma cultura democrática na qual os experimentos de B2B e B2C estão entranhados em suas rotinas diárias. Em qualquer dia, sua equipe executa mais de mil testes rigorosos e simultâneos no site, nos servidores e nos aplicativos da empresa para otimizar as experiências do cliente. Com quatrilhões (milhões de bilhões) de variações de sua página de destino, os clientes que reservam um quarto de hotel através do site da Booking participam do ecossistema de experimentação da empresa. A IBM integrou os testes em grande escala às interações com seus clientes corporativos globais. Entre 2015 e 2018, a empresa aumentou o número de testes de cerca de cem para quase três mil e os funcionários envolvidos, de 14 para 2.130. Startups e empresas sem raízes digitais, como Walmart, State Farm Insurance, Dow Jones & Company, BBC, Sky UK, Nike, FedEx, Kohl's, Publix Super Markets e Petco, conduzem experimentos na internet e nas lojas físicas, mas em uma escala muito menor. Na área de P&D do setor da manufatura, o número de experimentos decolou, isso graças aos avanços nas áreas de modelagem e simulação, sendo que esses experimentos geralmente são complementados com testes usando protótipos físicos em cenários reais.

Este livro explica em detalhes e com inúmeros exemplos (tirados de estudos de caso e da minha própria experiência como pesquisador e consultor) as características da experimentação como uma prática que envolve todo o negócio. Veremos por que *todas* as empresas devem se engajar na experimentação e o motivo de essa prática ser importante para a inovação. O livro também mergulha nos fundamentos de como a experimentação disciplinada é feita (e, também muito importante, como *não* deve ser feita) e os requisitos técnicos e organizacionais para adotar a mentalidade da experimentação. Ao terminar a leitura, você terá aprendido como criar uma organização que adota plenamente a experimentação como uma prática de negócio essencial. Veremos que, considerando que hoje as empresas operam em um mundo digital, beneficiar-se das novas ferramentas significa a possibilidade de conceber e executar experimentos com rapidez, baixo custo e em grande escala. Os resultados são rápidos e, devido à escala, seu sucesso ou fracasso pode ser avaliado prontamente. Em uma das cenas mais famosas do filme *Jerry Maguire: a grande virada*, o agente esportivo (interpretado por Tom Cruise) e seu cliente gritam repetidamente ao telefone: "Show me the money!" [Mostre-me o dinheiro!].[4] Nas organizações que adotam a inovação contínua, os gestores exigem: "Mostre-me o experimento!", em vez de agir apenas com base nas crenças dominantes, nos resultados de grupos de foco e até na análise de dados. Gostaria de deixar claro que nem todas as decisões relativas à inovação podem ser testadas e nem todos os resultados de testes devem ser seguidos às cegas. Ponderações éticas, legais ou estratégicas podem favorecer uma linha de ação diferente, e, nesses casos, bons experimentos podem esclarecer as razões que levam às decisões.

Este livro vem com uma ressalva: orientar uma empresa à prática da experimentação contínua não garante que todos os experimentos serão um sucesso ou que tudo será perfeito já na primeira vez. A experimentação em si não é garantia de sucesso. Na verdade, a taxa de fracasso dos experimentos pode ser de 90% ou mais (não importa se eles forem conduzidos por um cientista trabalhando sozinho, um laboratório internacionalmente famoso, um departamento de marketing ou a alta gestão de uma empresa), como comprovam muitas das organizações que você encontrará nos próximos capítulos. Só que, mesmo se o experimento fracassar, ele gerará informações importantes: por que o experimento não funcionou; quais premissas estavam erradas; quais foram os problemas do design e/ou da implementação etc. E, o mais importante: *o que podemos aprender para o próximo experimento?* É claro que aprender com o sucesso e o fracasso sempre foi algo intrínseco da experimentação. O que mudou é que agora temos ferramentas que nos permitem aprender sobre o desempenho da inovação (novos produtos, experiências do cliente e modelos de negócio) com rapidez, baixo custo e em uma escala sem precedentes. Com a experimentação em grande escala, as empresas podem beijar sistematicamente muitos sapos para (esperamos) encontrar um príncipe.[5]

Para encontrar esse príncipe, as organizações de experimentação podem explorar o poder do *incrementalismo de alta velocidade*. Embora o mundo dos negócios exalte as ideias disruptivas, a maior parte do progresso resulta da implementação de centenas ou milhares de pequenas melhorias que podem ter um grande impacto cumulativo. Como vimos no exemplo do Bing, pequenas mudanças podem resultar em enormes retornos no mundo digital devido à escalabilidade quase instantânea. Uma melhoria de 5% pode não parecer muito antes de ser multiplicada por um bilhão de cliques futuros. E não é só a escala que importa, a precisão científica também. Muitos gestores acreditam erroneamente que a experimentação envolve jogar muitas ideias na parede para ver qual delas "cola", uma técnica conhecida como "atirar para todos os lados". Isso é bem diferente do que acontece nos testes disciplinados, que podem isolar variáveis e estabelecer relações de causa e efeito. Na verdade, as organizações de experimentação mantêm um grande foco nos fatores que realmente importam e não dependem tanto de experiências prévias, dados do passado, intuição, imitação ou das chamadas "melhores práticas". Neste livro, você conhecerá as regras e as práticas adotadas por essas empresas.

Vejamos o exemplo a seguir, da Booking, que foi crucial para possibilitar à empresa enfrentar os perigos das suposições equivocadas e beneficiar-se do poder da experimentação. No início de sua história, a Booking descobriu que não podia basear-se apenas na intuição e nas suposições, como um gestor da empresa me disse: "Todos os dias vemos evidências de que as suposições das pessoas costumam ser equivocadas. Nove em cada dez de nossas previsões sobre o comportamento dos clientes estão erradas".[6] Por exemplo, presumia-se que os clientes gostariam de pacotes combinados de hotel com outros produtos. Essa suposição se baseava no fato de os folhetos de viagem, aqueles que costumávamos pegar em agências de viagens, oferecerem esse tipo de pacote. Só que a Booking é um serviço on-line. Será que o que funciona em uma agência de viagens também funciona em um site? Também se presumia que os clientes gostariam de um chat para falar com um atendente durante o processo de reserva na internet. Por quê? Porque outras empresas oferecem recursos de atendimento virtual. Também se presumia que os clientes veriam vídeos de possíveis destinos de viagem enquanto navegavam pelo site. Por quê? Bem, simplesmente parecia óbvio. E nenhuma dessas suposições se comprovou correta. Como sabemos disso? A constatação de que essas suposições, palpites ou premissas intuitivas não eram aplicáveis aos clientes da Booking resultou do trabalho de funcionários "capacitados para experimentação". Todos os funcionários, seguindo um processo documentado (que teremos o privilégio de explorar em mais detalhes no Capítulo 5), podiam criar experimentos para questionar essas suposições – e muito mais.

O exemplo da Booking nos dá um vislumbre empolgante e esclarecedor de como a experimentação pode ser aplicada nos negócios, em uma prática baseada no método científico aperfeiçoado ao longo de séculos, uma prática que passei mais de 25 anos estudando e sobre a qual escrevi muito. No entanto, foi a revolução digital que reuniu os princípios da experimentação em uma "tempestade perfeita" de oportunidades e impulsionou enormes avanços de ferramentas hoje disponíveis para as equipes de inovação. Agora o ciclo desse progresso está completo: seria impossível projetar e desenvolver as tecnologias digitais de hoje sem as ferramentas que elas ajudaram a criar. Para saber como empregar essas tecnologias e ferramentas, este livro oferecerá ideias, modelos, exemplos e pesquisas sobre inovação.

Ao longo dos capítulos, veremos por que a experimentação é crucial para uma empresa garantir sua competividade. Essa prática nos ajuda a começar a responder às perguntas com as quais todas as organizações se deparam: como saber quais produtos lançar, quais experiências oferecer ao cliente e quais informações são necessárias para tomar essas decisões? Como podemos começar a inovar se não sabemos o que os clientes querem e pelo que eles estariam dispostos a pagar? Como alocar os recursos de nossa organização? Como diferenciar causa e efeito? Como reduzir as incertezas em nosso processo decisório?

O Capítulo 1 apresenta uma visão geral dos fundamentos da experimentação nas empresas. Veremos como vários fatores operacionais são cruciais para o sucesso da experimentação. (E com "sucesso" queremos dizer que geramos um aprendizado que ajudará os tomadores de decisão a aceitar ou rejeitar uma ideia ou hipótese.) E, também muito importante, aprenderemos a identificar uma experimentação indisciplinada (como os chamados "testes cegos de tentativa e erro") e a saber quando os experimentos não deveriam e não poderiam ser conduzidos (por exemplo, quando os custos são altos demais). Veremos também que muitas atividades são rotuladas de "experimentos" apesar de não serem.

Para saber como seria um verdadeiro processo de experimentação, analisaremos em profundidade o clássico caso da vitória surpreendente, em 1995, da equipe da Nova Zelândia na Copa América de Iatismo, a mais famosa e prestigiada regata de iatismo. A equipe seguiu um processo padronizado com ênfase na experimentação iterativa, fazendo pequenas alterações e aplicando o aprendizado de um experimento ao próximo. Eles começaram gerando hipóteses testáveis, conduziram e analisaram experimentos controlados, aprenderam com os resultados e reviram as hipóteses, repetindo o ciclo a cada 24 horas, com iterações rápidas e maior precisão a cada vez.

Em virtude dos avanços das ferramentas digitais, é possível (e, no ambiente competitivo de hoje, crucial) seguir esse ciclo com muita rapidez e a um custo muito baixo, como detalha o restante do Capítulo 1, com base nas experiências de outras organizações e da equipe de iatismo da Nova Zelândia. No fim do capítulo, você estará familiarizado com os principais fatores de experimentação que aceleram o aprendizado. Ao mesmo tempo, você terá uma boa ideia dos obstáculos ao aprendizado, principalmente dos fatores gerenciais e organizacionais que interferem na velocidade da experimentação.

O Capítulo 2 baseia-se no que foi visto no capítulo anterior; mais especificamente nos fatores (*fatores operacionais*) que ajudam a organização a aprender com a experimentação e aceleram a aprendizagem. Esse aprendizado, no entanto, não significa necessariamente que tomaremos boas decisões de negócio (muito menos decisões *melhores*). Podemos acabar com um grande número de decisões ruins geradas rapidamente. Como as decisões e a experimentação funcionam juntas? O que vem a ser um bom experimento? Para responder a essas perguntas, analisaremos uma série de práticas de gestão de ampla aplicação, expressas na forma de uma série de perguntas inter-relacionadas que, apesar de parecerem óbvias, muitas vezes deixam de ser feitas e que não são simples de serem respondidas:

- *O experimento tem uma hipótese testável?* Ou seja, estamos fazendo uma pergunta que pode e deve ser testada? A criatividade, as habilidades e a imaginação têm um papel importante aqui. Não se trata só de ciência, mas também de arte.
- *Estamos comprometidos em respeitar os resultados*, quaisquer que sejam eles? Trata-se de uma questão crucial: se a iniciativa proposta já foi decidida, para que investir tempo e recursos para conduzir um teste e correr o risco de descobrir que nossas suposições estão erradas?
- *Nossa organização tem condições de fazer o experimento?* Vários fatores levam à possibilidade ou à impossibilidade de conduzir certos tipos de experimento e é de vital importância conhecer esses fatores de antemão.
- *Como podemos garantir que os resultados serão confiáveis?* Alguns princípios e métodos podem melhorar os experimentos e até ajudar no caso de condições difíceis (como amostras pequenas). Os experimentos precisam ser sólidos para gerar confiança por toda a organização.
- *Nós sabemos diferenciar causa e efeito?* O design do experimento (e, portanto, a lógica por trás do design) deixa claro qual é a variável independente (a causa presumida) em relação à variável dependente (o efeito observado)? As correlações são suficientes para levar a uma decisão ou precisamos ir mais fundo?

- *Conseguimos potencializar o valor do experimento?* Temos mais a aprender com um experimento? Deixamos de explorar algo? Podemos usar a engenharia de valor para maximizar o ROI de um experimento?
- E, por fim, em um nível quase introspectivo, devemos nos perguntar: *será que nós, como uma organização, realmente estamos nos baseando na experimentação para tomar nossas decisões?*

No Capítulo 3, usamos as respostas às sete perguntas acima para explorar os fatores necessários para desenvolver a capacidade de realizar a experimentação on-line. Analisaremos alguns verdadeiros especialistas (como a Microsoft) nessa arena, examinando em detalhes como eles fazem seu trabalho, começando com o tipo mais básico de experimento controlado: o teste A/B. O que aprendemos com essas empresas se aplica a todas as organizações, inclusive às que não possuem raízes digitais mas estão comprometidas a entrar nesse novo mundo. E esse aprendizado também pode ser destilado em uma série de princípios básicos.

Para começar, teste tudo o que pode ser testado!

Também reconheça que as pequenas inovações podem ter um valor enorme. Uma alteração aparentemente insignificante em uma cor ou no posicionamento de um botão em um site pode ter enormes consequências para gerar tráfego e converter esse tráfego em vendas. Invista em um sistema de experimentação em grande escala. Ao longo deste livro, a importância da *escala* e da *alta velocidade* será continuamente reforçada. Neste capítulo, veremos como isso se traduz em uma verdadeira capacidade de experimentação. Como seria? Como funciona? É essencial organizar-se para a experimentação. Só que isso não acontece por si só. O que é o sucesso? Como saberemos que o atingimos? Quais métricas vamos usar? Como vamos formulá-las?

E, uma questão crucial, podemos confiar no "sistema"? Por mais convincentes que sejam os resultados (sejam eles positivos ou negativos), nada garante que eles serão aceitos por todos. Suposições, hábitos, convicções pessoais, ignorância e muitos outros fatores podem perdurar por muito tempo nas organizações.

Um último princípio diz respeito à necessidade de fácil compreensão dos resultados. Mesmo se os experimentos forem bem projetados e gerarem aprendizado, todo esse esforço pode ir por água abaixo se ninguém conseguir entender o que foi feito. É importantíssimo manter a coisa simples! Considerando a capacidade de realizar tantos experimentos, a habilidade de realizá-los de forma rápida e econômica e a importância de pequenas decisões, nada justifica complicar os experimentos, sua explicação e a comunicação dos resultados. É fundamental manter o experimento simples e rigoroso.

Nesse ponto, você pode se perguntar: como a cultura de uma organização pode lidar com tudo isso? É disso que trata o Capítulo 4. Seu objetivo é mostrar que o desenvolvimento de uma cultura que fomenta a experimentação em grande escala já foi feito por algumas empresas, está sendo feito e pode ser feito, mas não sem liderança. Já falamos de algumas empresas que adotaram a experimentação com excelentes resultados. No Capítulo 4, resumiremos o que aprendemos com essas e outras empresas e com uma série de pesquisas sobre o comportamento organizacional e de equipes.

Uma lição que pode ser inferida dos exemplos e das pesquisas é a ideia, talvez nada surpreendente, de que a gestão faz uma grande diferença na experimentação. Em outras palavras, quando os gestores incentivam ativamente a experimentação, a cultura se abre para isso. E quando o "fracasso" é visto como um fator que contribui para a aprendizagem (ou seja, não é punido), a experimentação também é incentivada. Uma lição importante que aprendemos com as organizações que dominaram a experimentação em grande escala é que elas traçam uma distinção clara entre "fracassos" e erros. Como já vimos, e enfatizaremos repetidamente ao longo deste livro, para ter sucesso um experimento não precisa comprovar uma hipótese sem qualquer sombra de dúvida. Tanto que é de extrema importância perguntar *por que* o experimento fracassou. O design do experimento teve algum problema, considerando a pergunta que estava sendo feita? A pergunta não era testável? O "fracasso" envolve tantas possibilidades que é errado insistir que um fracasso necessariamente implica algo errado. É impossível ter uma cultura de experimentação se "não ganhar" for o mesmo que "perder". Ao mesmo tempo, uma cultura de experimentação também não é uma organização que sai por aí "quebrando tudo", onde qualquer coisa pode ser jogada contra a parede em nome da disrupção criativa. As organizações que introduziram a experimentação em suas operações aprenderam que o sucesso e o fracasso atuam juntos em um equilíbrio paradoxal. O capítulo também explora importantes questões éticas que vêm à tona quando tudo se torna um teste. Como garantir que as pessoas conduzirão os experimentos com integridade? Mantenha em mente que "com [os] grandes poderes [dos experimentos] vêm grandes responsabilidades".[7] Grande parte do Capítulo 4 aborda as barreiras organizacionais e atitudinais que constituem obstáculos à experimentação eficaz e aos atributos culturais que a propiciam (como mentalidade de aprendizado, humildade, integridade).

Como tudo isso funciona na prática? É o que veremos no Capítulo 5, que analisa em profundidade uma verdadeira organização de experimentação, a

Booking, empresa de reservas de hotéis na internet. O capítulo foi adaptado de um estudo de caso da Faculdade de Administração de Harvard que foi recebido com entusiasmo por executivos participantes de vários programas de treinamento. A Booking sem dúvida fez por conquistar o título de organização de experimentação e o capítulo mostra em detalhes como a empresa se destacou nessa área à medida que crescia e como continua a alavancar essas realizações. Uma característica distintiva das organizações de experimentação é que elas não se dão ao luxo de descansar sobre os louros de suas vitórias!

A Booking (ou seja, praticamente todas as pessoas da empresa) é implacável ao pensar em maneiras de melhorar o atendimento a seus clientes ao redor do mundo. Considerando a diversidade de interesses, expectativas, idiomas etc. desses clientes, está longe de ser uma tarefa simples decidir como tratá-los. A lição crucial que podemos aprender com esse vislumbre sem precedentes dos bastidores de uma cultura de experimentação é que estamos diante de uma empreitada extremamente disciplinada. Todas as pessoas da Booking têm autonomia para fazer experimentos, mas a experimentação segue um processo sistemático. O resultado é que a organização toda mantém um foco rigoroso no objetivo de converter clientes – transformando os visitantes do site da Booking em clientes de seus produtos –, mas as ações individuais para fazer isso acontecer são sequenciadas e coordenadas e os resultados são *transparentes* para todos.

É um privilégio ter acesso a esse vislumbre por trás das cortinas de uma organização de experimentação exemplar como a Booking, mas também pode ser um pouco intimidador. Como podemos transformar nossa empresa em uma organização de experimentação? É o que exploraremos no Capítulo 6. No decorrer deste livro, você conhecerá empresas, tanto on-line quanto off-line, que já contam com uma vantagem inicial e outras que só estão começando (incluindo uma equipe de iatismo). Transformar-se em uma organização de experimentação envolve uma jornada que levará a empresa a percorrer diferentes estágios de maturidade (o modelo ABCDE da Figura I-2), indo da conscientização (*a*wareness, em inglês) à crença (*b*elief), passando pelo comprometimento (*c*ommitment), pela difusão (*d*iffusion) até chegar à incorporação (*e*mbeddedness), momento em que a experimentação cria profundas raízes na organização. Veremos como algumas empresas percorreram essa jornada e as várias alavancas que elas utilizaram para projetar sua infraestrutura.

O problema é que qualquer ação em direção ao avanço pode provocar resistência. À medida que a organização avança em direção a uma cultura de experimentação, pessoas que não simpatizam com os testes em grande escala começam a se manifestar. No Capítulo 7, conheceremos os argumentos dessas pessoas, formulados como mitos, e veremos por que eles são equivocados. Por exemplo, "A inovação impulsionada pela experimentação destruirá a intuição e a capacidade de julgamento" ou "Conhecer as relações de causalidade é coisa do passado na era do *big data* e do *business analytics*" podem ser preocupações genuínas ou meras desculpas. Independentemente de qual for o caso, essa resistência tende a perder a força quando as pessoas se familiarizam com o processo e começam a ver os resultados. Analisaremos a validade desses argumentos e como e quando responder a eles.

Os estágios para se tornar uma organização de experimentação

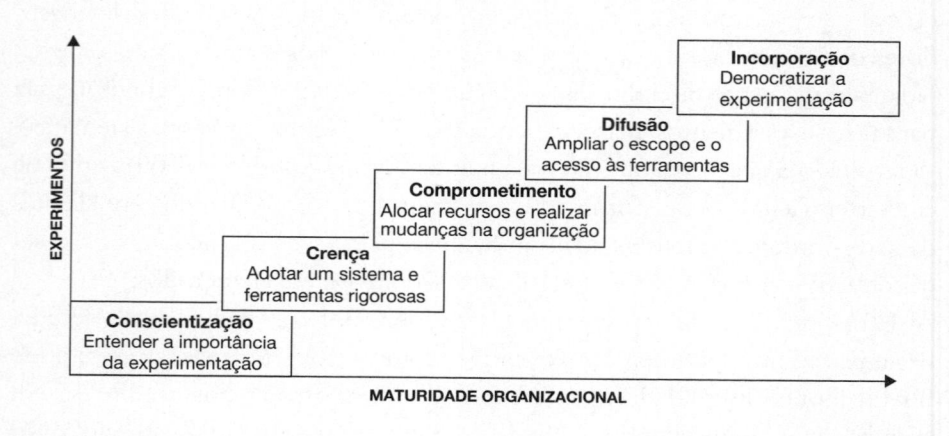

Por fim, voltaremos nosso olhar para o futuro e tentaremos fazer algumas previsões sobre o que acontecerá com a experimentação. O epílogo é um alerta: o futuro será ao mesmo tempo empolgante e profundamente desafiador. A combinação de recursos de experimentação em grande escala com avanços nas áreas da inteligência artificial, *big data* (que ainda aprenderemos a usar com critério) e algoritmos evolutivos pode levar a experimentação a um novo patamar. O resultado pode ser um processo em 360 graus no qual a geração, os testes e a análise de hipóteses serão totalmente automatizados. Você está pronto?

Então aperte o cinto! Vamos começar nossa jornada pelo mundo maravilhoso e em rápida evolução da experimentação nas empresas.

Por que a experimentação funciona

A verdadeira medida do sucesso é o número de experimentos que podem ser feitos em 24 horas.
— Frase atribuída a Thomas Edison, inventor americano

Logo depois que Ron Johnson saiu da Apple para assumir o cargo de CEO da rede de loja de departamentos J. C. Penney em 2011, ele liderou sua equipe para implementar um novo e ousado plano. Sob sua liderança, a empresa eliminou cupons de desconto e gôndolas de produtos em liquidação, encheu suas lojas de departamento de marcas de luxo famosas e usou a tecnologia para eliminar caixas registradoras, operadores de caixa e produtos no *checkout*. Só que, apenas 17 meses depois, as vendas despencaram, as perdas dispararam e Johnson perdeu o emprego.

Como a J.C. Penney pôde errar tão feio? A empresa não tinha montanhas de dados de transações revelando os gostos e as preferências dos clientes? E o que dizer da experiência de Johnson com a criação do conceito de enorme sucesso das Apple Stores, que redefiniu a experiência do cliente nas lojas com inovações como o Genius Bar e os pagamentos sem precisar passar pelo caixa? Essas inovações levaram às maiores médias de vendas por metro quadrado no varejo de qualquer loja física do mundo, atraindo mais visitantes do que os parques temáticos da Disney. O conselho de administração da J.C. Penney deve ter esperado que Johnson conseguiria repetir o sucesso das lojas da Apple em sua tradicional cadeia de lojas de departamento, com mais de mil unidades nos Estados Unidos. Por que isso não aconteceu?

Para começar, a maioria dos gestores trabalha com dados insuficientes ou sem experiência relevante para tomar boas decisões de inovação. Ou seja, a empresa pode até ter dados de transações, mas essas informações só dizem respeito a comportamentos passados e não conseguem prever como os clientes podem reagir a mudanças futuras. Além disso, muitas vezes os gestores confiam na intuição para tomar as decisões, mas as ideias de fato inovadoras normalmente contradizem a experiência. Na verdade, a maioria das ideias não funciona. Seja para melhorar a experiência do cliente, testar novos modelos de negócio ou desenvolver novos produtos e serviços, até os líderes mais experientes costumam se enganar (veja o quadro "Previsões famosas sobre o comportamento do cliente"). E, como é mais fácil prever custos do que as reações dos clientes, não é de surpreender que, em se tratando de fazer mudanças nos negócios, muitos gestores prefiram reduzir os gastos a adotar iniciativas para aumentar o faturamento que envolvam os clientes.

Mas nem tudo está perdido. A boa notícia é que os gestores têm, sim, como saber se uma mudança no produto, serviço ou modelo de negócio terá sucesso. Eles podem fazer isso submetendo a mudança proposta a um experimento rigoroso. Veja a coisa deste ângulo: uma companhia farmacêutica jamais lançaria um medicamento sem antes conduzir uma rodada de experimentos com base em robustos protocolos científicos (tanto que, nos Estados Unidos, a Agência de Controle de Alimentos e Medicamentos, a Food and Drug Administration, exige extensos ensaios clínicos). E muitas empresas seguem basicamente esse mesmo processo quando lançam novos modelos de negócio e outras mudanças inovadoras. Se a J.C. Penney tivesse conduzido experimentos rigorosos para testar as inovações propostas por seu CEO, a empresa poderia ter descoberto que, apesar do sucesso dessas inovações na Apple, os clientes da Penney provavelmente as rejeitariam.[1] Essa rejeição não seria uma surpresa, considerando que qualquer inovação tem menos chances de ser recebida de braços abertos. De fato, a Microsoft descobriu que apenas um terço de seus experimentos são eficazes, um terço tem resultados neutros e um terço apresenta resultados negativos.[2]

Se a Penney tivesse conduzido extensos testes, estaria em boa companhia. O Google emprega uma longa experimentação em sua busca contínua para melhorar a experiência do cliente. Até os especialistas do Google erram na maioria das vezes. Eric Schmidt, ex-CEO da empresa, revelou as probabilidades de sucesso (ou de fracasso) em um depoimento no Senado dos Estados Unidos, em 2011:

> Para dar uma ideia da escala das mudanças que o Google considera, em 2010 fizemos 13.311 avaliações de precisão para verificar se as alterações propostas no algoritmo melhoraram a qualidade dos resultados das buscas, 8.157 experimentos lado a lado nos quais a empresa apresentou dois conjuntos de resultados de busca a um grupo de avaliadores, que escolheu o melhor deles, e 2.800 avaliações de cliques para ver como uma pequena amostra de usuários reais do Google reagiu à alteração. O processo resultou em 516 alterações que foram consideradas úteis para os usuários com base nos dados e que, em consequência, foram incorporadas ao algoritmo do Google. A maioria dessas alterações é imperceptível para os usuários e afeta uma parcela muito pequena de sites, mas cada uma delas só é implementada se acreditarmos que a mudança beneficiará nossos usuários.[3]

Em outras palavras, os especialistas do Google erraram o alvo 96,1% das vezes. No entanto, foi precisamente essa capacidade (de testar, em uma escala enorme, o que funciona e o que não funciona) que deu à empresa uma vantagem sobre os concorrentes. Scott Cook, cofundador da Intuit e ex-diretor da Amazon, lembra que ex-executivos do Yahoo declararam: "'O Google simplesmente nos superou', eles disseram. 'Não tínhamos um mecanismo de experimentação como o deles'".[4] Nem o Panama, o divulgadíssimo projeto do Yahoo lançado em 2007 na tentativa de reduzir a enorme diferença entre a empresa e o Google na disputa pela verba publicitária dos clientes corporativos, conseguiu eliminar a enorme vantagem resultante da experimentação feroz do Google que era o sistema de melhoria contínua da empresa.

Como veremos no decorrer deste livro, a capacidade de uma empresa de criar e aperfeiçoar seus produtos, as experiências de seus clientes, seus processos e modelos de negócio – em outras palavras, *de competir* – é profundamente afetada por sua capacidade de experimentar. Na verdade, nenhuma inovação pode existir sem antes ser uma ideia posteriormente moldada pela experimentação. Hoje em dia, um projeto de inovação pode envolver centenas ou milhares de experimentos, todos com o mesmo objetivo: descobrir, por meio de rodadas de testes disciplinados, se uma ideia tem o potencial de atender às necessidades ou de resolver os problemas do cliente. Em seguida, as informações geradas em cada rodada são incorporadas ao próximo grupo de experimentos, até se chegar a uma solução aceitável. Em resumo, as inovações precisam ser nutridas pela experimentação realizada em laboratórios, em equipes e em organizações inteiras.

A experimentação faz uma grande diferença para uma empresa

A lógica que fundamenta a experimentação é a busca do conhecimento sobre causa e efeito. Todos os experimentos produzem informações ao compreender o que funciona e o que não funciona.[5] Por séculos, cientistas e engenheiros usaram experimentos orientados por seus insights e sua intuição para descobrir novas informações e promover o conhecimento. Experimentos foram feitos para entender processos de ocorrência natural, para decidir entre hipóteses científicas conflitantes, para revelar mecanismos ocultos em efeitos conhecidos, para simular fenômenos difíceis ou impossíveis de examinar pela observação... em resumo, para estabelecer leis científicas pela indução.[6]

No mundo dos negócios, os experimentos levaram à descoberta de soluções técnicas e de novos mercados. Um exemplo clássico desses dois casos foi a descoberta do Post-it, da 3M. A história começou em 1964, quando Spencer Silver, um químico da companhia, deu início a uma série de experimentos com o objetivo de desenvolver colas à base de polímeros.[7] Nas palavras de Silver: "O Post-it jamais existiria se não fosse pelo experimento. Se eu tivesse parado para fazer os cálculos e as pesquisas antes, não teria feito o experimento. Se eu tivesse me limitado à teoria, teria parado por aí. A teoria estava cheia de exemplos demonstrando que era impossível fabricar a cola do Post-it".[8]

Embora Silver tenha descoberto uma nova cola com propriedades diferenciadas – que permite que um papel seja colado e descolado sem deixar resíduos –, a 3M levou pelo menos mais cinco anos para encontrar um mercado para o produto. Silver continuou tentando vender sua cola para outros departamentos da 3M, mas todos eles estavam concentrados em encontrar uma cola mais forte, impossível de descolar, não uma cola mais fraca, que só conseguia grudar um pedaço de papel. Testes de mercado usando diferentes conceitos (como um quadro de avisos usando notas adesivas) diziam à 3M que o conceito do Post-it era inútil (o adesivo simplesmente não resolvia nenhum problema conhecido do cliente)... até Silver conhecer Arthur Fry. O químico e diretor de coral Fry notou que os cantores muitas vezes deixavam cair marcadores das partituras ao passar de uma música para outra. "Poxa...", Fry pensou, "seria ótimo se desse para colocar só um pouquinho de cola nesses marcadores." Essa lâmpada que se acendeu na cabeça de Fry lançou uma série de experimentos com a nova cola que ampliaram sua aplicabilidade e acabaram levando a um produto feito de papel que poderia ser colado e removido sem danificar a superfície original. Em outras palavras, uma vez ocorrido o "momento heureca", a experimentação repetida foi fundamental para encontrar a solução, agora óbvia, para um problema frustrante do cliente.

Apesar de esses momentos heureca renderem casos memoráveis, eles não fornecem uma descrição completa das várias estratégias, ferramentas, processos e histórias de experimentação que levam a soluções inovadoras. Afinal, momentos como esse geralmente resultam de muitos experimentos fracassados e muito aprendizado acumulado, que preparam a organização de experimentação para tirar proveito do inesperado. "Fracasso e invenção", observa Jeff Bezos, CEO da Amazon, "são gêmeos inseparáveis. Se você já sabe que vai funcionar, não é um experimento".[9] Veja a conclusão dos autores de um estudo meticuloso sobre o processo de invenção da lâmpada elétrica por Thomas Edison:

Essa invenção [a luz elétrica], como a maioria das descobertas, foi o feito de homens guiados em grande parte pelo senso comum e por suas experiências prévias, beneficiando-se de quaisquer conhecimentos e novidades que surgissem pelo caminho, dispostos a tentar muitas coisas que não funcionavam, mas sabendo exatamente como aprender com os fracassos para construir, aos poucos, uma base feita de fatos, observações e insights que lhes possibilitava um ocasional palpite certeiro – que alguns chamariam de inspiração – para levar ao sucesso.[10]

Quando a gestão se propõe a atingir grandes resultados, no entanto, os gestores não podem confiar só em suposições, experiências prévias ou intuições. Os experimentos da empresa devem ser disciplinados, organizacionalmente alinhados, sustentados por uma infraestrutura e culturalmente abraçados. Em outras palavras, *realizar experimentos deve ser um procedimento* tão *rotineiro quanto fazer cálculos financeiros*. Ao mesmo tempo, avanços revolucionários inesperados podem ter mais chances de ocorrer quando os gestores entendem com clareza que saber o que *não funciona* é tão importante quanto descobrir o que *funciona*.

Aprendendo com o sucesso e o fracasso

Toda experimentação, seja ela feita no laboratório de Edison um século atrás ou nos canais de varejo on-line de hoje, deve gerar conhecimento. Esse conhecimento resulta tanto do fracasso quanto do sucesso. Os bons experimentos também devem orientar as próximas rodadas de testes. Além disso, o conhecimento resultante de um fracasso ou de um sucesso pode ser arquivado e, se não for aplicável a uma série específica de experimentos, pode ser utilizado para iniciativas de inovação futuras.

Por exemplo, a IDEO, uma empresa líder em design, criou um sistema que eles batizaram de "Tech Box", uma espécie de biblioteca de ideias para armazenar experimentos de projetos concluídos e em andamento. Essa caixa gigante contendo documentos eletrônicos, objetos e parafernálias interessantes é usada para inspirar os inovadores que estão trabalhando em novos projetos de desenvolvimento. Um curador organiza e administra o conteúdo da Tech Box e copia seu conteúdo para outros escritórios da IDEO – e ocasionalmente para outras empresas – ao redor do mundo. Designers e engenheiros podem vasculhar a caixa e brincar com uma variedade de interruptores, botões e objetos incomuns que fizeram parte de experimentos bem-sucedidos ou fracassados.[11] A Tech Box sugere que não é possível saber de antemão exatamente quais ferramentas e materiais podem ser necessários em um projeto de inovação, principalmente quando o projeto envolve grande criação. Edison também aprendeu essa lição desde cedo e tentava manter seu laboratório abastecido com todo o material necessário. Observando que "a parte mais importante de um laboratório experimental é uma montanha de sucata", ele criou uma coleção de dispositivos, equipamentos e materiais que sobraram de experimentos anteriores. Quanto maior fosse a montanha de sucata, mais materiais Edison e seus pesquisadores tinham à disposição e maiores eram as chances de eles encontrarem a solução para o próximo problema.[12]

Outro exemplo é a empresa on-line Booking, uma das mais importantes agregadoras de viagens do mundo, com mais de 1,5 milhão de diárias reservadas em sua plataforma todos os dias. A Booking guarda todos os experimentos, independentemente de terem sido sucessos ou fracassos, em sua plataforma de TI e os disponibiliza para serem acessados por qualquer pessoa da empresa. Os experimentos podem ser agrupados por equipes, áreas de produto, segmentos de clientes-alvo, entre outros critérios. Todos os dados são exibidos exatamente como foram deixados pelos responsáveis pelo experimento, juntamente com as hipóteses testadas, as iterações e as decisões. Como a Booking realiza experimentos há mais de uma década, com mais de dez mil experimentos ao ano nos últimos anos, essa "caixa de sapatos digital" cresceu muito e ficou enorme.[13] Isso acabou criando alguns desafios. No Capítulo 5, veremos como a Booking transformou a experimentação em grande escala em uma vantagem competitiva.

O fato é que, quando as montadoras lançam novos modelos de automóveis ou as empresas on-line lançam novas experiências para o cliente, esses produtos são resultado tanto de experimentos fracassados quanto de experimentos de sucesso. A razão pela qual os experimentos inevitavelmente fracassam tem a ver com a natureza incerta da inovação. Quando as equipes se propõem a desenvolver novos produtos, serviços ou modelos de negócio, elas raramente sabem de antemão se uma ideia vai funcionar como o pretendido. Diante disso, elas precisam encontrar maneiras de descartar rapidamente ideias disfuncionais enquanto mantêm as promissoras. Ao mesmo tempo, as ideias disfuncionais podem gerar aprendizado, e esse conhecimento precisa ser documentado. Edison demonstrou que aprendeu muito bem essa lição quando observou: "Resultados? Tenho um monte de resultados! E sei que pelo menos milhares deles não vão funcionar".[14]

O desafio da inovação

As empresas enfrentam dificuldades com a inovação por muitos motivos. Um foco em resultados de curto prazo e previsíveis pode empurrar para baixo na lista de prioridades as atividades de inovação com resultados incertos e que requerem investimentos em longo prazo. De fato, muitas empresas esperam que os gestores sigam à risca planos e orçamentos, e quaisquer desvios ou variações levam os gestores a serem considerados de desempenho insatisfatório. A lógica é que, como em uma fábrica, a variabilidade e a incerteza são indesejáveis e devem ser eliminadas. E isso leva a um dilema: por definição, qualquer novidade gera incerteza, porque não sabemos o que vai e o que não vai funcionar. Em outras palavras, na inovação, a incerteza é *necessária* porque cria oportunidades.

Só que nem toda incerteza é igual à outra. A *incerteza em P&D* surge da exploração de soluções técnicas que não foram usadas antes, que nunca foram combinadas "desse jeito" ou miniaturizadas dessa maneira. No contexto de P&D, a incerteza costuma se relacionar com a funcionalidade e pode ser administrada usando testes rigorosos e repetidos. Os gestores de P&D costumam se perguntar: "O [produto, serviço, tecnologia] está funcionando conforme o pretendido?". A *incerteza do aumento de escala*, por outro lado, ocorre quando não sabemos se um produto ou serviço que apresentou um bom funcionamento em P&D poderá ser produzido com um bom custo-benefício, com alta qualidade e em grande volume. O que pode funcionar em pequenas quantidades, grupos focais ou laboratórios de testes com consumidores pode não ser viável em grande escala. Nesse contexto, a questão é: "O [produto, serviço, tecnologia] pode ser escalonado com eficácia?".

Além dos problemas envolvendo a P&D e a escala, as rápidas mudanças nas demandas dos clientes também geram *incerteza em relação ao cliente*, outra justificativa para uma experimentação rigorosa. Os clientes raramente sabem especificar todas as suas necessidades, porque eles mesmo se veem diante da incerteza ou porque não conseguem articular suas demandas por produtos ou serviços que ainda não existem. E, mesmo quando expressam preferências em pesquisas ou grupos focais, seu comportamento de compra na vida real pode se mostrar bem diferente. O pessoal de marketing deve se perguntar: "O [produto, serviço, tecnologia] satisfaz às verdadeiras necessidades dos clientes e eles estão dispostos a pagar por isso?". Por fim, quando as inovações são "disruptivas", a *incerteza do mercado* pode ser tão intensa que as empresas relutam em alocar recursos suficientes para o desenvolvimento de soluções para esses mercados.[15] Nesses casos, a composição e as necessidades dos novos mercados podem evoluir e serem difíceis de avaliar ou mudam tão rápido que podem pegar até uma boa gestão de surpresa. Para complicar ainda mais as coisas, as ferramentas que os gestores costumam utilizar, como a análise do valor presente líquido, atingem rapidamente seus limites quando os dados necessários não existem ou mudam rapidamente.[16] Vejamos um exemplo. Quando a Apple entrou no negócio de distribuição digital de músicas, o mercado mal existia. As pessoas compravam CDs em lojas especializadas ou baixavam as músicas gratuitamente em sites de compartilhamento de arquivos como o Napster, Grokster e Kazaa. Não há dúvida de que a incerteza era enorme nas avaliações do mercado de música e na definição das estratégias de preços da Apple.

Para lidar com a incerteza, os gestores costumam confiar na experiência e na intuição. No entanto, como já vimos no exemplo de Ron Johnson, o inovador do varejo por trás do conceito da Apple Store, essa experiência geralmente depende do contexto, e um sucesso pode resultar em excesso de confiança. Será que, em vez de contar apenas com a experiência e a intuição, os gestores não poderiam criar modelos para prever os resultados da inovação com base na análise de *big data*? Afinal, as empresas têm montanhas de dados à sua disposição, que, se utilizados do jeito certo, poderiam lhes dar uma ideia das mudanças mais promissoras. O problema é que, no âmbito da inovação, o *big data* tem três limitações. Para começar, quanto mais recente for uma inovação, menor será a probabilidade de haver dados confiáveis disponíveis. (Na verdade, se dados confiáveis estiverem disponíveis, é porque alguém já deve ter lançado a inovação, e isso não seria mais uma novidade!) Em segundo lugar, os próprios dados costumam depender do contexto (como no exemplo de Johnson). O simples fato de uma solução ter funcionado para outra empresa em outro mercado não significa que vai funcionar para a nossa empresa no nosso mercado. Em terceiro lugar, a análise de *big data* usando métodos matemáticos padronizados, como a análise de regressão, resulta principalmente em informações de correlação, não de causalidade.[17] Tanto que algumas variáveis com fortes correlações não apresentam quaisquer relações causais diretas. Por exemplo, foi demonstrado que o tamanho da palma da mão de uma pessoa se correlaciona com a expectativa de vida e que o consumo de sorvete se correlaciona com o número de incidentes de afogamento. Mas, antes de sair correndo atrás de um cirurgião para reduzir o tamanho de sua mão ou parar de tomar sorvete, considere os padrões naturais a seguir: as mulheres têm mãos menores e também vivem mais, e mais pessoas vão nadar e tomar sorvete quando faz calor. O desconhecimento das relações causais representa um grande problema se uma empresa espera que suas ações causem resultados previsíveis, como um aumento na retenção de clientes ou uma maior receita de vendas.

A solução, é claro, é complementar a análise de dados com experimentos disciplinados. Para beneficiar-se das oportunidades resultantes da incerteza, as organizações precisam imbuir seu processo decisório de uma mentalidade de experimentação.[18] Em sua influente pesquisa sobre a inovação disruptiva, meu colega Clay Christensen descobriu que os melhores gestores "planejavam fracassar logo e a baixo custo em sua busca por mercado para uma tecnologia disruptiva. Eles sabiam que o mercado normalmente se unia por um processo iterativo de tentativa, aprendizado e nova tentativa".[19]

O problema da correlação

Ferramentas digitais de experimentação

Os experimentos, por definição, devem gerar aprendizado, que pode ser o resultado final de um experimento ou ser usado para orientar outros – ou ambas as opções. Eles nos permitem, nas palavras do filósofo Francis Bacon, "questionar a própria natureza".[20] Ao mesmo tempo, a taxa de aprendizado é influenciada por vários fatores, sendo que alguns afetam o processo e outros, a maneira como esse processo é gerenciado. Já faz um bom tempo que sabemos o que constitui a experimentação visando à inovação. Mais de cem anos atrás, Thomas Edison foi um pioneiro na criação de uma organização de experimentação. Ele é conhecido como o "Mago de Menlo Park", em homenagem ao laboratório que tinha nessa cidade, mas foi em seu laboratório industrial em West Orange, Nova Jersey – construído em 1887 para ocupar 14 acres e muito ampliado posteriormente –, que ele demonstrou na prática a mentalidade de experimentação. Centenas e, depois, milhares de pessoas foram empregadas no que ele chamou de sua "fábrica de invenções" – uma verdadeira *fábrica de experimentação* –, cuja organização e a lógica que a originou permanecem dignas de nota até hoje. Edison enfatizava que a disciplina e o rigor eram fatores cruciais: "As fábricas de invenções de Edison foram as pioneiras da pesquisa industrial ao conduzir pesquisas sistemáticas e organizadas direcionadas a objetivos práticos. O trabalho nelas realizado incluía uma ampla gama de atividades... Os registros do laboratório de West Orange demonstram que Edison e seus experimentadores-chefe teorizavam sobre princípios fundamentais, faziam deduções com base nesses princípios e testavam os resultados por meio da experimentação".[21]

Apesar do papel importantíssimo da experimentação na fábrica de invenções de Edison, experimentos complexos tendem a ser dispendiosos e demorados, e as empresas são conservadoras ao alocar verbas para eles. Desse modo, a capacidade de experimentação dessas empresas é restrita e o número de iterações experimentais, limitado. Dito de maneira mais sutil, a ideia de "experimentação" costuma ser confinada à verificação de resultados conhecidos, e os testes são feitos só depois da conclusão dos programas de inovação, para detectar problemas nos estágios mais avançados. E, quando o teste em si é um evento de alta visibilidade, como a implementação de um novo modelo de negócio, as empresas consideram que um resultado bem-sucedido é aquele que não gera qualquer informação nova ou surpresa – e, portanto, não gera qualquer aprendizado. As verdadeiras organizações de experimentação não só recebem as surpresas de braços abertos como as cultivam e as capitalizam.

O cenário da inovação está mudando. As ferramentas digitais de experimentação (como plataformas de simulação e de testes A/B on-line) estão amplamente disponíveis, o que elimina o gargalo dos custos. Essas ferramentas não só reduzem os custos e o tempo dos testes como também possibilitam experimentos do tipo "e se", que, até agora, eram proibitivamente dispendiosos ou praticamente impossíveis de realizar – por exemplo, "e se" projetássemos um avião, um carro ou uma experiência do cliente de uma maneira específica? Essas ferramentas podem proporcionar não só novos conhecimentos sobre o funcionamento do mundo físico e o comportamento humano, mas também mudar a maneira como as empresas colhem os frutos de seus esforços e, por fim, desenvolver tecnologias melhores. As empresas que mais têm se beneficiado dessas ferramentas atuam em setores caracterizados por altos custos de inovação, como manufatura e software. No entanto, com a enorme queda do custo de computação, aumentando a velocidade e reduzindo os gastos com todos os tipos de cálculos complexos, praticamente todas as empresas perceberão que têm uma capacidade muito maior de experimentação para analisar possíveis mudanças em produtos, processos, experiências do cliente e modelos de negócio.

Neste capítulo, conheceremos as várias atividades que comprovadamente aceleram a aprendizagem. Também analisaremos os obstáculos à aprendizagem, ou seja, os fatores gerenciais e organizacionais que desaceleram a experimentação. Entremeado em toda essa discussão, veremos o empolgante caso do "Black Magic", o impressionante iate neozelandês vencedor da Copa América de Iatismo de 1995.[22] Ao impulsionar a inovação aplicando o incrementalismo de alta velocidade – pequenas e rápidas iterações de experimentos controlados auxiliados por simulações por computador –, a equipe de iatismo da Nova Zelândia mostra como a aprendizagem pela experimentação pode funcionar. As lições aprendidas nesse caso são parecidas com os fatores que impulsionam o sucesso em outros ambientes dinâmicos, como a Fórmula 1 e a maioria das empresas de hoje.[23]

O processo de experimentação nos negócios

Os experimentos requerem ações orientadas a manipular ou alterar variáveis de interesse e envolvem hipóteses testáveis. Por outro lado, os estudos observacionais não envolvem esse tipo de manipulação direta, já que as variáveis de interesse estão fora do controle do pesquisador, seja por razões práticas ou éticas (por exemplo, uma empresa não deve fazer experimentos com a disponibilidade de um medicamento só para saber o quanto um paciente estaria disposto a pagar por ele).[24] Em um experimento ideal, o pesquisador separa uma variável independente (a causa presumida) de uma variável dependente (o efeito observado) enquanto mantém constantes todas as outras causas potenciais e, em seguida, manipula a primeira variável para estudar mudanças na segunda. A manipulação, seguida de observação e análise meticulosas, fornece insights sobre as relações entre causa e efeito, que, de preferência, poderão ser aplicados ou testados em outros cenários. Em ambientes reais de negócios, contudo, a situação é mais complicada. O cenário está em constante mudança, as relações entre as variáveis são complexas e pouco compreendidas e, em algumas situações, as próprias variáveis são incertas ou desconhecidas. Desse modo, devemos não só transitar entre a observação e a experimentação como também iterar entre um experimento e outro.

Quando todas as variáveis relevantes são conhecidas, técnicas estatísticas formais possibilitam uma maior eficiência no design e na análise dos experimentos. Essas técnicas remontam à primeira metade do século 20, quando o estatístico e geneticista Sir Ronald Aylmer Fisher as aplicou pela primeira vez à ciência agrícola e biológica.[25] Hoje em dia, experimentos projetados estão sendo usados para a otimização de processos, produtos, layouts de lojas, sites e modelos de negócio em empresas tanto on-line quanto físicas.

No entanto, quando as variáveis independentes e dependentes são incertas, desconhecidas ou de difícil mensuração, as atividades de experimentação podem ser muito mais informais ou de natureza prática. Por exemplo, um gestor pode querer saber se manipular os incentivos de um funcionário melhorará sua produtividade, ou o gerente de um varejista pode querer saber se mudar o layout da loja aumentará as vendas. Essas ações de *tentativa e erro* às vezes são chamadas de experimentos, mas não devem ser confundidas com as abordagens mais disciplinadas descritas neste livro. Lembre-se de que essas intervenções informais e descontroladas tornam problemática a estimativa de um *contrafatual*. O que aconteceria se o funcionário não recebesse o incentivo ou se o layout da loja permanecesse inalterado durante o período da intervenção? Em outras palavras, nessas circunstâncias, não temos como conhecer ao certo a causa e o efeito, pois outras variáveis fora a intervenção (por exemplo, a saúde do funcionário, uma liquidação na loja) podem ter afetado o resultado do experimento.

O processo de experimentação nos negócios geralmente começa com a seleção ou a criação de uma ou mais hipóteses possíveis e testáveis, que podem ou não incluir as "melhores soluções possíveis", já que ninguém tem como saber com antecedência quais são elas. Em seguida, essas hipóteses são testadas em relação a uma variedade de requisitos e restrições. Esses testes geram novos aprendizados sobre aspectos do resultado que o pesquisador desconhecia ou não tinha previsto (ou não tinha como conhecer ou prever): os erros ou surpresas. Em seguida, os resultados dos testes são usados para rever e aperfeiçoar as ideias, e um resultado aceitável fica mais perto de ser atingido.

O caso da equipe de iatismo da Nova Zelândia é um excelente exemplo disso. Para desenvolver seu iate vencedor, o time de design começou com diferentes conceitos, com base em experiências prévias, expertise e criatividade (para mais detalhes, veja o quadro "A equipe de iatismo da Nova Zelândia e a Copa América"). Esses conceitos, ou hipóteses, foram testados com o auxílio de modelos em escala de um quarto e túneis de vento e canais hidrodinâmicos. O time de design da equipe de iatismo da Nova Zelândia foi liderada por Doug Peterson, um americano com mais de 30 anos de experiência tendo desenvolvido milhares de iates, incluindo o vencedor da Copa América de Iatismo de 1992, para o qual ele conduziu mais de 65 testes de protótipo e iterações. No entanto, para a competição de 1995, Peterson queria beneficiar-se das tecnologias de design, modelagem e simulação assistidas por computador, ou seja, *ferramentas digitais*, e teve de contratar especialistas nessas áreas.

Sob a liderança de Peterson e do experiente velejador Peter Blake, a equipe seguiu um processo padronizado que enfatizava a experimentação iterativa, chamado de "roda da experimentação". O processo era composto de três fases (Figura 1-1): gerar hipóteses testáveis, conduzir experimentos disciplinados e aprender insights importantes com a análise.[26]

A equipe de iatismo da Nova Zelândia e a Copa América

A primeira Copa América de Iatismo foi realizada em 1851, quando o Esquadrão Real da Inglaterra ofereceu um troféu ao vencedor de uma regata ao redor da Ilha de Wight, uma pequena ilha da costa inglesa. Como a embarcação "America", do Iate Clube de Nova York, saiu vitoriosa, a competição ficou conhecida como Copa América de Iatismo, em homenagem ao primeiro vencedor. Com o tempo, a competição se tornou um evento esportivo internacional de alta visibilidade que põe à prova não só as habilidades de iatismo das equipes, mas também sua capacidade de vislumbrar, projetar e produzir os melhores iates. Embora as regras da competição imponham rigorosas restrições à maneira como as embarcações são construídas, as equipes que contam grandes orçamentos sempre tiveram uma vantagem. Restringir o número de iates a dois por equipe afetou muito pouco as despesas. Na campanha de 1995, os sete desafiantes e os três defensores do campeonato gastaram cerca de US$ 200 milhões.

A competição de 1995 consistiu em três corridas. Nos duas primeiras, os defensores dos Estados Unidos, o país vencedor no último campeonato, e os desafiantes de todas as outras nações competiram simultaneamente pelo direito de correr contra a equipe defensora na terceira corrida. As regras permitiam alterar o design dos iates entre as regatas até o início da última corrida, e as diferenças de tempo entre os primeiros e segundos colocados normalmente não chegavam a um minuto. A equipe da Nova Zelândia era liderada por Peter Blake, um dos melhores navegadores oceânicos do mundo, que imediatamente adotou uma abordagem discreta e orientada à equipe, bem diferente dos estilos mais diretivos dos outros competidores. A equipe de Blake tinha cerca de 50 pessoas, com atividades divididas entre gerenciamento da equipe, design e a tripulação, que foi comandada pelo medalhista de ouro olímpico Russell Coutts.

FIGURA 1-1

A roda da experimentação

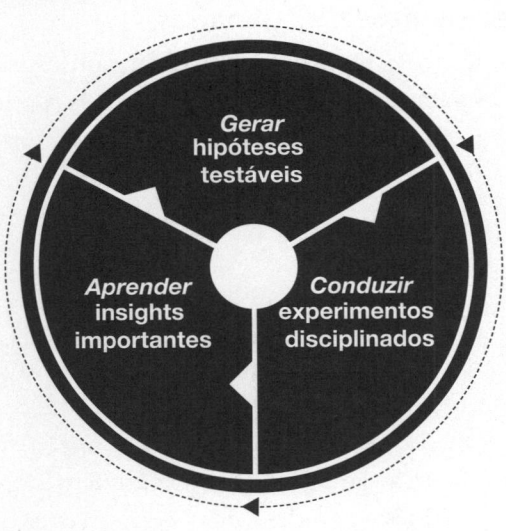

Gerar hipóteses testáveis

Na primeira fase, dados existentes, observações e experimentos anteriores são analisados, novas ideias são geradas em um processo de brainstorming e hipóteses são formuladas. A equipe projeta um conjunto de experimentos para testar as hipóteses usando métricas de desempenho mensuráveis. O que importa é a força de uma hipótese: ela precisa ser testável e mensurável (isso será discutido em detalhes no Capítulo 2). No caso da equipe de iatismo da Nova Zelândia, os responsáveis tinham de criar o projeto de um iate leve com o mínimo possível de arrasto na água. Ao mesmo tempo, a estrutura precisava ser forte e flexível o suficiente para suportar as condições mais adversas: ventos fortes e um mar altamente variável. O mastro e as velas eram elementos importantes da embarcação, mas a equipe se concentrou principalmente no formato do casco e da quilha. O casco determina toda a arquitetura de um barco e, portanto, tem o potencial de criar grandes saltos em termos de desempenho, mas também falhas estruturais catastróficas. Por outro lado, a quilha, localizada abaixo do casco, poderia ser continuamente otimizada, e o efeito cumulativo de muitas mudanças incrementais levava a grandes ganhos de velocidade que poderiam levar a vencer uma regata. Durante a fase inicial de geração de hipóteses, a equipe fez um brainstorming para pensar em diferentes opções de design que poderiam melhorar as métricas de desempenho do iate, sendo que cada ideia constituía uma hipótese testável diferente.

Conduzir experimentos disciplinados

Nessa fase, as organizações de experimentação criam os modelos (físicos ou virtuais) necessários para realizar um experimento. Os modelos são a alma de qualquer experimento e podem assumir várias formas, como objetos físicos (um modelo de argila de um carro), modelos de simulação (a representação matemática de um motor), maquetes (miniaturas de agências bancárias feitas de isopor, capturas de tela de interfaces na internet) e dramatização (interações de atendimento ao cliente). O objetivo é criar uma representação do que está sendo testado e obter feedback. O experimento pode ser conduzido em um computador, em condições de laboratório ou em tempo real, como muitas empresas on-line fazem. No design de iates, túneis de vento e canais hidrodinâmicos (chamados de "testes de tanque e túnel") simulam diferentes condições marítimas, com a vantagem de os experimentadores controlarem as configurações. Tempestades e grandes ondas podem ser criadas sem ter de esperar que o clima mude. A desvantagem, naturalmente, é que as condições de laboratório não são reais. Erros verdadeiros podem deixar de ser detectados e falsos erros podem ser identificados devido às condições do experimento. Por exemplo, sem passageiros, o sistema criado para medir a velocidade do acionamento do airbag no projeto de um carro pode não detectar a toxicidade do gás utilizado para inflar o airbag, apesar de as informações relativas a esse erro serem de enorme interesse para a fabricante. Erros também podem ocorrer em grupos focais (veja o exemplo da caixa de som, detalhado no Capítulo 2).

Aprender insights importantes

Na última fase, as organizações de experimentação analisam as evidências, as comparam com o resultado esperado e reavaliam o que sabem sobre o objeto da investigação. Por exemplo, uma análise estatística pode revelar que os dados observados seriam improváveis se o resultado esperado fosse verdadeiro. É durante essa fase que a maior parte do aprendizado pode ocorrer, formando a base da próxima rodada de experimentos ou de todo um programa de experimentação. Evidências fortes podem ser usadas para rejeitar uma hipótese nula, ou seja, de que não há relação entre os fenômenos mensurados. Por outro lado, evidências fracas não sustentam a rejeição. No mínimo, o inovador poderá desqualificar experimentos fracassados, retirando-os do *pool* de soluções potenciais, e continuar sua busca. Nesse caso, o provérbio latino *Quod gratis asseritur, gratis negatur* ("O que é livremente afirmado [com poucas evidências] pode ser livremente negado [com poucas evidências]") pode vir a calhar.

Se os resultados forem satisfatórios ou resolverem a hipótese em questão, o processo é concluído.[27] No entanto, se a análise mostrar que os resultados não são satisfatórios, os pesquisadores podem optar por modificar o experimento e *iterar*, ou, em outras palavras, tentar novamente. As modificações podem envolver o design do experimento, as condições e até a natureza da solução desejada. Por exemplo, uma equipe de pesquisadores pode criar o design de um experimento com o objetivo de identificar um novo medicamento. Só que os resultados dos experimentos conduzidos para investigar um determinado composto podem sugerir uma utilização terapêutica diferente e levar os pesquisadores a mudar seu conceito do que seria uma solução aceitável ou desejável.[28] À medida que os projetos avançam, as iterações tendem a incluir modelos de fidelidade, ou representatividade, cada vez maior. Nas inovações de produto, esses modelos melhores são usados para testar decisões que afetam a aparência, a funcionalidade, a estrutura e a capacidade de fabricação do produto. No caso de um novo conceito de loja, uma fidelidade mais alta pode significar lojas remodeladas, com etiquetas de preço nos produtos, dados de tráfego de clientes em tempo real e transações de varejo.

A experimentação no mundo real com modelos de fidelidade mais alta é afetada por restrições de tempo e orçamento, como bem ilustra a observação de Doug Peterson, da equipe de iatismo da Nova Zelândia:

> O método dos testes de tanque e túnel é um processo de design no qual a experimentação ocorre em ondas. A cada um ou dois meses, você recebe os resultados de seus experimentos. O que acontece é que o número de iterações de design que você pode conduzir acaba sendo limitado. Em geral, um projeto típico raramente pode ter mais de 20 protótipos, devido a restrições de tempo e orçamento. Em cada ciclo de design, você precisa contar com grandes ganhos de desempenho.[29]

O atrativo do uso de simulações por computador está na maior velocidade e na maior eficiência na condução de iterações. As equipes podem vencer, fracassar e aprender rápido.

Os fatores operacionais da aprendizagem em alta velocidade

Para beneficiar-se do verdadeiro poder da experimentação, as melhores empresas nesse campo testam milhares – e até dezenas de milhares – de hipóteses por ano e giram a roda da experimentação com muita rapidez. Vamos analisar em detalhes como os fatores *operacionais* da experimentação podem ganhar tanta velocidade e como as organizações podem influenciar esses fatores.[30]

Comece com baixa fidelidade

Os experimentos geralmente são conduzidos usando modelos simplificados. Os projetistas aeronáuticos, por exemplo, realizam experimentos com possíveis projetos de aeronaves testando modelos em escala reduzida em um túnel de vento – um mecanismo que cria ventos em altas velocidades que simulam parcialmente o ambiente em que a aeronave deve operar. Os modelos simplificados têm duas vantagens: reduzir o investimento em aspectos do mundo real que são irrelevantes para o experimento e "controlar" outros aspectos do mundo real para simplificar a análise. Desse modo, os modelos de aeronave sujeitos a experimentos nos túneis de vento em geral não incluem detalhes do design interno, como o layout das cabines, que são ao mesmo tempo custosos para desenvolver e normalmente irrelevantes para o resultado desses testes, que são focados na interação entre o ar em rápido movimento e a superfície externa do modelo.

No caso da equipe de iatismo da Nova Zelândia, a equipe de design – um grupo multidisciplinar de arquitetos navais, projetistas, pesquisadores de engenharia, analistas e velejadores – complementaram os testes de tanque e túnel com ferramentas digitais. As características estruturais foram verificadas usando a análise de elementos finitos (FEA, na sigla em inglês), o fluxo de água sobre as superfícies críticas do iate foi otimizado usando a dinâmica dos fluidos computacional (CFD), e a velocidade do design do iate em condições específicas de vento e mar foi prevista por programas de projeção de velocidade. Originalmente desenvolvidas para as indústrias nuclear e aeroespacial, essas ferramentas possibilitaram experimentos mais baratos e mais rápidos do que os protótipos parciais ou em tamanho real.

O termo *fidelidade*, neste contexto, refere-se à extensão na qual um modelo representa com precisão um produto, processo ou serviço. Os experimentadores raramente criam modelos perfeitos (modelos com 100% de fidelidade) porque eles não sabem como ou não têm recursos financeiros para representar todos os atributos da situação real, e, portanto, não teriam como transferi-los a um modelo nem se quisessem. Modelos de fidelidade mais baixa podem ser interessantes se tiverem custo baixo e puderem ser produzidos rapidamente para obter um feedback "rápido e sujo" ou experimentos baratos, que costumam bastar na fase inicial de um projeto de inovação, a fase do conceito.[31] Nos ambientes on-line, contudo, os experimentos podem ser conduzidos em cenários reais, com clientes reais, e com (quase) 100% de fidelidade. Quando o Bing, da Microsoft, ou o Google testam alterações em suas ferramentas de busca, milhões de clientes fazem pesquisas e veem anúncios sem saber que estão participando de um experimento. Tanto que o Bing deixou de ter uma única página de destino, e todos os usuários participam de bilhões de versões experimentais.

Como seria de esperar, a equipe de iatismo da Nova Zelândia ainda se baseava nos testes de tanque e túnel porque, de acordo com o designer-chefe Peterson: "Mesmo com todas as simulações do mundo, ninguém vai investir US$ 3 milhões em um iate sem fazer um teste físico primeiro".[32] O problema é que, embora as simulações tenham se mostrado bastante eficazes para otimizar o design, os computadores da equipe não eram rápidos o suficiente para simular alterações arquitetônicas complexas que afetam o casco da embarcação. Por outro lado, a equipe constatou que a simulação era especialmente eficaz na otimização incremental do formato do casco e da quilha. A melhoria dessas partes tinha um impacto importantíssimo na velocidade da embarcação como um todo.

No final, entretanto, o limite da eficácia das ferramentas digitais estava nas pessoas e no conhecimento que orientava suas decisões, e nem todas as simulações do mundo levariam automaticamente a soluções vencedoras. A equipe teve de criar muitas hipóteses, que acabaram determinando a qualidade das soluções buscadas. O feedback imediato resultante dos testes proporcionou à equipe oportunidades de aprendizado rápido. De acordo com Peterson: "O programa de CFD [dinâmica dos fluidos computacional] não tem como criar do zero o design de um iate sem a entrada de dados conceituais. Ele não sabe quais parâmetros otimizar. Imagine que você queira criar uma bola de golfe para se distanciar o máximo possível no ar depois de uma tacada. O computador não dirá que a bola deve ter cavidades em sua superfície, mas, se você especificar isso como um parâmetro de design, ele encontrará o padrão e a densidade ideais das cavidades para você".[33]

Devido a erros introduzidos por modelos em escala reduzida – a equipe de Iatismo da Nova Zelândia construiu 15 modelos no decorrer de três iterações –, os designers acabaram tendo de testar o iate real na água e só um terço das mudanças sugeridas pelo CFD resultaram no que a equipe considerou como melhorias de desempenho concretas. Assim, ao combinar testes de tanque e túnel, simulações e testes com um iate de tamanho real na água, a equipe beneficiou-se dos ciclos rápidos de experimentação e, ao mesmo tempo, eliminou problemas que poderiam resultar de modelos de fidelidade mais baixa.

Duas categorias de erros inesperados podem resultar desses modelos incompletos. Falsos positivos podem levar ao desperdício de recursos quando os experimentadores exageram nos detalhes do design de um produto ou de uma experiência (por exemplo, ao incluir detalhes que não fariam diferença nenhuma no resultado final). Falsos negativos, por outro lado, podem ter consequências ainda maiores e, portanto, exigem mais atenção dos experimentadores. A falha em detectar a relação entre as baixas temperaturas e o funcionamento do sistema de escapamento de gases dos anéis *O-ring*, apesar de testes extensivos e documentados, teve consequências catastróficas para o ônibus espacial *Challenger* e o programa espacial dos Estados Unidos.[34] Um dos erros de projeto mais dramáticos – e mais divulgados – da história, o desastre do *Challenger* é um lembrete de que uma boa experimentação deve incluir modelos de fidelidade crescente.

Alavanque experimentos de baixo custo

Pode sair caro conduzir e analisar experimentos, pois envolvem custos com equipamentos, materiais, instalações, mão de obra, entre outros. No caso do protótipo de um automóvel destruído em um teste de colisão, os custos incrementais podem chegar a milhões de dólares. Ou, podem ser praticamente nulos no caso de experimentos on-line conduzidos por empresas como a Microsoft, o Google e a Amazon. Em geral, as organizações diante de altos custos de experimentação relutarão mais em experimentar novas ideias ou em se afastar muito dos conhecimentos e das práticas existentes. Elas também tentarão economizar unindo muitas alterações em alguns poucos testes dispendiosos, o que dificultará a identificação de relações de causa e efeito.

Pense na roda da experimentação descrita anteriormente. O custo de conduzir um experimento depende da tecnologia disponível, da maturidade do conhecimento sobre os fenômenos relevantes e da fidelidade pretendida do modelo.[35] O custo de obter insights significativos depende do acesso a informações relacionadas ao teste e da disponibilidade de ferramentas que auxiliam no processo de resolução de problemas. Vejamos o caso da detecção de erros e da série de etapas de diagnóstico adotadas para identificar sua(s) causa(s). Às vezes, um designer pode ter um profundo conhecimento de um modelo e encontra rapidamente a causa do erro. No entanto, acontece muito de erros sutis dificultarem a análise, o que leva os designers a usarem ferramentas de diagnóstico. A simulação por computador é uma boa ferramenta de análise porque fornece aos designers um acesso fácil a experimentos e modelos. Um acidente de carro "real" acontece muito rápido. Tão rápido que é muito difícil observar detalhes, mesmo com câmeras de alta velocidade, carros bem equipados e bonecos de testes de colisão. Por outro lado, um computador pode ser instruído a simular um acidente virtual de carro na velocidade desejada e pode ampliar a imagem de qualquer elemento estrutural do carro para observar as forças que atuam sobre ele (e sua reação) durante uma colisão.[36]

Concentre-se no feedback rápido

As pessoas aprendem melhor quando suas ações são seguidas de um feedback imediato.[37] Imagine que você está aprendendo a tocar piano, mas o som de seus toques nas teclas leva um dia para ser ouvido! Como conseguiria praticar, quanto mais aprender a produzir qualquer coisa que pudesse ser apresentada em público? No entanto, muitas pessoas precisam esperar dias, semanas ou até meses antes de testar suas ideias. O tempo passa, a atenção se volta a outros problemas, e, quando o feedback finalmente chega, a janela de oportunidade já está fechada e o vínculo entre causa e efeito deixa de existir.

Quando Edison criou o design de seu novo laboratório em West Orange, em 1887, ele deixou o depósito, a sala de equipamentos e oficina bem perto das salas de experimentos. Esse layout foi crucial para a "fábrica de experimentação" de Edison, um esquema parecido com o de uma instalação de fábrica e que favorecia uma definição, um aperfeiçoamento e uma exploração mais sistemática e eficiente de suas ideias. Edison acreditava firmemente que todos os materiais, equipamentos e informações necessárias para conduzir os experimentos precisavam estar à mão, já que qualquer demora desaceleraria o trabalho e a criatividade de seus funcionários. Quando ele ou seu pessoal tinha uma ideia, ela precisava ser imediatamente transformada em um modelo, antes de a inspiração se dissipar. A biblioteca continha cem mil livros, para que as informações pudessem ser encontradas rapidamente. E as instalações foram projetadas para que os operadores de máquina e os experimentadores pudessem cooperar em estreito contato. A decisão de colocar a oficina de máquinas de precisão ao lado das salas de experimento se baseou na necessidade de velocidade. Assim que as ideias surgiam, os operadores das máquinas podiam criar rapidamente modelos para fazer testes e fornecer feedback, o que, por sua vez, levava a novas ideias.[38]

Para a equipe de iatismo da Nova Zelândia, o feedback rápido resultante dos experimentos foi essencial para o desenvolvimento do barco. Quando as melhorias de desempenho resultantes de ajustes no design do casco diminuíram, o foco da equipe passou à otimização da quilha, para reduzir ao máximo o arrasto. Fazendo pequenas alterações no design e no posicionamento das asas da quilha, a equipe conseguiu aumentar muito a velocidade dos iates. A experimentação foi feita em um ciclo de iteração de 24 horas, o que garantiu um feedback rápido. A equipe gerou centenas de sugestões de melhoria, que foram analisadas pela equipe de simulação. As alterações de design que se revelavam mais promissoras na simulação eram prototipadas à noite e testadas no dia seguinte em um barco de tamanho real. Navegando em condições reais, a tripulação podia saber se as alterações faziam o iate "dar a sensação" de maior rapidez e se resultavam em melhorias de desempenho. O feedback da tripulação também impulsionava a geração de novas ideias de melhoria. David Egan, um dos especialistas em simulação da equipe, lembrou a importância do feedback rápido:

Em vez de contar com alguns poucos grandes saltos, tínhamos a capacidade de criar o design, testar e aperfeiçoar continuamente nossas ideias. A equipe sempre travava conversas informais para falar de questões de design, esboçava alguns esquemas no verso de um porta-copo de bar e me pedia para fazer os cálculos. Se usássemos métodos tradicionais de design, teríamos de esperar os resultados por meses e quando ele chegasse estaríamos tão à frente com as nossas ideias que a razão de termos realizado o experimento já teria sido esquecida.[39]

Aumente a capacidade de experimentação

Processos repetitivos, como a manufatura e o processamento de transações, têm um comportamento ordenado à medida que a utilização de recursos aumenta.[40] Em processos como esses, o trabalho não muda muito e as surpresas são poucas e espaçadas. Aumente o trabalho em 5% e as tarefas levarão 5% mais tempo para serem concluídas. No entanto, os processos de inovação com alta variabilidade têm um comportamento bem diferente. À medida que a utilização aumenta, os atrasos se estendem acentuadamente. Aumente o trabalho em 5% e as tarefas podem levar 100% mais tempo para serem concluídas (Figura 1-2). Por outro lado, aumente os recursos em 5% e o feedback pode chegar 50% mais rápido.

Poucos gestores entendem essa relação e acabam comprometendo recursos demais. A alta utilização cria tempo de espera; o trabalho parcialmente concluído fica ocioso, aguardando a disponibilidade da capacidade e o feedback é postergado. Com isso, as organizações têm dificuldade de reagir às mudanças nas necessidades do cliente e identificar suposições falsas antes que seja tarde demais. Mesmo quando os gestores sabem que estão criando uma fila, eles raramente se dão conta do verdadeiro custo econômico da demora. Embora o custo possa ser quantificado, a grande maioria das empresas não o calcula. E, mesmo quando o fazem, elas tendem a subestimar os benefícios do feedback rápido. Considere a situação que encontrei em uma companhia farmacêutica europeia. Como outros executivos seniores que lideram grandes organizações de P&D, seu recém-nomeado diretor de descoberta de medicamentos tentava encontrar maneiras de promover a inovação entre os cientistas. Ele queria que eles fizessem mais experimentos com novos compostos químicos capazes de gerar novos medicamentos promissores e, ao mesmo tempo, eliminar o quanto antes os candidatos pouco promissores. No entanto, os experimentos com organismos vivos eram da alçada da área de testes em animais, um departamento que não estava sob seu controle e era administrado como um centro de custos. O departamento de testes em animais era avaliado pela eficiência da utilização dos recursos de testes, o que naturalmente levava a uma alta utilização de recursos. Em consequência, os cientistas da área de descoberta de medicamentos tinham de esperar meses pelos resultados dos testes, que levavam mais de uma semana para ser realizados. A organização de teste "bem gerenciada" estava impedindo o progresso da unidade de descoberta.

FIGURA 1-2

A alta utilização atrasa o feedback

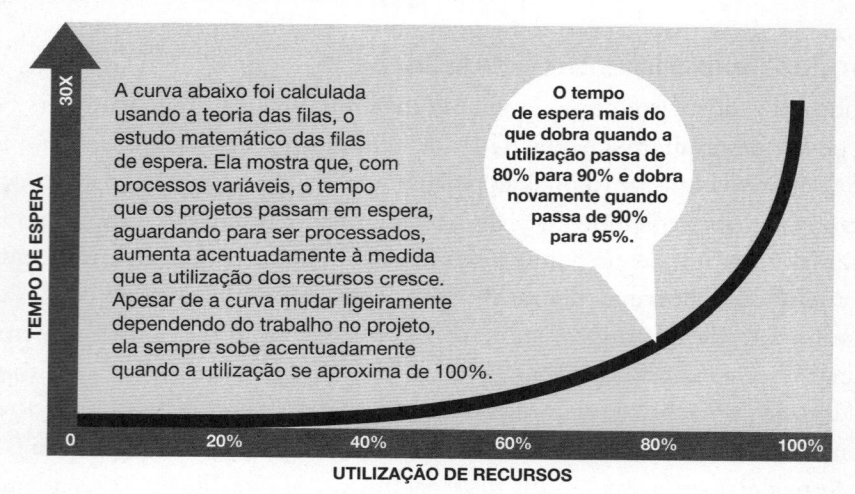

Fonte: S. Thomke e D. Reinertsen. "Six Myths of Product Development." *Harvard Business Review,* maio 2012.

A solução óbvia para esses problemas seria aumentar a capacidade ou mudar o sistema de controle da gestão (por exemplo, recompensar o departamento de testes em animais por respostas rápidas e não pela utilização). Até pequenos aumentos de capacidade trazem muitos benefícios na área de alta utilização da Figura 1-2.[41] Não é de surpreender que algumas empresas incorporem um excesso de capacidade – uma *folga estratégica* – para proteger-se da variabilidade. A 3M passou décadas programando a inovação a 85% de sua capacidade. E o Google ficou famoso por sua política dos 20%, permitindo que seus engenheiros trabalhem um dia por semana no que quiserem, o que também disponibiliza uma capacidade adicional caso eles se atrasarem no cronograma do trabalho. Alguns críticos alegam que a prática é ineficiente, porque os engenheiros recebem pouca orientação sobre o que fazer e a empresa não exige que eles produzam nada nesse "dia de folga". Nas minhas discussões com os gestores, sempre sou muito direto: instalar uma infraestrutura com uma capacidade abundante de testes é crucial para a garantir a experimentação em alta velocidade. Como veremos ao longo deste livro, a simulação e as plataformas de testes A/B/n on-line reduziram acentuadamente o custo dos experimentos e transferiram o gargalo para a capacidade da organização de fazer perguntas e absorver o aprendizado. Hoje em dia, o custo de aumentar a capacidade de experimentação costuma ser muito mais baixo do que o custo de oportunidade de não testar em grande escala. É simples assim.

Conduza experimentos simultâneos

As organizações podem conduzir experimentos de duas maneiras: sequencial ou simultaneamente. Quando a identificação de uma solução envolve mais do que um único experimento, o aprendizado resultante das iterações anteriores pode servir como uma informação importante para o desenvolvimento do próximo experimento. Quando isso acontece, a experimentação ocorre sequencialmente. Por outro lado, quando um plano previamente definido *não* é alterado pelos resultados dos experimentos anteriores, os experimentos são realizados simultaneamente. Por exemplo, você pode começar com um conjunto predeterminado de variantes de páginas na internet, seguindo os princípios do planejamento de experimentos (*design of experiments*, DOE, em inglês).[42] A análise de todo o conjunto de variantes é seguida de um ou mais experimentos de verificação adicionais. Considera-se que os experimentos conduzidos no conjunto inicial de sites são simultâneos, enquanto os experimentos da segunda rodada são sequenciais em relação ao conjunto inicial. Não é raro para as empresas líderes da internet realizarem centenas de experimentos simultaneamente. O LinkedIn conduz entre 500 e mil experimentos simultaneamente, dependendo da época do ano.[43] A Booking.com realiza mais de mil testes simultâneos em seus sites, servidores e aplicativos todos os dias.[44] Como muitos experimentos on-line levam cerca de duas semanas, as duas empresas conduzem mais de dez mil experimentos em tempo real por ano, o que representa uma escala massiva.

Entre novembro de 1993 e maio de 1994, a equipe de iatismo da Nova Zelândia construiu protótipos físicos para conjuntos de teste de tanque e túnel em três iterações sequenciais, resultando em quatorze modelos em escala reduzida. Como levava dois meses para construir e testar um protótipo, a equipe simplesmente não tinha tempo para uma estratégia de aprendizagem puramente sequencial. A construção de vários protótipos por iteração permitiu testar variantes com mais rapidez, eliminar os candidatos menos promissores e prosseguir com os designs mais prósperos.

A desvantagem é que os experimentos simultâneos podem até ser mais rápidos, mas não se beneficiam da aprendizagem potencial entre as iterações. O resultado é que, quando experimentos simultâneos são realizados, o número de testes necessários para chegar a uma solução costuma ser muito maior – mas é possível "chegar lá" mais rápido. Em comparação, leva mais tempo "chegar lá" seguindo uma estratégia sequencial, mas essa estratégia requer menos testes, dependendo do quanto a equipe espera aprender entre as iterações. Por exemplo, se você tiver cem chaves diferentes para abrir uma fechadura, pode tentar com uma de cada vez ou com todas ao mesmo tempo, se tiver verba para mandar fazer cem fechaduras idênticas. Como não há muito o que aprender entre os experimentos, uma estratégia sequencial levaria, em média, 50 tentativas e apenas o custo de uma fechadura – mas também levaria 50 vezes mais tempo.[45]

Valorize o incrementalismo de alta velocidade

Nem todos os experimentos são iguais. Muitas vezes pensa-se que o ajuste de variáveis resulta em mudanças menos significativas no desempenho – os tipos de mudanças comuns na melhoria incremental de produtos e processos. Por outro lado, grandes alterações nas variáveis ou a inclusão de novas podem facilitar uma busca muito mais ampla, aumentando assim as chances de encontrar melhorias mais radicais. Não é possível prever o que pode acontecer. Só que o sucesso também pode ser alcançado ao acertar muitas pequenas alterações e implementá-las rapidamente para que possam obter grandes ganhos de desempenho. O mundo on-line é um bom exemplo disso. Uma melhoria de 5% na conversão de clientes, multiplicada por um bilhão de usuários futuros, pode ter um enorme impacto na receita da empresa.

Também nesse caso, o desenvolvimento da embarcação da equipe de iatismo da Nova Zelândia ilustra o poder do incrementalismo de alta velocidade. A equipe sabia que os experimentos com o design do casco poderiam resultar nas maiores melhorias de desempenho, mas que o processo era demorado e a embarcação correria mais risco de quebrar em condições reais no mar. Depois de passar meses fazendo experimentos simultâneos com modelos em escala de diferentes cascos em testes de tanque e túnel, a equipe começou a obter retornos decrescentes. Na descrição de um membro da equipe:

> Estávamos criando um design robusto para o casco e a quilha. Tínhamos reduzido consideravelmente o arrasto em comparação com o design original, mas cada nova rodada de protótipos estava gerando cada vez menos melhorias. A terceira rodada desses testes, cujos resultados tínhamos acabado de receber, produziu menos da metade das melhorias da segunda leva. Houve um forte indício de que, a partir daquele ponto, o maior potencial de melhoria estava em mudanças nas asas da quilha e poderíamos tentar muitos aperfeiçoamentos com alterações no design e no posicionamento das asas. Mas, para conduzir esses experimentos, seria necessário colocar um iate de verdade na água.[46]

A apenas oito meses do início da competição, a estratégia da equipe se voltou para mudanças incrementais que, juntas, resultaram em um grande ganho de desempenho, um pequeno passo por vez. Os experimentos foram conduzidos em um ciclo de 24 horas e resultaram em um ganho de dois a três segundos cerca de um terço das vezes, ao passo que as equipes concorrentes tentavam fazer grandes mudanças que eram testadas uma vez a cada dois meses, mais ou menos. Para a equipe de iatismo da Nova Zelândia, o incrementalismo de alta velocidade levou ao rápido aprimoramento das boas ideias e ao pronto descarte das não promissoras. O ciclo de 24 horas também proporcionou à equipe um ritmo de trabalho que aumentou a agilidade em um ambiente volátil e competitivo (Figura 1-3). Mesmo com a maior agilidade, a equipe continuou seguindo planos sistemáticos de experimentação que eram ajustados por meio da aplicação do aprendizado. Isso parece confirmar as palavras de Eisenhower, ex-presidente dos Estados Unidos: "Planos são inúteis, mas planejamento é tudo".[47] Ou, se você preferir uma versão mais pitoresca, eis o que disse o boxeador Mike Tyson: "Todo mundo tem um plano até levar um soco no meio da cara". Na equipe de iatismo da Nova Zelândia, os experimentos davam socos todos os dias e a equipe podia pivotar e tentar novamente.

FIGURA 1-3

Equipe de iatismo da Nova Zelândia: como a experimentação iterativa leva à agilidade

Cada iteração envolve experimentos que resultam em um feedback ao qual a equipe pode se adaptar. A agilidade resulta de reagir com mais rapidez do que a taxa de mudança no ambiente competitivo.

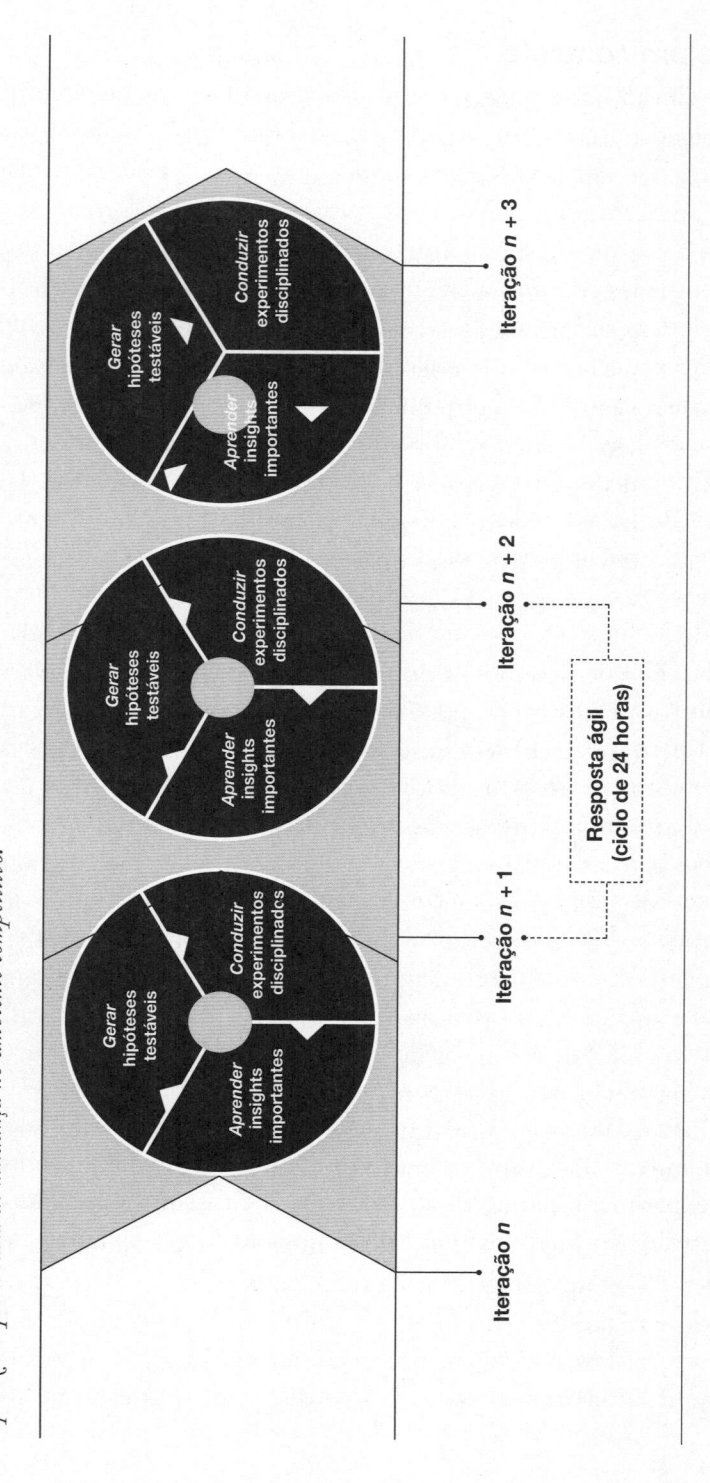

Use um controle

Um último fator, muitas vezes subestimado, é a maneira como um feedback ambíguo ou com "ruído" excessivo pode impedir a aprendizagem. O ruído ocorre quando as variáveis não são ou não podem ser controladas ou quando um número grande demais de variáveis está sendo manipulado ao mesmo tempo porque o experimento é caro demais e muitas variantes acabam sendo amontoadas em um ou alguns poucos testes. Em qualquer um desses casos, é difícil discernir a causa do efeito. O que está interagindo com o quê? Infelizmente, o que acaba acontecendo é que, em vez de reduzir os custos, os experimentos carregados com muitas variáveis geralmente precisam ter seu design ajustado e voltar a ser conduzidos, encarecendo o processo como um todo.

Em um estudo sobre a aprendizagem na área de fabricação de semicondutores, Roger Bohn descobriu que os funcionários de fábricas com baixos níveis de ruído tinham o potencial de aprender com muito mais eficiência com seus experimentos do que os funcionários de fábricas com alto nível de ruído.[48] Ele coletou dados em cinco fábricas e estimou que a probabilidade de negligenciar uma melhoria de rendimento de 3% – um número alto, considerando que as melhorias de primeiro ano geralmente ficam entre 0,5% e 3% – era de aproximadamente 20%. O estudo concluiu que os métodos estatísticos de força bruta são ineficazes ou caros demais para lidar com esses altos níveis de ruído. Um estudo recente que analisou os retornos publicitários chegou a uma conclusão parecida. Os dados de vendas no nível do cliente são incrivelmente voláteis e difíceis de avaliar com qualquer grau razoável de confiabilidade. Em ambientes com níveis tão altos de ruído, até os menores desvios em relação às melhores práticas de experimentação (como o viés de seleção) podem destruir toda a validade de um teste. Pode ser que a conclusão dos autores de que, "até recentemente, acreditar na eficácia da publicidade e da promoção era, em grande parte, uma questão de fé" também seja válida em muitos contextos atuais.[49]

Para lidar com o ruído, é preciso usar controles experimentais. Gary Loveman, ex-CEO da Caesars Entertainment e um dos primeiros defensores da experimentação no ramo de hotelaria e cassinos, identificou que adicionar controle não é algo natural para as pessoas. Em uma entrevista à *MIT Technology Review*, ele explicou:

> Digamos que uma de nossas propriedades esteja tendo uma receita menor do que eles gostariam e eles acham que sabem a causa. Em vez de fazer um experimento para testar essa hipótese, eles não usam um grupo de controle

e acabam contaminando o processo inteiro. Essa impaciência e excesso de confiança destroem a disciplina que eu quero implementar na nossa empresa. Um experimento com um bom design é a melhor maneira de testar essa hipótese e aprender o que realmente importa.[50]

Enviando uma mensagem clara a seus funcionários, Loveman brincou que há três maneiras de ser demitido da empresa: furto, assédio sexual e fazer um experimento sem um grupo de controle.[51]

A presença de ruído foi um grande problema para a equipe de iatismo da Nova Zelândia ao testar as alterações no iate em condições reais. Enquanto os testes de tanque e túnel em laboratório e as simulações por computador possibilitavam controlar condições externas, como o vento e o movimento do mar, colocar no oceano um iate em tamanho real, com uma tripulação de verdade e as constantes mudanças do vento e do clima dificultaram muito aprender com os experimentos. Testar um iate com a alteração no design e testá-lo novamente sem ela só seria possível se a equipe pudesse controlar as condições que afetam o desempenho – uma tarefa quase impossível, considerando que eles teriam de identificar mudanças na ordem de dois a três segundos no decorrer do teste todo. O impacto de uma pequena mudança na velocidade do vento entre os dois testes poderia facilmente afundar o efeito da mudança no design e, em consequência, inutilizar o experimento. A tripulação precisaria repetir várias vezes o mesmo experimento para calcular a média do efeito de ruídos (como as condições do vento, do mar e da tripulação) sobre o desempenho, o que teria desacelerado significativamente o progresso da equipe.

Para aprender rápido, a equipe de iatismo da Nova Zelândia decidiu construir dois iates que poderiam ser usados juntos para testar iterações nas asas da quilha. E, dentre as poucas equipes que optaram por investir em duas embarcações, a equipe de iatismo da Nova Zelândia foi a única que optou por construir dois barcos muito parecidos para testar lado a lado as alterações no design. Usando um barco como um controle experimental, a equipe poderia instalar quilhas com asas de design diferente em cada barco, testá-los no mar e calcular a diferença. Para minimizar o efeito da tripulação, eles poderiam trocar as quilhas e ver se a diferença se mantinha. A vantagem de usar um controle experimental foi minimizar o efeito do ruído, já que os dois barcos puderam ser testados sob as mesmas condições de ruído. Essa estratégia de experimentação aumentou os custos para a equipe mas acabou maximizando o aprendizado e o desempenho nos seis meses que precederam a primeira corrida.

No fim das contas, foi a experimentação disciplinada que deu à equipe de iatismo da Nova Zelândia uma vantagem competitiva. A natureza responde às perguntas que levantamos, mas não necessariamente informa *o que* queremos saber e na *velocidade* na qual queremos as respostas, a menos que os fatores operacionais da experimentação sejam gerenciados (Tabela 1-1).

TABELA 1-1

Os fatores operacionais da aprendizagem em alta velocidade

Fatores	Definição
Fidelidade	A extensão na qual um modelo e suas condições de teste representam um produto final, serviço, processo ou modelo de negócio em condições reais de utilização ou de lançamento no mercado
Custo	A despesa total para conduzir um experimento, incluindo as com modelos, testes de mercado etc.
Duração	O tempo entre o início de um experimento e o momento em que os resultados são disponibilizados para análise
Capacidade	O número de experimentos com o mesmo grau de fidelidade que podem ser conduzidos em um determinado período
Concomitância	A extensão na qual os experimentos são conduzidos simultânea ou sequencialmente
Manipulação	O grau de intervenção (mudanças incrementais *versus* radicais)
Controle	A capacidade de minimizar os efeitos de variáveis ("ruído") que não sejam o(s) tratamento(s) experimental(is)

Joan Fisher Box, filha do Sir Ronald Fisher, enfatizou as dificuldades da experimentação nos turbulentos oceanos da realidade:

> Toda a arte e a prática da experimentação científica dependem da habilidade de interrogar a Natureza. A observação forneceu ao cientista uma imagem de algum aspecto da Natureza, com todas as imperfeições de uma declaração voluntária. Ele quer verificar sua interpretação dessa afirmação fazendo perguntas específicas destinadas a estabelecer relações causais. Suas perguntas, na forma de operações experimentais, são necessariamente específicas e ele deve contar com a regularidade da Natureza para fazer deduções gerais com base em suas respostas em um caso específico ou para prever o resultado com base em operações semelhantes feitas em outras ocasiões.[52]

Fisher Box percebeu que os experimentos são perguntas para a natureza e que perguntas melhores levam a respostas melhores. Os bons experimentos não dependem apenas de bons fatores operacionais, mas também requerem hipóteses meticulosamente elaboradas. Ela continuou: "Seu objetivo [do cientista] é tirar conclusões válidas de precisão e generalidade determinadas a partir das evidências que consegue extrair. Longe de se comportar com regularidade, contudo, a Natureza é reticente, evasiva e vaga em suas respostas. Ela responde ao formato da pergunta levantada em campo e não necessariamente à pergunta que está na mente do experimentador; ela não interpreta para ele; não dá informações gratuitamente; e é obcecada pela precisão".[53]

Como podemos passar dos fatores operacionais que nos possibilitam aprender rapidamente com a experimentação – o tema deste capítulo – a efetivamente aprender a fazer bons experimentos? Quais perguntas precisamos fazer? Como a economia digital muda a experimentação? Como podemos organizar e construir uma cultura *tendo em vista* a experimentação? É o que exploraremos nos próximos capítulos.

2

O que vem a ser um bom experimento?

Nosso sucesso na Amazon é uma função
do número de experimentos que
fazemos por ano, por mês, por semana e por dia.
— Jeff Bezos, CEO da Amazon

Em 2016, Jeff Bezos deu aos acionistas um raro vislumbre do mecanismo de inovação da Amazon. Em sua carta anual, ele explicou: "Uma área que acho que nos diferencia muito das outras empresas é o fracasso. Acredito que nossa empresa é o melhor lugar do mundo para fracassar (temos muita prática nisso!), e o fracasso e a invenção são gêmeos inseparáveis. Para inventar, é preciso fazer experimentos, e não é um experimento se você sabe de antemão que vai dar certo. A maioria das grandes organizações diz que adora a ideia da invenção, mas não está disposta a aceitar a série de experimentos fracassados necessários para chegar lá".

E Bezos não parou por aí. Para ele, a justificativa para tolerar, e até convidar, os fracassos veio com os enormes retornos econômicos dos sucessos. Ele explicou por que os experimentos foram tão importantes para o modelo de crescimento da Amazon:

> Retornos descomunais costumam resultar de apostas contra o senso comum, e o senso comum costuma estar certo. Se você tiver 10% de chances de ter um retorno cem vezes maior que a sua aposta, deve fazer essa aposta sempre que puder. Mas você ainda estará errado nove em cada dez vezes.

Todo mundo sabe que, se você tentar fazer um *home run*, vai errar muitas tacadas, mas também vai alcançar seu objetivo algumas vezes. A diferença entre o beisebol e o mundo dos negócios, no entanto, é que o beisebol tem uma distribuição de resultados truncada. Mesmo se der uma tacada espetacular, você só vai conseguir avançar no máximo quatro *runs*. É raro acontecer, mas, nos negócios, quando você acerta a tacada, pode avançar mil *runs*. Essa distribuição de cauda longa dos retornos explica a importância de ser ousado.[1]

A experimentação tornou-se uma parte integrante da tomada de decisão na Amazon, por meio de um processo que Bezos chama de "método inusitado de tentar derrubar nossas crenças". Afinal, os seres humanos têm uma grande preferência por evidências que confirmam suas crenças preexistentes. Só que esse viés de confirmação dificulta tomar decisões relativas à inovação, uma área na qual a maioria das ideias não funciona. Pensando assim, ninguém deve ter se surpreendido quando, em um esforço para expandir seu processo de experimentação, a Amazon adquiriu a Whole Foods cerca de 14 meses depois que Bezos escreveu a carta. Os observadores do setor comentaram que a Amazon poderia usar os supermercados físicos da Whole Foods como laboratório para experimentos radicais. E, como consequência, o valor das ações das redes concorrentes despencou após o anúncio.[2] A Amazon ganhou fama de ser uma inovadora destemida por fazer esse tipo de experimento radical – as chamadas "grandes tacadas" – e também pelas dezenas de milhares de experimentos menores e disciplinados que levaram à enorme otimização da experiência do usuário em sua loja virtual.

Se os argumentos em prol da experimentação são tão irrefutáveis assim, por que mais empresas não conduzem testes rigorosos para tomar decisões melhores antes de fazer restruturações arriscadas e investir pesado em propostas de inovação? Por que os executivos confiam na hierarquia, na persuasão ou nos PowerPoints em vez de exigir que as equipes apresentem evidências de experimentos antes de tomar suas decisões? É claro que existem alguns obstáculos culturais que inibem a experimentação. E também é verdade que muitos gestores dizem "Nós fazemos experimentos" quando na verdade querem dizer "Estamos tentando algo novo", sem pensar muito na disciplina e no rigor necessário para obter resultados proveitosos com os testes. Nos casos mais flagrantes, projetos ou iniciativas de negócio são transformados em "experimentos" depois de concluídos, para justificar uma execução malfeita.

No entanto, também constatei que muitas organizações relutam em financiar bons experimentos e têm uma dificuldade considerável em conduzi-los. O processo de experimentação pode até parecer simples, mas é surpreendentemente difícil na prática, devido a inúmeros desafios organizacionais, gerenciais e técnicos. Além disso, a maioria dos testes para novas iniciativas de negócio é informal demais. Eles não se baseiam em métodos científicos e estatísticos comprovados, de modo que os executivos acabam interpretando incorretamente o ruído estatístico como se fosse uma causação – e acabam tomando decisões equivocadas. No Capítulo 1, analisamos os fatores operacionais que aceleram o aprendizado. O problema é que ir mais rápido não garante decisões melhores. As empresas podem só tomar mais decisões com mais rapidez. Neste capítulo, veremos como as empresas podem fazer bons experimentos seguindo sistematicamente um conjunto claro de princípios.[3]

Como já vimos, em um experimento ideal, o pesquisador separa uma variável independente (a causa presumida) de uma variável dependente (o efeito observado) enquanto mantém constantes todas as outras causas potenciais. Em seguida, ele manipula a primeira variável para estudar mudanças na segunda. A manipulação, seguida de observação e análise meticulosas, fornece insights sobre as relações entre causa e efeito, que, de preferência, poderão ser aplicados e testados em outros cenários. Para gerar esse tipo de aprendizado – e garantir que todos os experimentos produzam decisões melhores –, as empresas devem encontrar as respostas para sete perguntas importantes: (1) O experimento tem uma hipótese testável? (2) Os *stakeholders* se comprometeram a respeitar os resultados? (3) O experimento é executável? (4) Como podemos garantir resultados confiáveis? (5) Nós entendemos as relações de causa e efeito? (6) Nós nos beneficiamos ao máximo do experimento? E, por fim, (7) Nossas decisões estão *mesmo* sendo orientadas pelos experimentos? (Veja a Tabela 2-1.) Embora algumas perguntas possam parecer óbvias, muitas empresas fazem testes sem pensar bem sobre elas.

Pergunta 1: O experimento tem uma hipótese testável?

As empresas devem conduzir experimentos se eles forem a única maneira prática de responder a perguntas específicas sobre as ações propostas – e, é claro, se a resposta já não for óbvia.[4] Vejamos o caso da rede de lojas de departamentos Kohl's, que, em 2013, procurava maneiras de reduzir seus custos operacionais. Uma sugestão foi abrir as lojas uma hora mais tarde de segunda a sábado. Os executivos da empresa ficaram divididos. Alguns argumentaram que reduzir o horário de atendimento das lojas resultaria em uma queda significativa nas vendas, enquanto outros alegaram que o impacto nas vendas seria mínimo. A única maneira de resolver a questão com algum grau de certeza era conduzir um experimento controlado (veja o quadro "O que é um experimento controlado?"). Um teste envolvendo cem lojas da empresa mostrou que abrir as lojas uma hora mais tarde não resultaria em nenhuma diminuição significativa nas vendas.

Para decidir se um experimento é necessário, os gestores devem primeiro identificar exatamente o que desejam aprender e medir. Só então podem decidir se realizar testes é a melhor abordagem para obter a resposta e, se for o caso, qual deve ser o escopo do experimento. No caso da Kohl's, a hipótese a ser testada era simples: abrir as lojas uma hora mais tarde para reduzir os custos operacionais não levará a uma queda significativa nas vendas. Isso é chamado de "hipótese nula", que é a suposição padrão na ausência de mudanças mensuráveis. Em geral, a hipótese nula é considerada confiável até que evidências empíricas indiquem o contrário. E, quando o resultado de um experimento é considerado *estatisticamente significativo*, isso simplesmente quer dizer que é improvável que a queda observada (média da amostra) seja obra do acaso. Da mesma forma, se o resultado *não* for estatisticamente significativo, isso não é uma prova de que um tratamento não fez diferença alguma, mas só quer dizer que a mudança observada ou o tamanho da amostra não são grandes a ponto de sustentar uma constatação (e a decisão relacionada) com confiabilidade suficiente.

TABELA 2-1

Perguntas para conduzir bons experimentos

I. Hipótese	• A hipótese se baseia em observações, ideias ou dados?
	• O experimento se concentra em uma ação testável que está sendo considerada pela gestão?
	• O experimento tem variáveis mensuráveis e pode se revelar falso?
	• O que as pessoas esperam aprender com o experimento?
2. Adesão	• Quais mudanças específicas seriam feitas com base nos resultados?
	• Como a organização garantirá que os resultados não serão ignorados?
	• Como o experimento se encaixará no programa de aprendizagem e nas prioridades estratégicas da organização?

3. Viabilidade	• O experimento tem uma previsão testável? • Qual é o tamanho da amostra necessária? *Observação:* O tamanho da amostra dependerá do efeito esperado (por exemplo, um aumento de 5% nas vendas). • A organização tem condições de realizar o experimento de maneira viável nos locais de teste pelo tempo necessário?
4. Confiabilidade	• Quais medidas serão usadas para explicar o viés sistêmico, seja ele consciente ou não? • As características do grupo de controle correspondem às do grupo de teste? • O experimento pode ser conduzido como um estudo "cego" ou "duplo-cego"? • Algum viés restante foi eliminado com a utilização de análises estatísticas ou outras técnicas? • Outras equipes conduzindo o mesmo teste obteriam resultados semelhantes?
5. Causalidade	• Nós incluímos todas as variáveis que poderiam afetar nossas métricas? • Podemos vincular intervenções específicas ao efeito observado? • Qual é o grau de robustez das evidências? Correlações apenas sugerem causalidade. • Estamos confortáveis em partir para a ação sem evidências de causalidade?
6. Valor	• A organização levou em consideração um lançamento direcionado – ou seja, que leva em consideração o efeito de uma iniciativa proposta sobre diferentes clientes, mercados e segmentos – para concentrar os investimentos em áreas que prometem maior retorno? • A organização só implementou os componentes de uma iniciativa que promete o maior retorno sobre o investimento? • A organização tem um entendimento melhor de quais variáveis estão causando quais efeitos?
7. Decisões	• Nós sabemos que nem todas as decisões podem ou devem ser resolvidas por experimentos, mas que tudo o que pode ser testado deve ser testado? • Estamos usando evidências experimentais para aumentar a transparência do processo decisório?

O que é um experimento controlado?

Em um experimento controlado, os clientes são expostos aleatoriamente a uma das diversas variantes. Uma delas é o *controle*, ou seja, a prática atual (a maneira como um anúncio é apresentado na internet, por exemplo). As outras variantes são tratamentos – a prática com algumas modificações (como o mesmo anúncio on-line, mas com títulos de cores diferentes). O experimento expõe *amostras* de usuários ao controle e ao tratamento e calcula as médias da amostra em relação à métrica de interesse (por exemplo, receita). O *efeito do tratamento* é a diferença entre as médias da amostra.

Neste ponto, é importante notar um relevante princípio do método científico: o de que os experimentos podem refutar, mas não provar, uma hipótese. Esse importante princípio do método científico foi formulado com elegância por Albert Einstein: "Nem toda a experimentação do mundo pode provar que estou certo; um único experimento pode provar que estou errado".[5] Desse modo, um novo fato é estabelecido se experimentos repetidos e rigorosos não conseguirem refutar a hipótese nula. No caso da Kohl's, a hipótese da gestão ("Abrir as lojas uma hora mais tarde não vai afetar as vendas") não foi comprovada pelo(s) experimento(s), mas simplesmente não foi rejeitada.[6]

No entanto, acontece muito de as empresas não terem a disciplina necessária para refinar suas hipóteses, levando a testes ineficientes, desnecessariamente dispendiosos ou, pior ainda, ineficazes em responder às perguntas em questão. Uma hipótese fraca (como "Podemos levar nossa marca para o mercado de luxo") não apresenta uma variável independente específica para ser testada em comparação com uma variável dependente específica e não tem como produzir resultados mensuráveis. Trata-se de uma hipótese difícil de respaldar ou rejeitar. Uma boa hipótese, por outro lado, ajuda a delinear essas variáveis e sugere métricas (Tabela 2-2). Vejamos o que o físico William Thomson, também conhecido como Lorde Kelvin e pai das duas primeiras leis da termodinâmica, disse sobre a ciência e o conhecimento: "Quando pode mensurar algo e expressá-lo em números, você sabe algo a respeito; mas quando não pode mensurá-lo, quando não pode expressá-lo em números, seu conhecimento é escasso e insatisfatório. Pode ser uma semente de conhecimento, mas você pouco avançou, em seus pensamentos, o estágio da ciência, seja qual for o assunto".[7]

Se a ciência da gestão trata de desenvolver e organizar o conhecimento por meio de explicações e previsões testáveis, talvez fosse melhor substituir a controversa máxima "O que é medido é feito" por "O que é medido é explorado (e, se possível, entendido)".

TABELA 2-2

O que é uma hipótese forte?

	Hipótese forte	Hipótese fraca
Fontes	Pesquisa qualitativa, insights de clientes, problemas, observações, mineração de dados, concorrentes	Palpites sem base em observações ou fatos
Variáveis	Identifica possíveis relações de causa e efeito	Possíveis relações de causa ou efeito desconhecidas
Previsões	Os experimentos podem demonstrar que as previsões são falsas	Difíceis de contestar, vagas
Mensuração	Métricas quantificáveis	Resultados qualitativos
Verificação	Os experimentos (com base em hipóteses) podem ser replicados	Dificuldade de repetir os experimentos
Motivação	Impacto claro sobre os resultados de negócios	A relação entre as métricas e o impacto nos negócios não é clara
Exemplo	"Abrir nossas lojas uma hora mais tarde não vai afetar a receita de vendas diárias."	"Podemos levar nossa marca para o mercado de luxo."

Não é raro boas hipóteses resultarem de insights dos clientes, como pesquisa qualitativa (por exemplo, grupos focais, laboratórios de usabilidade), *analytics* (por exemplo, padrões encontrados nos dados de atendimento ao cliente) ou até mesmo o acaso. Pense no que aconteceu com a Intuit, uma empresa de software financeiro, quando um de seus engenheiros notou que cerca de 50% dos clientes potenciais experimentavam o produto voltado a pequenas empresas 20 minutos antes de precisar preparar a folha de pagamento.[8] O problema era que todas as empresas de gestão de folha de pagamento levavam horas ou até dias para aprovar novos clientes antes que o primeiro funcionário pudesse ser pago. Será que os clientes potenciais não gostariam de poder fazer a folha de pagamento antes da conclusão desse demorado processo de aprovação? Para verificar se os clientes realmente tinham essa necessidade, o engenheiro e o gerente de produto fizeram um estudo de usabilidade. O resultado foi que nenhum dos 20 participantes do estudo se disseram interessados em uma solução rápida de folha de pagamento. Só que, em vez de engavetar a ideia, a Intuit alterou sua página na internet em 24 horas e realizou um experimento simples que oferecia duas versões do software: uma com a opção de clicar em "Pague os funcionários primeiro" e outra com a opção "Faça as configurações primeiro". (Quando os usuários clicavam na opção "Pague os funcionários primeiro", eles recebiam uma mensagem avisando que a funcionalidade ainda não estava pronta.) Ao contrário dos resultados dos testes de usabilidade, o experimento revelou que 58% dos novos usuários escolheram a solução mais rápida de folha de pagamento. A funcionalidade acabou sendo lançada e tornou-se um enorme sucesso, aumentando a taxa de conversão do software em 14% e gerando milhões de dólares em receita adicional.

A equipe também descobriu que testar o comportamento real dos clientes é mais importante do que tomar decisões com base no que eles dizem que farão. Não é incomum encontrar essa diferença entre dizer e fazer em grupos focais com os clientes. Foi o que a Philips, a empresa holandesa de tecnologia, constatou quando conduziu um grupo focal com adolescentes para ver quais cores eles preferiam em uma nova caixa de som. Durante a sessão, a maioria dos adolescentes disse que sua cor preferida para a caixa de som era "amarelo". Depois da sessão, os adolescentes ganharam uma caixa de som em troca de sua participação no estudo, com a opção de escolher entre duas cores: amarelo e preto. A maioria dos participantes escolheu "preto", mesmo depois de ter acabado de dizer, no grupo focal, que preferia uma caixa de som "amarela".[9] Quando se trata de comportamento, costuma ser melhor confiar nos resultados dos experimentos.

Diferença entre dizer e fazer nos grupos focais

Em muitas situações, os executivos precisam ir além dos efeitos diretos de uma iniciativa e investigar seus efeitos secundários. Por exemplo, quando a rede de lojas de desconto Family Dollar queria decidir se deveria investir em unidades de refrigeração para poder vender ovos, leite e outros produtos perecíveis, a empresa descobriu que um efeito colateral – um aumento nas vendas de produtos secos para os clientes adicionais atraídos às lojas pelos itens refrigerados – teria um impacto ainda maior nos lucros. Os efeitos secundários também podem ser negativos. Alguns anos atrás, a Wawa, a cadeia de lojas de conveniência da região da Nova Inglaterra, nos Estados Unidos, queria vender um sanduíche de café da manhã que tinha apresentado um bom desempenho em testes nas lojas. No entanto, a iniciativa foi abortada antes do lançamento quando um experimento rigoroso – incluindo grupos de teste e controle e análises de regressão – mostrou que o novo produto provavelmente canibalizaria outros itens mais lucrativos.[10]

Pergunta 2: Os *stakeholders* se comprometeram a respeitar os resultados?

Antes de fazer qualquer teste, os *stakeholders* devem concordar sobre o que fazer quando os resultados saírem. Eles precisam se comprometer a levar todas as descobertas em consideração em vez de escolher só os dados que confirmem um ponto de vista específico. E, talvez ainda mais importante, devem estar dispostos a abandonar uma proposta refutada pelos dados. Mas é mais fácil falar do que fazer.

Quando a Kohl's estava pensando em incluir uma nova categoria de produto (móveis), muitos executivos ficaram empolgadíssimos com a promessa de uma grande receita adicional. Um teste realizado em 70 lojas ao longo de seis meses, no entanto, mostrou uma queda na receita líquida. Os produtos que passaram a ter menos espaço na loja (para que os móveis pudessem ser expostos) sofreram uma queda nas vendas, e a Kohl's estava até perdendo clientes. Esses resultados negativos foram uma grande decepção para os defensores da iniciativa, mas o programa foi abandonado mesmo assim. O exemplo da Kohl's destaca o fato de que muitas vezes é necessário conduzir avaliações objetivas das iniciativas defendidas por pessoas que têm muita influência na organização. É claro que pode haver boas razões para lançar uma iniciativa mesmo se os benefícios previstos não forem confirmados pelos dados. Por exemplo, mesmo se os experimentos mostrarem que um programa não vai incrementar consideravelmente as vendas, esse programa ainda pode ser necessário para aumentar a fidelidade do cliente. Mas, se a iniciativa proposta vai ser lançada de qualquer jeito, para que gastar tempo e dinheiro fazendo um experimento? Nesses casos, é melhor chamar o programa pelo que ele realmente é: um lançamento, um compromisso ou uma implementação. (Uma possível prova de fogo é a reversibilidade: se um novo programa não puder ser facilmente revertido, é certo que ele não passará em um dos atributos mais básicos de um experimento.)

Para assegurar que a organização respeitará os resultados do experimento, deve haver um processo que garanta que os resultados do teste não serão ignorados mesmo se refutarem as suposições ou a intuição da alta gestão. Na Publix Super Markets, uma cadeia de supermercados do sudeste dos Estados Unidos, praticamente todos os grandes projetos de varejo, especialmente os que requerem consideráveis investimentos financeiros, devem ser submetidos a experimentos formais para receber carta branca. As propostas passam por um processo de seleção que começa com uma análise financeira para determinar se vale a pena conduzir um experimento. Para os projetos que passam nessa primeira triagem, profissionais de *analytics* desenvolvem teste e os submetem à aprovação de um comitê que inclui o vice-presidente financeiro. Os experimentos aprovados pelo comitê são conduzidos e supervisionados por um grupo interno de testes. O departamento financeiro só aprova gastos significativos para as iniciativas propostas que passaram nesse processo e que apresentaram resultados positivos nos experimentos. "Os projetos são avaliados e aprovados com muito mais rapidez – e com menos escrutínio – quando têm o respaldo dos resultados dos testes", explica Frank Maggio, gestor sênior de análise de negócios da Publix.[11]

Ao criar e implementar um processo de seleção como esse, é importante manter em mente que os experimentos devem fazer parte de um plano de aprendizagem que apoie as prioridades da organização. Na Petco, uma rede de pet shops, todas as solicitações de teste precisam explicar como o experimento contribuiria para a prioridade estratégica da empresa de tornar-se mais inovadora. No passado, a empresa fazia cerca de cem testes por ano, mas esse número foi reduzido para 75. Muitas solicitações de teste são negadas porque a empresa já fez algum experimento parecido no passado; outras são rejeitadas porque as mudanças propostas não são radicais o suficiente para justificar os custos do teste (como aumentar o preço de um único item de US$ 2,79 para US$ 2,89). Como John Rhoades, ex-diretor de análise de varejo da empresa, observou: "Queremos testar propostas que ajudarão a empresa a crescer. Queremos tentar novos conceitos ou novas ideias".[12]

Pergunta 3: O experimento é executável?

Como já vimos, os experimentos devem incluir previsões testáveis. No entanto, a *densidade causal* do ambiente de negócios – ou seja, a complexidade das variáveis e de suas interações – pode fazer com que seja extremamente difícil determinar as relações de causa e efeito. No contexto dos negócios, aprender com um experimento não é necessariamente tão fácil quanto isolar uma variável independente, manipulá-la e observar mudanças na variável dependente. Os ambientes mudam constantemente e as causas potenciais dos resultados da organização muitas vezes são incertas ou desconhecidas, de maneira que as relações entre eles costumam ser complexas e pouco compreendidas.

Vejamos o exemplo de uma cadeia de varejo hipotética que tem dez mil lojas de conveniência divididas em duas redes: a QwikMart, com oito mil lojas, e a FastMart, com duas mil. A média das vendas anuais das lojas da rede Qwik Mart é de US$ 1 milhão e da FastMart, US$ 1,1 milhão. Um executivo sênior levanta uma pergunta aparentemente simples: será que mudar o nome das lojas QwikMart para FastMart levaria a receita a aumentar US$ 800 milhões? Naturalmente, vários fatores afetam as vendas, incluindo o tamanho físico da loja, o número de pessoas que moram em um determinado raio e sua renda média, a quantidade de horas que a loja fica aberta por semana, o nível de experiência do gerente da loja, o número de concorrentes nas proximidades e assim por diante. Mas o executivo está interessado em apenas uma variável: o nome das lojas.[13]

A solução mais óbvia é conduzir um experimento que altere o nome de algumas lojas QwikMart (digamos, dez) para ver o que acontece. Só que pode ser complicado verificar o efeito mudança de nome dessas lojas porque muitas outras variáveis podem ter mudado ao mesmo tempo. Por exemplo, o clima estava péssimo em quatro localidades, o gerente foi substituído em uma loja, um grande prédio residencial foi construído perto de outra e um concorrente lançou uma agressiva liquidação nas proximidades de outra. A menos que a empresa tenha como isolar o efeito da mudança de nome dessas e de outras variáveis, o executivo não saberá ao certo se a mudança de nome melhorou (ou piorou) as vendas.

Em ambientes de alta densidade causal, as empresas precisam ver se é possível usar uma amostra grande o suficiente para calcular a média dos efeitos de todas as variáveis exceto as que estão sendo avaliadas. O problema é que esse tipo de experimento nem sempre é viável. O custo de um teste envolvendo uma amostra de tamanho adequado pode ser proibitivo ou a mudança nas operações pode ser disruptiva demais. Nesses casos, como veremos adiante, os executivos podem empregar técnicas analíticas sofisticadas, algumas envolvendo *big data*, para melhorar a validade estatística de seus resultados. Dito isso, também devemos notar que os gestores muitas vezes presumem, equivocadamente, que uma amostra maior resultará automaticamente em dados melhores. Na verdade, um experimento pode envolver muitas observações, mas, se elas forem altamente agrupadas, ou correlacionadas entre si, o tamanho real da amostra pode ser bem pequeno. Se uma empresa usar um distribuidor em vez de vender diretamente aos clientes, por exemplo, esse ponto de distribuição pode facilmente levar a correlações entre os dados do cliente.

O tamanho da amostra depende em grande parte da magnitude do efeito esperado. Se uma empresa espera que a causa (por exemplo, uma alteração no nome da loja) tenha um grande efeito (um aumento considerável nas vendas), a amostra pode ser menor. Se o efeito esperado for pequeno, a amostra deverá ser maior. Pode parecer um contrassenso, mas pense dessa forma: quanto menor for o efeito esperado, maior será o número de observações necessárias para distingui-lo do ruído do ambiente com a confiança estatística desejada. A escolha do tamanho certo da amostra faz mais do que garantir que os resultados sejam estatisticamente válidos, ela pode permitir que a empresa reduza os custos dos testes e aumente a inovação. Alguns softwares disponíveis podem ajudar as empresas a escolher o tamanho ideal da amostra.

Pergunta 4: Como podemos garantir resultados confiáveis?

Na seção anterior, vimos os princípios de um experimento ideal. No entanto, a realidade é que as empresas normalmente precisam escolher entre confiabilidade, custo, tempo e outras ponderações práticas. Nesses casos, os métodos a seguir podem aumentar a confiabilidade dos resultados.

Testes de campo randomizados

O conceito da randomização em pesquisas na área da saúde é simples: pegue um grande grupo de pessoas com as mesmas características e com o mesmo problema de saúde e divida-o aleatoriamente em dois subgrupos.[14] Aplique o tratamento em apenas um subgrupo e monitore de perto a saúde de todos. Se a saúde do grupo tratado (ou de teste) for estatisticamente melhor que a grupo não tratado (ou de controle) e os resultados puderem ser replicados, o tratamento será considerado eficaz. Da mesma forma, testes de campo randomizados podem ajudar as empresas a determinar se alterações específicas levarão a um desempenho melhor. A empresa de serviços financeiros Capital One usa experimentos randomizados há um bom tempo para testar até as mudanças aparentemente triviais. Por exemplo, para testar a cor dos envelopes em que envia aos clientes ofertas de produtos, a empresa pode usar dois lotes (um na cor do teste e o outro na cor branca), enviados a destinatários aleatórios, e verificar as diferenças nas respostas. Como Richard Fairbank, cofundador e CEO da Capital One, explicou, o mesmo princípio pode ser aplicado a questões mais cruciais, como quando os clientes ligam para cancelar o cartão de crédito porque outro banco está oferecendo uma taxa de juros melhor:

> Um teste clássico que fazemos na Capital One é distribuir aleatoriamente todos os clientes que ligam para o departamento de retenção para cancelar o cartão de crédito. Uma resposta adequada requer algum conhecimento de quem está e quem não está blefando e também dos clientes que queremos manter. Para obter essas informações, realizamos um teste com, digamos, para fins de simplicidade, três ações diferentes com três grupos randomizados de pessoas. Para o Grupo 1, pagamos para ver e cancelamos o cartão. Para o Grupo 2, oferecemos a mesma oferta que eles (supostamente) receberam do concorrente. E, para o Grupo 3, oferecemos um meio-termo. Em seguida, coletamos uma montanha de dados sobre as respostas a essas ofertas e criamos modelos estatísticos para relacionar esses resultados aos dados que tínhamos sobre esses clientes. Agora, quando um cliente liga para a Capital One, fazemos instantaneamente um cálculo atuarial do valor presente líquido do ciclo de vida dele e identificamos sua reação mais provável. O sistema apresenta ao atendente uma recomendação de, por exemplo, oferecer uma redução da taxa de juros anual para 12,9%.[15]

A randomização é muito importante porque é praticamente impossível controlar todas as variáveis em um experimento no contexto dos negócios. Essa técnica ajuda a prevenir o viés sistêmico, seja ele consciente ou inconsciente, e distribui uniformemente quaisquer potenciais causas restantes (e possivelmente desconhecidas) do resultado entre os grupos de teste e de controle. Só que os testes de campo aleatórios também vêm acompanhados de alguns desafios. Para que os resultados sejam válidos, os testes de campo devem ser conduzidos com um alto grau de rigor estatístico, e é fácil para os gestores cometerem deslizes.

Em vez de identificar uma população de teste com as mesmas características e dividi-la aleatoriamente em dois grupos, os gestores podem cometer o erro de selecionar um grupo de teste (por exemplo, algumas lojas de uma cadeia) e presumir que todo o resto (as demais lojas) deve ser o grupo de controle. Ou podem selecionar os grupos de teste e de controle de uma maneira que introduz inadvertidamente vieses ao experimento. A Petco costumava selecionar suas 30 melhores lojas para testar uma nova iniciativa (como um grupo de teste) e compará-las com as 30 piores (como o grupo de controle). As iniciativas testadas dessa maneira tendem a parecer muito promissoras, mas fracassam quando são lançadas. Hoje, a Petco leva em consideração uma ampla gama de parâmetros – tamanho da loja, fatores demográficos dos clientes, presença de concorrentes nas proximidades, entre outros – para corresponder às características dos grupos de controle e de teste. (A Publix Super Markets usa a mesma abordagem.) Os resultados desses experimentos se mostraram muito mais confiáveis.

Testes cegos

Para minimizar os vieses e aumentar ainda mais a confiabilidade, a Petco e a Publix fazem testes "cegos", que ajudam a evitar o chamado "efeito Hawthorne": a tendência dos participantes de um estudo de modificar seu comportamento, consciente ou inconscientemente, quando têm conhecimento de que estão participando de um experimento (o fenômeno foi batizado em homenagem à Hawthorne Works, uma fábrica da região de Chicago que conduziu experimentos no início do século 20 para verificar se uma iluminação melhor aumentava a produtividade).[16] Na Petco, nenhum funcionário das lojas selecionadas para teste sabe que um experimento está sendo feito. Na Publix, as lojas mudam continuamente os preços, de modo que os testes são indistinguíveis das práticas operacionais normais. Os procedimentos cegos garantem que pesquisadores e participantes não mudem de comportamento só porque estão fazendo parte de um teste.

O problema é que os procedimentos cegos nem sempre são práticos. Em testes de novos equipamentos ou de novas práticas de trabalho, a Publix normalmente informa às lojas que elas foram selecionadas para o grupo de teste. Se a empresa não fizer isso, as lojas podem relutar em participar ou até ficar confusas sobre as razões que levaram a gestão a fazer as alterações. (Observação: um padrão experimental mais elevado envolve o uso de testes "duplo-cego", nos quais nem os pesquisadores nem os participantes sabem quais participantes estão no grupo de teste e quais estão no grupo de controle. Os testes duplo-cegos são muito utilizados em pesquisas médicas, mas não são comuns em experimentos no contexto dos negócios.)

Big data

Nos ambientes on-line e em outros ambientes de canal direto, os cálculos necessários para realizar um rigoroso experimento randomizado já são bem conhecidos pelos cientistas de dados, que podem usar amostras envolvendo milhões de clientes. No entanto, muitas transações ainda são feitas em sistemas de distribuição complexos, como redes de lojas, territórios de vendas, agências bancárias, franquias de fast-food e assim por diante. Em ambientes como esses, o tamanho da amostra costuma ser menor que cem, violando as premissas básicas de muitos métodos estatísticos padrão.[7] Para minimizar os efeitos dessa limitação, as empresas podem utilizar algoritmos especializados combinados com vários conjuntos de *big data*. Curiosamente, as menores amostras requerem processamento analítico mais sofisticado e melhores métodos de *big data*. (Veja o quadro "Como o *big data* pode ajudar a melhorar os experimentos".)

Vejamos o exemplo real de uma grande varejista que estava pensando em alterar o layout de suas lojas, uma mudança que custaria meio bilhão de dólares para ser implementada em 1.300 lojas. Para testar a ideia, o varejista alterou o layout de 20 lojas e monitorou os resultados. A equipe financeira analisou os dados e concluiu que a mudança aumentaria as vendas em apenas 0,5%, resultando em um retorno negativo sobre o investimento. A equipe de marketing conduziu uma análise independente e previu que a mudança levaria a um saudável aumento de 5% nas vendas.

Acontece que a equipe financeira tinha comparado as lojas de teste com outras que apresentavam algumas variáveis semelhantes, como tamanho da loja, renda dos clientes, entre outras, mas que não ficavam necessariamente na mesma região geográfica. A equipe também usou dados relativos a seis meses antes e seis meses depois do novo layout. Já a equipe de marketing comparou lojas da mesma região geográfica e analisou dados relativos a 12 meses antes e 12 meses depois do novo layout. Para decidir em quais resultados confiar, a empresa empregou o *big data*, incluindo dados de transações (itens comprados, horários das vendas, preços), atributos da loja e informações sobre a localização delas (concorrentes, dados demográficos, clima). Com base nessas informações, a empresa selecionou, para compor o grupo de controle, lojas mais parecidas com as do grupo de teste, nas quais o novo layout foi testado, dando validade estatística à pequena amostra. Em seguida, a empresa usou métodos estatísticos objetivos para avaliar as duas análises. Com isso, a empresa constatou que os resultados da equipe de marketing eram os mais precisos e o novo layout foi aprovado.

Como o *big data* pode ajudar a melhorar os experimentos

No contexto dos negócios, para descartar o ruído estatístico e identificar relações de causa e efeito, os experimentos devem, de preferência, usar amostras na casa dos milhares ou mais. O problema é que isso pode ter um custo proibitivo ou ser simplesmente impossível. Um novo mix de mercadorias pode precisar ser testado em apenas 25 lojas, um programa de treinamento de vendas, com 32 vendedores e a reforma proposta, em dez hotéis da rede. Nessas situações, o **big data** e outras técnicas sofisticadas de computação, como o aprendizado de máquina, podem ajudar. Veja como:

Começando

Se um varejista quer testar um novo layout de loja, deve coletar dados detalhados (como concorrentes nas proximidades, tempo de casa dos funcionários e fatores demográficos dos clientes) sobre cada unidade em análise (loja, região, vendedor e seus clientes e assim por diante). Esses dados farão parte do conjunto de **big data**. A decisão de quantas e quais lojas, clientes ou funcionários devem fazer parte do teste e quanto tempo o experimento deve durar depende da volatilidade dos dados e da precisão necessária para fazer as estimativas de impacto.

Criando um grupo de controle

Em experimentos envolvendo amostras pequenas, é crucial garantir a correspondência correta entre os participantes do grupo de teste (como lojas ou clientes individuais) e os de controle, o que depende da capacidade dos pesquisadores de identificar dezenas ou até centenas de variáveis que caracterizam os objetos do teste. O *big data* (registros completos de transações por cliente, dados meteorológicos detalhados, informações de mídias sociais etc.) pode ajudar nessa tarefa. Determinadas as características, pode ser criado um grupo de controle contendo todos os elementos do grupo de teste, exceto o que está sendo testado. Com isso, o varejista pode saber se os resultados do teste foram influenciados apenas por esse fator (no caso, o novo layout das lojas) ou por outros (variações demográficas, melhores condições econômicas, clima mais ameno).

Almejando a melhor oportunidade

Os mesmos dados podem ser usados para identificar situações nas quais o programa testado é eficaz. Por exemplo, o novo layout de loja pode ser eficaz em áreas urbanas altamente competitivas, mas pode ter um sucesso apenas moderado em outros mercados. Ao identificar esses padrões, a empresa pode implementar o programa nas situações em que ele será mais bem-sucedido e evitar investimentos naquelas em que ele pode não gerar o melhor retorno sobre o investimento (ROI).

Adaptando o programa

Conjuntos maiores de dados podem ser utilizados para caracterizar os componentes mais ou menos eficazes do programa. Por exemplo, um varejista que estiver testando os efeitos de um novo layout em suas lojas pode usar os dados do sistema de câmeras para ver se o novo layout está incentivando os clientes a andar mais pela loja ou se está gerando mais tráfego nas proximidades de produtos com margens mais altas. Ou a empresa pode constatar que transferir itens para a frente da loja e instalar novas prateleiras têm um impacto positivo, mas alterar o posicionamento dos caixas aumenta as filas para pagar e reduz os lucros.

Mesmo se uma empresa não tiver como seguir um rigoroso protocolo de teste, seus analistas podem ajudar a identificar e corrigir determinados vieses, falhas de randomização e outros problemas dos experimentos. É comum o departamento de testes de uma organização ser solicitado a fazer experimentos naturais não randomizados. Por exemplo, o vice-presidente de operações pode querer saber se o novo programa de treinamento de funcionários, que foi implementado em cerca de 10% dos mercados da empresa, é mais eficaz do que o antigo. Nessas situações, os mesmos algoritmos e conjuntos de *big data* que podem ser usados para resolver o problema de amostras pequenas ou correlacionadas também podem ser aplicados para obter insights importantes e minimizar a incerteza nos resultados. A análise pode ajudar os experimentadores a conceber um teste de campo verdadeiramente randomizado para confirmar e refinar os resultados, especialmente se estes refutarem o senso comum ou forem necessários para informar uma decisão que envolve um grande investimento financeiro.

Para qualquer experimento, o padrão ouro é a *replicação*, ou seja, outros pesquisadores que fizerem o mesmo teste devem obter resultados semelhantes. Repetir um teste dispendioso é geralmente impraticável, mas as empresas podem usar outros métodos para verificar os resultados. A Petco às vezes lança grandes iniciativas em etapas para confirmar os resultados antes de realizar a implementação na empresa toda. E a Publix tem um processo para monitorar os resultados de uma implementação e compará-los com o benefício previsto.

Pergunta 5: Nós entendemos as relações de causa e efeito?

Alguns executivos, empolgados com as possibilidades do *big data*, podem acreditar erroneamente que a causalidade não é importante e que os controles experimentais são opcionais. Na cabeça deles, tudo o que precisam fazer é estabelecer uma correlação, e dessa forma a causalidade pode ser inferida. Mas não é tão simples assim. Duas variáveis podem ser correlacionadas simplesmente por terem uma causa em comum, como a relação entre o número de incidentes de afogamento e o consumo de sorvete (um clima quente) ou porque a correlação não passa de uma coincidência. Em uma análise, pesquisadores descobriram que o número de advogados da Califórnia apresenta um alto grau de correlação com o dinheiro gasto com animais de estimação nos Estados Unidos.[18] Deixo ao leitor o exercício de pensar em algumas explicações plausíveis para o fenômeno.

Para categorizar os diferentes níveis de compreensão da causalidade, Judea Pearl e Dana Mackenzie propõem, no livro *The Book of Why*, uma escala de três níveis.[19] O primeiro nível de causalidade, o nível mais baixo, é a *associação*, que se concentra em encontrar regularidades nas observações. Um evento é associado, ou correlacionado, a outro se a observação de um muda a probabilidade de observar o outro. Os autores incluem o *analytics* e o *big data* nesse nível. O segundo nível, a *intervenção*, requer alterar uma ou mais variáveis e observar as mudanças nos resultados. Um exemplo dessas intervenções são os experimentos. O terceiro nível, o mais alto, são os *contrafactuais*, que incluem o teste de causalidade mais robusto. Em vez de limitar-se a perguntar: "A causou B?", um padrão mais elevado inclui o contrafatual: "B teria ocorrido na ausência de A?". Veja um exemplo da minha adolescência: um amigo meu acreditava firmemente que tomar um copo de água salgada (A) depois de encher a cara impedia uma ressaca (B) no dia seguinte. Mas será que ele ficaria de ressaca (B) se não tomasse água salgada? O problema dos contrafatuais é que é impossível voltar no tempo, repetir o experimento com uma intervenção diferente ou sem qualquer intervenção e comparar dois resultados usando a mesma pessoa. (Acontece muito de remédios caseiros serem baseados em relatos informais ou em um punhado de experiências pessoais que poderiam ser explicadas por outros fatores. No caso do meu amigo, suspeito que a simples ideia de tomar a asquerosa água salgada o levava a beber menos álcool.) No Capítulo 3, veremos como os efeitos causais são "estimados" por meio de experimentos randomizados e controlados on-line.[20]

Apesar desses níveis de causalidade, a empolgação com as possibilidades do *big data* levou à extraordinária alegação de que o método científico deixou de ser necessário. Em 2008, a revista *Wired* publicou um artigo provocativo intitulado "O fim da teoria: o tsunami de dados torna obsoleto o método científico", usando o Google como um exemplo de organização que conseguiu atingir o sucesso sem usar modelos de causa e efeito.[21] Da mesma forma, livros sobre *big data* citam casos para provar que, hoje em dia, a correlação é suficiente para tomar importantes decisões de negócios.[22] Um exemplo bem conhecido é – mais uma vez – o Google e como a empresa usou algoritmos de tendências de gripe (o Google Flu Trend), extraindo dados de cinco anos de registros on-line com centenas de bilhões de buscas, e conseguiu fazer previsões melhores de incidência de gripe do que as estatísticas do governo. No entanto, em 2014, uma equipe de pesquisadores associados à Harvard descobriu que, entre 21 de agosto de 2001 e 1º de setembro de 2013, os algoritmos do Google superestimaram a prevalência de gripe em nada menos que 100 de 108 semanas![23] É importante ressaltar que muitas publicações ignoraram o fato de que o Google não só é um minerador de *big data*, mas também um experimentador feroz. A empresa sabe que as correlações são excelentes fontes de hipóteses e que as relações de causalidade precisam ser testadas com muito rigor. Como Mark Twain ironizou: "Os rumores sobre a morte [do método científico] são um tanto quanto exagerados".*

Os dois exemplos a seguir ilustram em mais detalhes a dificuldade de inferir uma relação de causalidade com base na correlação – e também demonstram os problemas de experimentos que não incluem grupos de controle.[24] O primeiro envolve duas equipes que realizaram estudos observacionais independentes de duas funcionalidade avançadas do Microsoft Office. Cada equipe concluiu que a nova funcionalidade avaliada reduzia o atrito. Na verdade, quase qualquer funcionalidade avançada mostrará essa correlação, porque as pessoas dispostas a experimentar uma funcionalidade avançada tendem a ser *heavy users*, uma categoria de usuários que tende a ter menos atrito. Desse modo, embora uma nova funcionalidade avançada possa ser correlacionada com um menor atrito, ela não necessariamente o causa. Os usuários do Office que recebem mensagens de erro também têm menos atrito porque tendem a ser *heavy users*. Mas será que isso significa que mostrar mais mensagens de erro aos usuários reduzirá o atrito? É pouco provável.

O segundo exemplo diz respeito a um estudo conduzido pelo Yahoo para avaliar se os displays de anúncios de uma marca específica exibidos nos sites do Yahoo aumentariam as buscas pela marca ou por palavras-chave relacionadas. As observações do estudo estimaram que os anúncios aumentaram as buscas de 871% a 1.198%. No entanto, quando o Yahoo conduziu um experimento controlado, o aumento foi de apenas 5,4%. Sem o controle, a empresa poderia ter concluído que os anúncios tiveram um impacto enorme e não teria se dado conta de que o aumento no número das buscas ocorreu devido a outras variáveis que foram alteradas no período da observação.

Fica claro que os estudos observacionais não têm como estabelecer uma relação de causalidade. Ninguém duvida disso no campo da medicina, tanto que a Food and Drug Administration (FDA), agência que controla os alimentos e os medicamentos nos Estados Unidos exige que as empresas façam ensaios

---

* Supostamente Mark Twain teria observado que "Os rumores sobre a minha morte são um tanto quanto exagerados" quando ficou sabendo que muitas pessoas achavam que ele tinha morrido – e na verdade ele só estava em uma viagem ao exterior. [N. T.]

clínicos controlados e randomizados para provar que seus medicamentos são seguros e eficazes. É verdade que, em algumas circunstâncias, os experimentos controlados não são práticos nem éticos. Nesses casos, é preciso tomar muito cuidado ao remover, investigar e mensurar o viés em estudos observacionais.[25] É importante, contudo, sempre desconfiar ao tirar conclusões de estudos não randomizados. Em uma famosa revisão de 45 estudos de pesquisa clínica amplamente citados sobre a eficácia de intervenções médicas (como tratamentos, procedimentos e medicamentos), apenas 17% dos estudos não randomizados passaram no teste da replicação em estudos subsequentes com um design de pesquisa mais robusto. Por outro lado, 77% dos resultados dos estudos randomizados foram replicados.[26]

Nem sempre basta conhecer a relação de causa e efeito. E se você conseguir verificar que uma coisa causa outra, mas não souber por quê? Será que você deveria tentar descobrir o mecanismo causal? A resposta resumida é sim, principalmente quando os riscos forem altos. Estima-se que entre os anos de 1500 e 1800 dois milhões de marinheiros morreram de escorbuto.[27] Hoje sabemos que o escorbuto foi causado pela deficiência de vitamina C na dieta dos marinheiros, que não levavam um suprimento adequado de frutas em longas viagens. Em 1747, James Lind, cirurgião da Marinha Real Britânica, decidiu fazer um experimento para testar seis curas possíveis. Em uma viagem, ele deu a alguns marinheiros laranjas, limões e outras possíveis curas alternativas, como vinagre. O experimento mostrou que as frutas cítricas podiam prevenir o escorbuto, mas ninguém sabia por quê. Lind concluiu, erroneamente, que a cura estava na acidez da fruta e tentou criar um remédio menos perecível aquecendo o suco cítrico para fazer um concentrado, o que destruiu a vitamina C. Foi só 50 anos depois, quando suco de limão não aquecido foi adicionado às rações diárias dos marinheiros, que a Marinha Real Britânica finalmente livrou suas tripulações do escorbuto. Seria possível presumir que a cura poderia ter sido encontrada muito antes e salvado muitas vidas se Lind tivesse realizado um experimento controlado usando suco de limão aquecido e não aquecido. As empresas também podem melhorar a eficácia da implementação de mudanças se souberem o que leva a alteração proposta a ter o efeito desejado e, em consequência, podem evitar implementar a mudança da maneira errada ou desperdiçar recursos em fatores irrelevantes.

Dito isso, nem sempre precisamos saber o "porquê" ou o "como" para nos beneficiar de saber "o quê". Isso se aplica especialmente ao comportamento dos usuários, cujas motivações podem ser difíceis de determinar. No Bing, da

Microsoft, algumas das descobertas mais importantes foram feitas sem que a empresa estivesse tentando provar uma teoria. Em 2013, por exemplo, o Bing realizou uma série de experimentos com as cores de vários textos exibidos em sua página de resultados de busca, incluindo títulos, links e legendas (veja mais detalhes no Capítulo 3).[28] Apesar de as alterações nas cores terem sido sutis, os resultados foram inesperadamente positivos: os usuários expostos a tons levemente mais escuros nos títulos e tons levemente mais claros nas legendas obtiveram sucesso em suas buscas na maior parte das vezes e encontraram o que procuravam em significativamente menos tempo. Embora o Bing tenha conseguido melhorar a experiência do usuário com essas alterações sutis nas cores do texto, a empresa não tinha teorias firmadas sobre cores que pudessem ajudá-la a entender as causas que levaram a esses resultados. Neste caso, as evidências e o rigor dos protocolos experimentais geraram confiança nos resultados e substituíram a teoria.

Foi mais ou menos o que aconteceu na Petco. Quando os executivos estudavam novos preços para um produto vendido por peso, os resultados foram evidentes. De longe, o melhor preço foi para cem gramas do produto, e esse preço era uma quantia terminando em US$ 0,25. Esse resultado batia de frente com a crença dominante que dá preferência a preços terminando com 9, como US$ 4,99 ou US$ 2,49. "Esses resultados violavam uma regra do varejo de que não se pode ter um preço 'feio'", Rhoades comenta. Os executivos da Petco receberam os resultados com ceticismo, mas, como o experimento tinha sido conduzido de maneira rigorosa, eles finalmente aceitaram testar a nova forma de precificação. Um lançamento direcionado confirmou os resultados, levando a um salto de vendas de mais de 24% depois de seis meses.

O problema é que, se as empresas não entenderem bem a causalidade, elas podem cometer grandes erros. Você se lembra do experimento realizado pela Kohl's para investigar os efeitos de abrir suas lojas uma hora mais tarde? Durante esse teste, a empresa sofreu uma queda inicial nas vendas. Nesse ponto, os executivos poderiam ter abandonado a ideia. No entanto, uma análise mostrou que o número de transações dos clientes não tinha mudado. O problema estava na queda de unidades por transação. O número de unidades por transação acabou se recuperando com o tempo e o total de vendas retornou aos níveis anteriores. A Kohl's não soube explicar completamente a queda inicial, mas os executivos resistiram à tentação de culpar o horário de funcionamento reduzido. Eles não se afobaram em igualar correlação com causalidade.

Pergunta 6: Nós nos beneficiamos ao máximo do experimento?

Muitas empresas investem nos experimentos mas não conseguem tirar o máximo proveito deles. Para evitar esse erro, os executivos devem levar em consideração os efeitos que a iniciativa proposta pode ter em vários clientes, mercados e segmentos e concentrar seus investimentos nas áreas de maior retorno potencial. A melhor pergunta normalmente não é "O que funciona?", mas "O que funciona onde?" ou "O que é surpreendente?"

A Petco costuma lançar um programa só nas lojas mais parecidas com aquelas em que os testes obtiveram os melhores resultados. Com isso, a empresa não só reduz os custos de implementação como também evita envolver lojas nas quais o novo programa pode não entregar benefícios ou até ter consequências negativas. Graças a essas implementações direcionadas, a Petco tem conseguido sistematicamente dobrar os benefícios previstos de suas novas iniciativas.

Outra tática interessante é a *engenharia de valor*. A maioria dos programas inclui alguns componentes que geram mais benefícios que custos e outros cujos custos superam os benefícios. Nesse caso, a estratégia é só implementar os componentes que apresentarem um bom retorno sobre o investimento (ROI). Vejamos um exemplo simples. Digamos que um varejista faça testes com uma liquidação de 20% de desconto e constate um aumento de 5% nas vendas. Qual parcela desse aumento resultou da oferta em si e qual foi fruto da publicidade e do treinamento da equipe da loja, que direcionaram os clientes aos produtos incluídos na promoção? Nesses casos, as empresas podem fazer experimentos para investigar várias combinações de componentes (como lançar a promoção com anúncios publicitários sem treinamento adicional da equipe). Uma análise dos resultados pode separar os efeitos, permitindo que os executivos descartem os componentes que apresentarem um ROI baixo ou negativo (digamos, o treinamento adicional da equipe).

Além disso, uma análise meticulosa dos dados gerados pelos experimentos pode ajudar as empresas a entender melhor suas operações e testar suas suposições sobre quais variáveis causam quais efeitos. Com o *big data*, a ênfase é na correlação, como descobrir que as vendas de determinados produtos tendem a coincidir com as de outros. No entanto, as empresas podem usar a experimentação para ver além da correlação e investigar a causalidade, identificando, por exemplo, os fatores que levam ao aumento (ou diminuição) das compras. Esse conhecimento básico da causalidade pode fazer toda a diferença. Sem ele, os executivos têm apenas uma compreensão fragmentária de seus negócios e podem facilmente tomar decisões erradas.

Quando a Cracker Barrel Old Country Store, cadeia de restaurantes com temática do sul dos Estados Unidos, conduziu um experimento para decidir se deveria trocar as lâmpadas incandescentes por modelos de LED em seus restaurantes, os executivos se surpreenderam ao descobrir que o tráfego de clientes na verdade diminuiu nas unidades da marca nas quais as lâmpadas de LED foram instaladas. Os experimentos poderiam ter parado por aí, mas a empresa quis investigar melhor as causas desse resultado. A empresa constatou que a nova iluminação deixava as varandas dos restaurantes mais escuras, e muitos clientes achavam que os estabelecimentos estavam fechados. A constatação foi intrigante. Afinal, as lâmpadas de LED eram mais potentes que as incandescentes. Insistindo na investigação, os executivos descobriram que os gerentes dos restaurantes não estavam seguindo os padrões de iluminação da empresa e faziam seus próprios ajustes, que muitas vezes incluíam a colocação de iluminação nas varandas. Em consequência, as varandas ficaram mais escuras quando as lojas aderiram à nova política de lâmpadas de LED. A questão é que, se o teste tivesse parado na correlação, a empresa ficaria com a ideia errada de que seria melhor evitar a iluminação LED. Sem a experimentação mais aprofundada, a empresa jamais teria identificado a verdadeira relação causal.

O importante é que muitas empresas estão descobrindo que fazer um experimento é só o começo. O valor está na análise e na exploração dos dados. No passado, a Publix passava 80% do tempo destinado a testes coletando dados e 20% analisando esses dados. Hoje, o objetivo da empresa é reverter essa proporção.

Pergunta 7: Nossas decisões estão realmente sendo orientadas pelos experimentos?

Nem todas as decisões de gestão podem ou devem ser tomadas com base em experimentos. Decisões como adquirir uma empresa ou entrar em um novo segmento de mercado são mais eficazes se forem baseadas no senso crítico, na observação e na análise. Conduzir um experimento pode ser muito difícil, se não impossível, ou pode impor tantas restrições ao experimentador que os resultados acabam perdendo toda a validade. Entretanto, se tudo o que puder ser testado *de fato* for, os experimentos poderão se tornar fundamentais para a tomada de decisões gerenciais e para estimular discussões proveitosas. Foi o que aconteceu na Netflix, que construiu uma infraestrutura sofisticada para a experimentação em grande escala. De acordo com o *Wall Street Journal*, os executivos da empresa se viram diante de um dilema quando, em 2016, testes mostraram que uma imagem promocional que incluía *apenas* Lily Tomlin, uma das estrelas da série de comédia *Grace e Frankie*, resultou em mais cliques de espectadores potenciais do que imagens mostrando Tomlin e Jane Fonda, a outra protagonista da série.[29] A equipe de conteúdo se preocupava com a possibilidade de a exclusão da imagem de Fonda irritar a atriz e violar seu contrato com a empresa. Após debates acalorados em uma batalha entre evidências empíricas e "considerações estratégicas", a Netflix optou por usar imagens que também incluíam Fonda, apesar de os dados do cliente não respaldarem a decisão. No entanto, as evidências experimentais foram úteis para esclarecer as vantagens e as desvantagens e dar mais transparência ao processo decisório.

Se optarem por tomar decisões de acordo com as descobertas dos testes, as empresas devem garantir a validade dos resultados de seus experimentos prestando atenção ao tamanho das amostras, aos grupos de controle, à randomização e a outros fatores. Quanto mais válidos e repetíveis forem os resultados, mais eles se sustentarão diante da resistência interna, que pode ser especialmente forte quando os resultados questionam práticas do setor e suposições de longa data. E mais importante: posições hierárquicas e apresentações em PowerPoint não devem ser aceitas como substitutas para as evidências dos experimentos.

Vejamos como os experimentos mudaram a tomada de decisão do Bank of America quando a empresa analisou o tempo de espera em agências bancárias.[30] Por volta do ano 2000, o banco tinha cerca de 4.500 agências em 21 Estados, atendendo a aproximadamente 27 milhões de pessoas físicas e dois milhões de pessoas jurídicas e processando 3,8 milhões de transações por dia. Pesquisadores internos, que "interceptaram" alguns milhares de clientes nas filas das agências, observaram que, depois de cerca de três minutos, a diferença entre o tempo de espera real e o percebido crescia exponencialmente. Dois grupos focais com atendentes de vendas e uma análise formal conduzida pela Gallup confirmaram as observações iniciais, e assim nasceu o experimento de mídia na zona de transações (em inglês, *transaction zone media*, ou TZM). Com base em estudos do campo da psicologia, a equipe traçou a hipótese de que "entreter" os clientes com monitores de TV instalados acima dos caixas reduziria o tempo de espera percebido em pelo menos 15%. A equipe escolheu duas agências semelhantes para o experimento TZM e seu controle, com o objetivo de maximizar o aprendizado. Os monitores, posicionados acima dos caixas da agência, exibiam o canal de notícias CNN. A equipe esperou uma semana para o efeito da novidade passar antes de começar a medir os resultados nas duas semanas seguintes.

Os resultados da agência com o TZM mostraram que o número de pessoas que superestimaram o tempo real de espera caiu de 32% para 15%. No mesmo período, nenhuma das outras agências apresentou quedas dessa grandeza. Pelo contrário, a agência usada como controle teve um aumento de 15% para 26% no tempo de espera superestimado. Apesar dos resultados animadores, a equipe ainda tinha de provar à gestão sênior que o TZM poderia melhorar os resultados financeiros da empresa. Para isso, a equipe contou com um modelo que usou o "Índice de Satisfação do Cliente" facilmente mensurável que eles criaram (com base em um questionário de 30 perguntas) como uma métrica para estimar o crescimento futuro da receita.

Estudos anteriores indicavam que cada aumento de um ponto no Índice de Satisfação do Cliente correspondia a uma receita anual adicional de US$ 1,40 por cliente pessoa física resultante de um aumento nas compras e na retenção de clientes. Assim, um aumento no índice de apenas dois pontos em uma agência com uma base de clientes de dez mil pessoas levaria sua receita anual a crescer US$ 28 mil. Em geral, as porcentagens ficaram em cerca de 85% em Atlanta, o mercado de teste do Bank of America, e entre aproximadamente 77% e 83% em território nacional. A equipe constatou um aumento geral da satisfação de 1,7% depois da instalação dos monitores do TZM. Encorajados com os resultados, deram início à segunda fase do experimento para estudar e otimizar o impacto de uma programação mais variada, anúncios e diferentes parâmetros dos alto-falantes.

Apesar dos benefícios do programa TZM, a equipe precisava analisar se eles justificavam os custos. Estudos indicaram que custaria cerca de US$ 22 mil para instalar os monitores de TV especiais em cada agência participante do experimento. Para uma implementação em âmbito nacional, as economias de escala estimadas reduziriam os custos para cerca de US$ 10 mil por agência, um custo que poderia ser diretamente comparado com o benefício financeiro esperado para o banco.

A lição que aprendemos com o Bank of America, a Kohl's, a Publix e outros exemplos deste capítulo não é só que a experimentação pode levar a melhores maneiras de fazer as coisas se os gestores fizerem as perguntas certas (veja a

Tabela 2-1). A experimentação também pode ajudar a derrubar crenças tradicionais e intuições equivocadas até dos executivos mais experientes. E um processo decisório mais inteligente resultará em um desempenho melhor. Em geral, testes melhores ajudaram a Publix a poupar dezenas de milhões de dólares ao fazer duas coisas: para começar, deixou a empresa mais confiante para implementar propostas inovadoras que melhorarão o desempenho. E, em segundo, ajudou a empresa a evitar fazer mudanças que poderiam prejudicar os resultados.

Será que o desastre na J.C. Penney descrito no Capítulo 1 não poderia ter sido evitado se as várias alterações fossem testadas antes (por exemplo, incluir lojas de marcas de luxo)? Não temos como saber. Mas uma coisa é certa: antes de tentar implementar um programa tão ousado, a empresa precisava basear-se mais nas evidências experimentais e menos na intuição dos executivos para orientar essas decisões.

3

Como fazer experimentos on-line

Não faz diferença alguma se sua hipótese for extremamente elegante, não faz diferença alguma se você for inteligentíssimo, não faz diferença alguma quem lançou a hipótese nem qual é seu nome. Se o experimento não a confirma, ela estará errada. Ponto final.
— Richard Feynman, físico, professor e contador de histórias

Em 2012, um funcionário da Microsoft que trabalhava na ferramenta de busca Bing teve uma ideia para mudar a exibição dos títulos dos anúncios.[1] A ideia parecia trivial: incluir no título parte do subtexto do anúncio, para torná-lo mais longo (veja a Figura 3-1). A alteração não exigiria muito esforço – apenas alguns dias de trabalho de um engenheiro –, mas era só uma das centenas de ideias propostas e foi considerada de baixa prioridade. Ela ficou esquecida por mais de seis meses, até que um engenheiro, que viu que o custo de escrever o código seria baixo, lançou um simples experimento controlado on-line, um *teste A/B*, para avaliar seu impacto. Em questão de horas, a nova variação dos títulos dos anúncios já estava produzindo uma receita anormalmente alta, disparando um alerta do tipo "bom demais para ser verdade". Normalmente, esse alerta indica um erro, mas não era o caso. Uma análise demonstrou que a mudança aumentou a receita em nada menos que 12% – o que, em termos anuais, chegaria a mais de US$ 100 milhões só nos Estados Unidos – sem prejudicar as principais métricas de experiência do usuário. Foi a ideia que mais gerou receita na história do Bing, mas ninguém se deu conta de seu valor até o teste ser realizado. Que grande lição de humildade!

FIGURA 3-1

Experimento com títulos mais longos

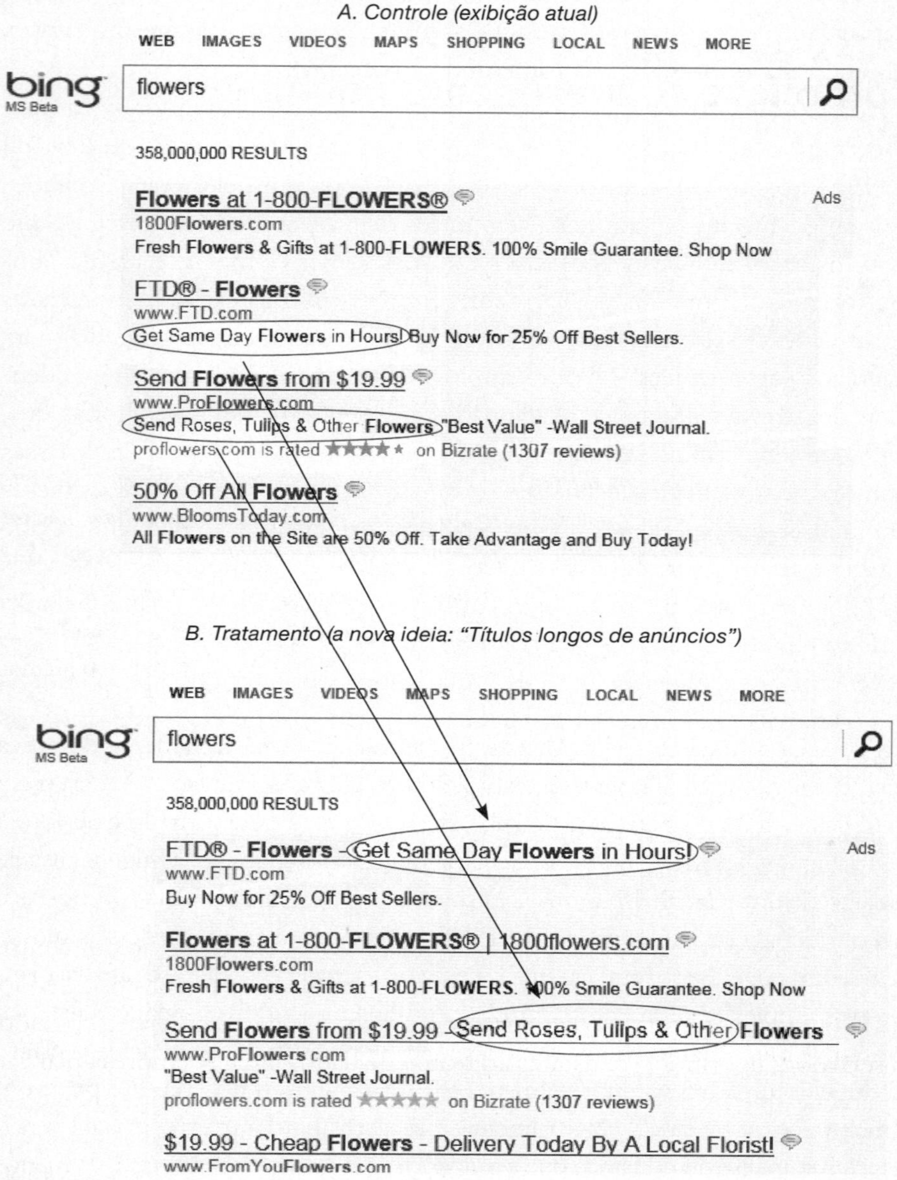

A. Controle (exibição atual)

WEB   IMAGES   VIDEOS   MAPS   SHOPPING   LOCAL   NEWS   MORE

bing flowers 🔍
MS Beta

358,000,000 RESULTS

Flowers at 1-800-**FLOWERS®** 📷   Ads
1800Flowers.com
Fresh **Flowers** & Gifts at 1-800-FLOWERS. 100% Smile Guarantee. Shop Now

FTD® - Flowers 📷
www.FTD.com
Get Same Day **Flowers** in Hours! Buy Now for 25% Off Best Sellers.

Send **Flowers** from $19.99 📷
www.ProFlowers.com
Send Roses, Tulips & Other **Flowers** "Best Value" -Wall Street Journal.
proflowers.com is rated ★★★★★ on Bizrate (1307 reviews)

50% Off All **Flowers** 📷
www.BloomsToday.com
All **Flowers** on the Site are 50% Off. Take Advantage and Buy Today!

B. Tratamento (a nova ideia: "Títulos longos de anúncios")

WEB   IMAGES   VIDEOS   MAPS   SHOPPING   LOCAL   NEWS   MORE

bing flowers 🔍
MS Beta

358,000,000 RESULTS

FTD® - Flowers - Get Same Day **Flowers** in Hours! 📷   Ads
www.FTD.com
Buy Now for 25% Off Best Sellers.

Flowers at 1-800-**FLOWERS®** | 1800flowers.com 📷
1800Flowers.com
Fresh **Flowers** & Gifts at 1-800-FLOWERS. 100% Smile Guarantee. Shop Now

Send **Flowers** from $19.99 - Send Roses, Tulips & Other **Flowers** 📷
www.ProFlowers.com
"Best Value" -Wall Street Journal.
proflowers.com is rated ★★★★★ on Bizrate (1307 reviews)

$19.99 - Cheap **Flowers** - Delivery Today By A Local Florist! 📷
www.FromYouFlowers.com

Fonte: R. Kohavi, D. Tang, Y. Xu. *Trustworthy Online Controlled Experiments: A Practical Guide to A/B Testing*. Cambridge, Reino Unido: Cambridge University Press, 2020.

Esse exemplo mostra como pode ser difícil avaliar o potencial de novas ideias. E, também muito importante, demonstra a importância de desenvolver a capacidade de executar *muitos* testes on-line a baixo custo e ao mesmo tampo, algo que mais empresas estão começando a perceber.

Hoje, a Microsoft e várias outras empresas líderes (incluindo a Amazon, a Booking, o Facebook e o Google) realizam anualmente mais de dez mil experimentos on-line controlados, sendo que cada um deles engaja milhões de usuários. Startups e empresas sem raízes digitais, como o Walmart, a State Farm Insurance, a Nike, a FedEx, a New York Times Company e a BBC, também fazem experimentos regularmente, embora em uma escala menor. Essas organizações descobriram que a abordagem de "experimentar com tudo" gera benefícios surpreendentes. Por exemplo, a abordagem ajudou o Bing a identificar dezenas de alterações relacionadas à receita por mês – melhorias que, juntas, aumentaram anualmente a receita por busca de 10% para 25%. Esses aprimoramentos, aliados a centenas de outras mudanças feitas todos os meses para melhorar a experiência do usuário, são a principal razão da lucratividade do Bing e de sua participação nas buscas realizadas em computadores pessoais nos Estados Unidos ter aumentado para quase 23% em 2017, em comparação com 8% em 2009, o ano de seu lançamento.

Vejamos o exemplo da Sky UK, uma empresa britânica de telecomunicações com mais de 11 milhões de clientes. A empresa submete a experimentos todas as alterações feitas em seu site, como versões de software, *bots* de atendimento, layout da página, entre outras mudanças.[2] Hoje, 70% dos clientes on-line participam de cerca de cem novos testes por mês (a meta é chegar a algo entre 90% e 95%). A Sky possui uma equipe de quatro especialistas em otimização que aceita ideias submetidas por qualquer pessoa da empresa, incluindo equipes de produto, unidades de negócio e centros de atendimento, e cria experimentos rigorosos para avaliá-las. Em média, os testes da Sky são divididos igualmente entre o lado do cliente (experiências na internet) e o lado do servidor (algoritmos, consultas ao banco de dados etc.). A empresa planeja possibilitar que os próprios funcionários criem e realizem os experimentos – os engenheiros de software da empresa já fazem isso – em todas as suas plataformas de entrega de conteúdo (internet, celular, TV). Para tanto, a equipe digital da Sky vem ensinando os funcionários a pensar e agir cientificamente. Trata-se de uma grande mudança em relação a apenas três anos atrás, quando a equipe de *analytics* da empresa só realizava um punhado de testes por mês e dedicava apenas de 5% a 10% de seu tempo à experimentação.

O atendimento ao cliente já se beneficiou do aumento do número de experimentos. A Sky recebe milhares de ligações de atendimento todos os dias, mas acredita firmemente que, quando cabível, os clientes devem poder optar pelos canais de autoatendimento disponibilizados na TV interativa, no celular e na internet. Para descobrir o que funciona e o que não funciona, a empresa teve de realizar testes controlados de muitas novas ideias, sendo que algumas foram propostas diretamente pelos atendentes do call center. Segundo Abdul Mullick, diretor de transformação digital da Sky, o resultado foi uma redução de 16% no número de ligações e um aumento de 8% na satisfação do cliente. O novo *ethos* de experimentação também está criando uma cultura na qual as ideias certas falam mais alto do que o tempo de casa ou a posição das pessoas na hierarquia. A gestão sênior constatou que respeitar os dados remove a arrogância e os fatores hierárquicos do processo decisório e aumenta a transparência quando é preciso rejeitar as recomendações dos testes por razões estratégicas ou legais.

Em um momento no qual os canais on-line são vitais para praticamente todas as empresas, a experimentação rigorosa deve ser adotada por todos como um procedimento operacional padrão. Se uma empresa investir na infraestrutura de software e nas habilidades organizacionais necessárias para conduzir os experimentos, poderá avaliar não só ideias para sites, mas também potenciais modelos de negócio, estratégias, produtos, serviços e campanhas de marketing – tudo a um custo relativamente baixo. É importante notar que o comportamento dos usuários na internet é surpreendentemente difícil de prever, porque envolve uma convergência de áreas distintas, incluindo psicologia, sociologia e economia, mas não se limitando a elas. Além disso, o sucesso normalmente varia com o contexto (por exemplo, diferentes mercados, diferentes segmentos de clientes etc.). A pergunta certa normalmente não é "O que funciona?" mas "O que funciona onde (e às vezes quando)?" Os experimentos on-line podem transformar a exploração e a otimização em um processo científico, orientado por evidências, em vez de um jogo de adivinhação baseado em intuição, posições hierárquicas e crenças comumente aceitas – porém muitas vezes equivocadas. *E tudo isso pode ser feito em uma escala enorme!* Sem os experimentos, muitas inovações poderiam nunca acontecer. E muitas ideias ruins seriam implementadas e acabariam fracassando e desperdiçando recursos. No entanto, muitas organizações, incluindo algumas importantes empresas digitais, não sistematizam sua abordagem de experimentação on-line, não sabem como conduzir testes científicos rigorosos e não fazem testes suficientes.

Para desenvolver a capacidade de experimentação on-line, as empresas devem aprender com as melhores práticas descritas neste capítulo, que complementam o que já aprendemos. Embora se concentrem em empresas on-line, muitas lições descritas neste capítulo se aplicam igualmente às companhias off-line tradicionais, bem como a empresas B2C e B2B. E, apesar de a experimentação começar com o tipo mais simples de experimento controlado, o teste A/B, as descobertas e recomendações também se aplicam a projetos experimentais mais complexos.[3]

Teste todas as decisões testáveis

Em um teste A/B, o pesquisador monta dois experimentos: o controle ("A") geralmente é o sistema atual – considerado o *campeão* – e o tratamento ("B") é uma modificação que tenta fazer alguma melhoria – o *desafiante*. Os usuários são alocados aleatoriamente aos experimentos e as métricas relevantes são calculadas e comparadas. (Os *testes A/B/C* ou *A/B/n* e os *testes multivariados*, por outro lado, analisam mais de um tratamento ou modificações de diferentes variáveis ao mesmo tempo.[4]) Na internet, a modificação pode ser uma nova funcionalidade, uma alteração na interface do usuário (como um novo layout), uma alteração no *back-end* (como uma melhoria em um algoritmo que, digamos, recomenda livros na Amazon) ou um modelo de negócio diferente (como uma oferta de frete grátis). Independentemente do aspecto da experiência do cliente que as empresas desejam investigar – como vendas, uso repetido, taxas de cliques ou tempo passado pelos usuários em um site –, elas podem usar testes A/B on-line para aprender a otimizá-lo.

Vejamos um exemplo. A Booking, a maior plataforma de reservas de hotéis do mundo, é conhecida por seu foco incansável na otimização da experiência do cliente por meio de experimentos on-line e pela democratização dos testes por toda a empresa. (No Capítulo 5, veremos o caso da Booking em detalhes.) Todos os dias, a empresa testa mais de mil hipóteses simultaneamente em seus sites, servidores e aplicativos. Esses testes geralmente começam com um insight ou observação das áreas de pesquisa com usuários e atendimento ao cliente. (Veja o quadro "Booking: um exemplo de um teste A/B".)

Qualquer empresa que tenha pelo menos alguns milhares de usuários ativos diariamente pode realizar esses testes.[5] A habilidade de acessar grandes amostras de clientes, coletar automaticamente um enorme volume de dados sobre as interações do usuário em sites e aplicativos e conduzir experimentos simultâneos oferece às empresas uma oportunidade sem precedentes de avaliar muitas ideias com rapidez, grande precisão e a um custo insignificante por experimento adicional. As organizações podem iterar, vencer ou fracassar e pivotar com agilidade. Tanto que a área de desenvolvimento de produtos está passando por uma grande transformação: todos os aspectos do software – incluindo interfaces de usuário, aplicações de segurança e alterações no *back-end* – agora podem ser submetidos a testes A/B (no jargão técnico, isso é chamado de "experimentação *full-stack*"). Essa abordagem possibilita um feedback contínuo e estatisticamente rigoroso, inclusive para garantir que as alterações no software não reduzam o desempenho (como a capacidade de resposta) nem tenham efeitos inesperados. No Bing, cerca de 80% das alterações propostas são executadas antes na forma de experimentos controlados. (Excluindo algumas correções de bugs de baixo risco e alterações no nível de máquina, como atualizações do sistema operacional.)

Os testes on-line também podem ajudar os gestores a descobrir o investimento ideal para uma melhoria potencial.[6] Essa foi uma decisão que a Microsoft teve de tomar quando procurava reduzir o tempo que o Bing levava para exibir os resultados das buscas. A empresa constatou que a velocidade afetava de maneira consistente as métricas de experiência do cliente. É claro que quanto mais rápido melhor, mas é possível quantificar o valor de uma melhoria? Quantas pessoas deveriam ser alocadas para trabalhar nesse projeto? Três, dez ou talvez 50? Para responder a essas perguntas, a empresa realizou uma série de testes A/B que incluíram atrasos artificiais para estudar os efeitos de minúsculas diferenças na velocidade de carregamento das páginas de busca. Os dados mostraram que cada diferença de cem milissegundos no desempenho teve um impacto de 0,6% sobre a receita. Com a receita anual do Bing ultrapassando a marca dos US$ 3 bilhões, uma aceleração de cem milissegundos representaria US$ 18 milhões em receita incremental anual, o suficiente para justificar o investimento em uma equipe de tamanho considerável. Os resultados do teste também ajudaram o Bing a fazer escolhas importantes, especificamente no que diz respeito a funcionalidades que poderiam melhorar a relevância dos resultados das buscas mas que reduziriam o tempo de resposta do software. O Bing queria evitar uma situação na qual muitas pequenas funcionalidades, cumulativamente, levassem a uma considerável degradação do desempenho. Assim, o lançamento de funcionalidades individuais que retardavam a resposta em mais de alguns milissegundos foi adiado até que a equipe melhorasse o desempenho da funcionalidade ou de outro componente.

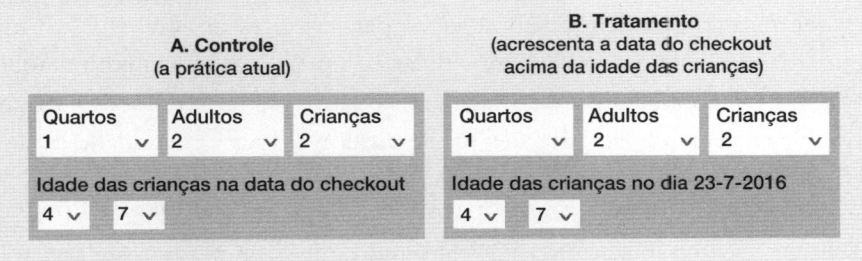

Booking: um exemplo de um teste A/B

• *Insight:* A área de pesquisa com usuários sugeriu que o processo de checkout poderia ser melhorado.

• *Hipótese alternativa:* Exibir a data do checkout no momento em que o usuário deve selecionar o número de crianças melhora a experiência (aumentando a clareza).

A. Controle (a prática atual)			**B. Tratamento** (acrescenta a data do checkout acima da idade das crianças)		
Quartos 1 ∨	Adultos 2 ∨	Crianças 2 ∨	Quartos 1 ∨	Adultos 2 ∨	Crianças 2 ∨
Idade das crianças na data do checkout 4 ∨ 7 ∨			Idade das crianças no dia 23-7-2016 4 ∨ 7 ∨		

Resultado: O tratamento apresentou um impacto positivo significativo nas principais métricas; a hipótese foi corroborada e o desafiante foi lançado como o novo campeão.

Fonte: S. Thomke e D. Beyersdorfer. "Booking.com." Harvard Business School Case No. 619-015. Boston: Harvard Business School Publishing, 2018.

Reconhecendo essas vantagens, algumas proeminentes empresas de tecnologia dedicaram grupos inteiros à construção, ao gerenciamento e ao aprimoramento de uma infraestrutura de experimentação que pode ser usada por muitas equipes de produto. As empresas que preferiram não investir tanto na infraestrutura voltaram-se a plataformas de testes terceirizadas, como a Optimizely, o Adobe Target e o Google Optimize, que oferecem uma variedade de soluções. A capacidade de conduzir testes on-line constitui uma importante vantagem competitiva, desde que os gestores saibam como usá-la.

Cabe esclarecer (como já vimos no Capítulo 2) que nem todas as decisões de gestão – independentemente de serem tomadas por empresas on-line ou off-line – podem ou devem ser submetidas a testes. Alguns experimentos têm resultados óbvios, são inviáveis ou antiéticos ou não valem a pena porque o aprendizado esperado não tem valor prático. Para ilustrar essas limitações, em 2003 dois pesquisadores da área médica publicaram um artigo irônico intitulado "A utilização de paraquedas para evitar mortes e traumas graves relacionados ao desafio gravitacional: uma revisão sistemática de ensaios clínicos randomizados". No artigo, os autores se propuseram a identificar e avaliar experimentos controlados randomizados que mostravam os benefícios do uso de paraquedas em uma queda livre e descobriram que – surpresa! – não existiam estudos randomizados. Aparentemente, nenhuma pessoa se dispôs a saltar de um avião sem paraquedas (A, o grupo de controle) só para provar que pessoas usando paraquedas (B, o grupo de tratamento) apresentavam taxas mais baixas de mortalidade.[7] A questão que eles queriam provar, naturalmente, era que não só é antiético submeter os participantes de um estudo à morte certa, mas que, além de ser melhor pular de um avião usando um paraquedas – um fato já conhecido –, não havia mais nada a ser aprendido. O artigo satírico provocou intensos debates sobre o valor, a ética e a utilidade de alguns experimentos médicos.

Em seguida, outros pesquisadores botaram ainda mais lenha na fogueira da discussão ao publicar um artigo alegando que fizeram um teste controlado randomizado do uso de paraquedas.[8] Só que dessa vez o estudo inventado não encontrou diferença alguma na incidência de mortes ou lesões graves entre os dois grupos. Por quê? As pessoas que aceitaram participar do experimento só saltaram de uma altura de 0,6 metro em velocidade zero e, em consequência, não sofreram quaisquer ferimentos. O artigo chamou a atenção para a *validade externa*, ou seja, nossa capacidade de generalizar os resultados de um experimento para outras situações, pessoas e momentos. Se um experimento for pouco realista e não tiver qualquer validade externa, para que se dar ao trabalho de conduzi-lo?

Reconheça o valor das pequenas alterações

Os gestores costumam presumir que, quanto maior for o investimento, maior será o impacto.[9] No entanto, as coisas raramente funcionam assim na internet, onde o sucesso costuma resultar de muitas pequenas e acertadas mudanças. Embora o mundo dos negócios glorifique grandes ideias disruptivas, o maior progresso, na verdade, resulta da implementação de centenas ou milhares de pequenas melhorias que podem ter um grande impacto cumulativo. No entanto, uma pequena mudança pode acabar com um grande retorno em virtude da enorme escala da internet. É muito raro, mas pode acontecer.

Vejamos o exemplo a seguir, novamente da Microsoft. Em 2008, um funcionário da empresa no Reino Unido fez uma sugestão aparentemente insignificante: abrir automaticamente uma nova aba (ou uma nova janela, no caso dos navegadores antigos) sempre que os usuários clicassem no link do Hotmail na página inicial do MSN, em vez de abrir o e-mail na mesma aba. Foi realizado um teste com cerca de 900 mil usuários do Reino Unido, e os resultados foram bastante animadores: o engajamento dos usuários que abriram o Hotmail aumentou impressionantes 8,9%, de acordo com o número de cliques na página inicial do MSN. (A maioria das alterações tem um efeito menor que 1% no engajamento.) No entanto, a ideia era controversa porque, na época, poucos sites abriam links em novas abas, de modo que a alteração só foi lançada no Reino Unido.

Em junho de 2010, o experimento foi replicado com 2,7 milhões de usuários dos Estados Unidos, produzindo resultados semelhantes, e então a alteração foi lançada no mundo todo. Em seguida, para ver os efeitos da ideia aplicada em outras partes, a Microsoft investigou a possibilidade de abrir a página de resultados em uma nova aba quando as pessoas faziam uma busca no MSN. Em um experimento com mais de 12 milhões de usuários nos Estados Unidos, os cliques por usuário aumentaram 5%. Abrir links em novas abas foi uma das melhores maneiras de aumentar o engajamento dos usuários que a Microsoft já implementou, e tudo o que a empresa precisou fazer foi alterar algumas linhas de código. Hoje, muitos sites, como os do Facebook e do Twitter, usam essa técnica. A Microsoft está longe de ser a única a colher grandes benefícios de mudanças simples. Os experimentos da Amazon, por exemplo, revelaram que transferir as ofertas para pagamentos com cartão de crédito da página inicial para a do carrinho de compras aumentava os lucros em dezenas de milhões de dólares anualmente. Pequenos investimentos podem, sem dúvida, gerar grandes retornos. Os grandes investimentos, por outro lado, podem ter um retorno muito pequeno ou até mesmo nenhum. Por exemplo, integrar as mídias sociais ao Bing – para o conteúdo do Facebook e do Twitter ser aberto em um painel na página de resultados da busca – custou à Microsoft mais de US$ 25 milhões em despesas de desenvolvimento, mas produziu aumentos desprezíveis no engajamento e na receita.

Quando pequenas mudanças resultam em grandes retornos, elas ilustram o poder da escala: uma melhoria de 5% pode ter um grande impacto se multiplicada por um bilhão de cliques. Só que esse tipo de mudança é raro. O mais comum é um fluxo contínuo de mudanças muito menores que se acumulam rapidamente e são multiplicadas por um grande número de ocorrências que podem surtir efeito por um longo tempo. Imagine somar os efeitos de centenas de experimentos que levam métricas importantes a subir apenas 1% (ou até menos). Pensando assim, seria míope achar que só os funcionários que dão grandes saltos são inovadores. Talvez os verdadeiros heróis sejam as pessoas que fazem um experimento após o outro, com inspiração, paciência e senso de propósito, para vencer e fracassar rapidamente. Os testes on-line de hoje em dia lembram a fábrica de experimentação de Edison, mas em uma escala muito maior e com mais precisão científica.

Além disso, as melhorias incrementais nos produtos sempre foram uma importante fonte de inovação. Em um estudo recente sobre o crescimento econômico dos Estados Unidos, os autores estimaram que, entre 2003 e 2013, as melhorias em produtos já existentes representaram cerca de 77% do aumento. A destruição criativa por novas empresas ou os novos produtos de companhias existentes impulsionaram apenas 19% do crescimento.[10] Da mesma forma, estudos nas áreas da manufatura e da tecnologia da computação mostraram que avanços significativos no desempenho muitas vezes resultavam de uma infinidade de inovações secundárias, porém não triviais.[11] Os melhores gestores alocam recursos levando em consideração esse delicado equilíbrio entre as abordagens incremental e inovadora para impulsionar o crescimento.[12] Quando o LEGO Group esteve à beira da falência e se recuperou em 2004, seu novo CEO implementou um sistema estruturado de melhorias contínuas e incrementais dos produtos para impulsionar 95% das vendas anuais da empresa. Um grupo foi criado para se concentrar em grandes inovações, desenvolvendo 72 novos conceitos para cada conceito aceito – em comparação com uma taxa de aceitação de 80% do grupo de melhorias incrementais de produtos. Em dez anos, a LEGO já era a fabricante de brinquedos mais lucrativa do mundo.[13]

A tensão entre a abordagem inovadora e a incremental pode ser encontrada na maioria dos contextos de negócio, não só nas empresas on-line. Por exemplo, o campo da medicina tem uma longa tradição de procurar intervenções que possam levar a melhorias radicais no quadro dos pacientes. No entanto, como argumenta o cirurgião e pesquisador Atul Gawande, o sucesso "não tem a ver com vitórias esporádicas e momentâneas, embora elas também sejam importantes. É sobre ter uma visão de longo prazo dos passos incrementais que resultam em um progresso sustentado". Gawande continua: "É assim que realmente se faz a diferença. Na verdade, é assim que se faz a diferença em uma variedade de áreas".[14] Uma dessas áreas, a manufatura, já conhece e pratica essa abordagem há décadas. No famoso sistema de produção da Toyota, por exemplo, experimentos em tempo real realizados por seus operários para erradicar problemas são parte integral do sistema de melhoria contínua da fabricante. Até no chão de fábrica, espera-se que os operários desenvolvam hipóteses claramente articuladas e testáveis e justifiquem cada tentativa de melhoria.[15]

As inovações revolucionárias e disruptivas continuarão a desempenhar um papel importante na promoção do crescimento, já que as abordagens incrementais têm seus limites. As empresas ficam obcecadas com pequenas otimizações pontuais, como encontrar o melhor tom de cor para um botão em uma página do site. É impossível chegar ao céu se nos limitarmos a subir uma escada de dez metros. Outras empresas, por não terem um tráfego de clientes suficiente para testar mudanças muito pequenas, só podem realizar experimentos maiores. Contudo, até mesmo nesses casos, a abordagem de "experimentar com tudo" pode nos ajudar a explorar novos problemas e espaços de solução. Em 2017, a Booking realizou um experimento radical: deixou sua página inicial totalmente azul, só com uma pequena janela no centro com o texto: "Reservas de hotel, passagens aéreas, locação de carros". Todo o conteúdo e elementos de design – imagens, texto, botões e mensagens – que a Booking tinha passado anos otimizando tinham desaparecido. Algumas pessoas argumentaram que um número tão grande de alterações impossibilitaria isolar as variáveis causais. Outras se preocuparam com a reação dos milhões de clientes participantes do grupo de tratamento (B, o desafiante) ao entrar na nova página pela primeira vez. Os clientes poderiam ficar confusos com a nova aparência e sair do site sem qualquer engajamento. No fim, o experimento mostrou à empresa até que ponto os clientes estariam dispostos a aceitar mudanças, e insights de experimentos subsequentes foram implementados na página inicial.[16]

Invista em um sistema de experimentação em grande escala

Mais de um século atrás, John Wanamaker, proprietário de uma loja de departamentos, cunhou a seguinte máxima do marketing: "Metade do dinheiro que gasto em publicidade é desperdiçado; o problema é que não sei qual metade". Algo parecido se aplica a novas ideias: a grande maioria delas não passa pelo crivo dos experimentos, e até os especialistas podem se enganar ao decidir em quais ideias investir. No Google e no Bing, apenas algo entre 10% e 20% dos experimentos geram resultados positivos.[17] Na Microsoft como um todo, um terço das ideias se mostra eficaz, um terço tem resultados neutros e um terço tem resultados negativos. Tudo isso mostra que as empresas precisam beijar muitos sapos – realizar um grande número de experimentos – para encontrar um príncipe.

Testar cientificamente quase todas as ideias propostas requer uma infraestrutura: instrumentação (para registrar métricas como número de cliques, movimentos de mouse, horários dos eventos), pipelines de dados, analistas e cientistas de dados. Programas e serviços terceirizados facilitam a realização de experimentos, mas, se você deseja aumentar a escala da experimentação, deve integrar esses recursos em seus processos e em sua organização. Isso reduzirá o custo de cada experimento, aumentará sua confiabilidade e melhorará a tomada de decisão. A ausência de uma infraestrutura como essa manterá altos os custos marginais dos testes e poderá levar os executivos a relutar em aprovar mais experimentos.

Começar com uma operação em pequena escala pode conquistar um número suficiente de céticos para justificar um rápido incremento de recursos. Em dezembro de 2007, a campanha presidencial de Barack Obama estava com problemas.[18] A equipe esperava que um novo site para a campanha pudesse aumentar o engajamento dos eleitores e a arrecadação de fundos. Não faltavam ideias para o conteúdo: vídeos, imagens, botões, mensagens etc. No entanto, tirando a grande preferência da equipe pelos vídeos, ninguém sabia ao certo qual combinação de ideias seria mais eficaz. Para descobrir, eles testaram 24 combinações em mais de 300 mil visitantes do site. Para surpresa da equipe, o conteúdo preferido deles (os vídeos) apresentou um desempenho pior que todas as ideias testadas. O resultado foi espantoso: a solução vencedora, que mostrava a foto de uma família e um botão "Saiba mais", resultou em um aumento de 41% na taxa de inscrição de visitantes em comparação com a página original, levando a um aumento estimado de doações de aproximadamente US$ 60 milhões. Desde então, os testes tornaram-se uma parte essencial das campanhas políticas modernas.

A Microsoft nos dá um bom exemplo de uma considerável infraestrutura de testes – naturalmente, uma empresa menor ou que atua em um setor que não dependa tanto de experimentos não precisaria de uma infraestrutura tão grande. Sua equipe de Análise e Experimentação é composta de mais de 80 profissionais que, todos os dias, ajudam a executar centenas de experimentos controlados on-line em vários produtos, incluindo Bing, Cortana, Exchange, MSN, Office, Skype, Windows e Xbox.[19] Cada experimento expõe centenas de milhares – e às vezes até dezenas de milhões – de usuários a uma nova funcionalidade ou alteração. A equipe submete todos esses testes a análises estatísticas rigorosas, gerando automaticamente *scorecards* que verificam entre centenas e milhares de métricas e identificam flutuações relevantes. O crescimento da experimentação no Bing (Figura 3-2) fornece lições importantes para todas as empresas que estão tentando aumentar rapidamente sua escala. Entre outras coisas, mais ou menos em 2011, uma capacidade de testes praticamente ilimitada foi disponibilizada, e o número de testes passou a ser restringido apenas pela capacidade da empresa de "alimentar" os testes com hipóteses. Quando as empresas atingem esse ponto de inflexão – o crescimento da experimentação só é restringido por questões organizacionais –, a gestão precisa se concentrar em questões como cultura, integração dos testes ao processo decisório e até governança. Quem decide quais experimentos realizar e quais mudanças implementar? Além disso, é crucial criar um pipeline de hipóteses que possa sustentar um sistema de experimentação em grande escala.

FIGURA 3-2

O crescimento da experimentação no Bing

O que a plataforma de experimentação do Bing faz?

- Encontra as melhores proporções entre controle e tratamento
- Implementa pontos de verificação "pré-experimento", para garantir um nível mínimo de exatidão
- Inicia o experimento com uma baixa porcentagem de usuários, calcula métricas rápidas em tempo real e, na eventualidade de qualquer problema, abandona o experimento em 15 minutos
- Espera horas para calcular mais métricas; se os limites automáticos de segurança forem excedidos, o experimento é abortado. Caso contrário, o experimento é expandido para atingir a porcentagem almejada de usuários (como 10%, 20% ou 50%)
- Depois de um dia, a plataforma calcula muitas outras métricas (mais de mil) e envia alertas por e-mail se mudanças importantes forem detectadas (por exemplo, o tempo para o sucesso no navegador X caiu Y%)
- Expõe os usuários a bilhões de variações por meio de experimentos simultâneos (mais de 300)

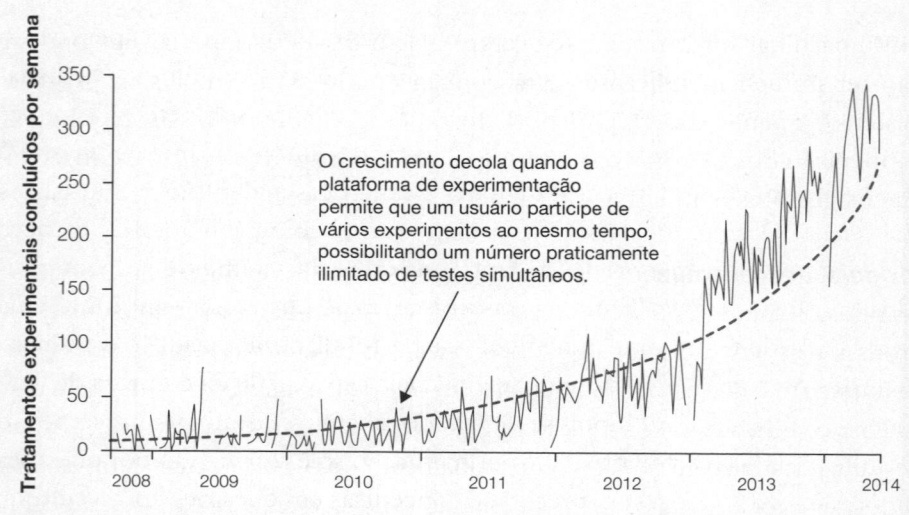

O crescimento decola quando a plataforma de experimentação permite que um usuário participe de vários experimentos ao mesmo tempo, possibilitando um número praticamente ilimitado de testes simultâneos.

Fonte: R. Kohavi. "Pitfalls in Online Controlled Experiments." Trabalho apresentado na Code@ MIT Conference, MIT, Cambridge, Massachusetts, 14-15 out. 2016; R. Kohavi e S. Thomke. "The Surprising Power of Online Experiments." *Harvard Business Review*, set.-out. 2017.

Organize-se para a experimentação

Uma vez que se compromete a desenvolver sua capacidade de testes on-line, a gestão tem três maneiras de organizar sua equipe de experimentação: usando um modelo centralizado, um modelo descentralizado ou um modelo de centro de excelência (Figura 3-3):

Modelo centralizado. Nessa abordagem, uma equipe de especialistas (como desenvolvedores de software, designers de interface do usuário, analistas de dados) realiza experimentos para a empresa toda. As unidades de negócio podem gerar ideias, mas a execução e o financiamento dos experimentos são centralizados. A vantagem é que a equipe pode se concentrar em projetos de longo prazo – como criar melhores ferramentas de experimentação e desenvolver algoritmos estatísticos mais avançados – e atuar como um ponto de contato central. Uma grande desvantagem é que as unidades de negócio que usam os serviços da equipe centralizada muitas vezes têm prioridades diferentes, o que pode levar a conflitos na alocação de recursos e custos. Outra desvantagem é que a equipe pode se sentir isolada do restante da empresa e ter menos familiaridade com as metas e o conhecimento específico das unidades, trazendo dificuldades na hora de "ligar os pontos" e compartilhar informações relevantes. Além disso, os especialistas podem não ter influência suficiente para convencer a gestão sênior a investir no desenvolvimento das ferramentas de experimentação necessárias, obter a cooperação dos gestores corporativos e das unidades de negócio e conseguir que os gestores confiem nos resultados dos experimentos.

Modelo descentralizado. Essa abordagem distribui as equipes de especialistas pelas diferentes unidades de negócio. A vantagem desse modelo é que esses profissionais têm a chance de se especializar no trabalho da sua unidade. Uma desvantagem é que eles podem não ter um plano de carreira claro e também não receber o feedback e a orientação de que precisam para se desenvolver. Outras desvantagens incluem pouco compartilhamento de conhecimento entre as unidades de negócio, metas de experimentação e indicadores-chave de desempenho (KPIs) conflitantes e problemas de coordenação no desenvolvimento de recursos de experimentação. Os experimentos realizados em unidades de negócio individuais podem não ter uma massa crítica que justifique o desenvolvimento interno das ferramentas necessárias. No entanto, se a gestão decidir usar ferramentas de testes terceirizadas, o modelo descentralizado pode muito bem ajudar a organização a implementar rapidamente a experimentação, aprender com eficiência e escalar o número de testes. Parte do know-how necessário para iniciativas de grande escala, como gerenciamento de programas ou recomendação de melhores práticas, está disponível nessas ferramentas.

Modelo de centro de excelência. Uma terceira opção é alocar alguns especialistas de experimentação em um departamento centralizado e outros nas diferentes unidades de negócio. (A Microsoft usa essa abordagem.) Um centro de excelência concentra-se principalmente no desenvolvimento, na execução e na análise de experimentos controlados. Isso reduz consideravelmente o tempo e os recursos necessários para essas tarefas, criando uma plataforma de experimentação e ferramentas que podem ser usadas pela empresa toda. Também pode disseminar pela organização as melhores práticas de testagem, dando treinamentos e organizando laboratórios e conferências. A principal desvantagem é que não fica muito claro o que cabe ao centro de excelência e às equipes de produto, quem deve pagar pela contratação de mais especialistas quando várias unidades aumentam o número de experimentos e quem deve se responsabilizar por investimentos em alertas e verificações que indicam que os resultados não são confiáveis.

FIGURA 3-3

Organização do pessoal de experimentação

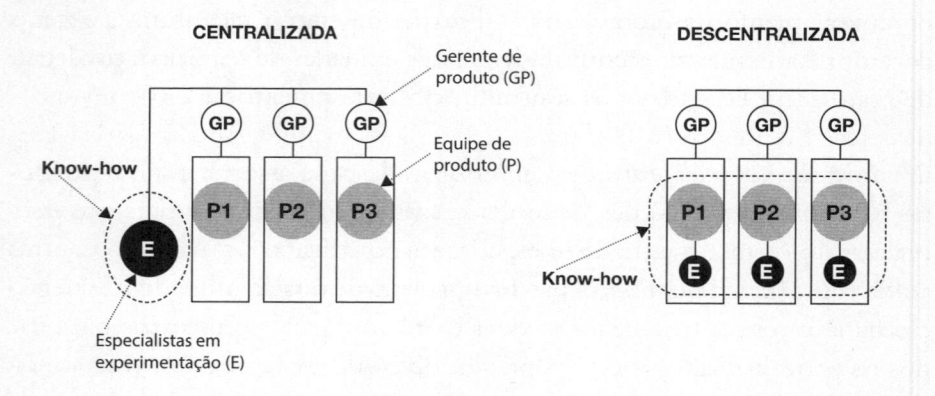

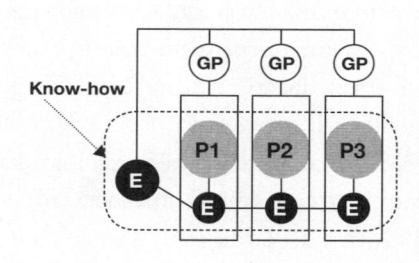

Nenhum modelo é melhor ou pior que os outros. Empresas pequenas normalmente começam com o modelo centralizado ou usam ferramentas terceirizadas e, quando crescem, adotam um dos dois outros modelos. Em empresas com várias unidades de negócio, os gestores que enxergam a testagem como uma prioridade podem não querer esperar até que a liderança corporativa desenvolva uma abordagem organizacional coordenada. Nesse caso, um modelo descentralizado pode fazer sentido, pelo menos no começo. E, se a experimentação on-line for uma prioridade corporativa, a empresa pode querer desenvolver expertise e padrões em uma unidade centralizada antes de implementá-los nas unidades de negócio e incluí-los no fluxo de trabalho das equipes de produto. Em algumas organizações, equipes multidisciplinares são criadas de acordo com as necessidades de um experimento. Na Booking, as equipes de produto incluem designers, *product owners* e desenvolvedores de código, que são necessários para criar e lançar os testes on-line.

Vejamos o que aconteceu na MoneySuperMarket, uma empresa on--line de comparação de preços que ajuda os consumidores britânicos a comparar produtos financeiros e serviços de energia. Embora a gestão da empresa estivesse ciente do valor da experimentação, as atividades de teste eram lideradas por um punhado de especialistas em conversão de sites.[20] Antes de testar uma hipótese, o grupo tinha de enviá-la a um fornecedor para escrever um código de programação, o que levava entre uma e três semanas. Depois de passar pelo menos mais um mês realizando os testes para obter resultados significativos, o grupo central ainda tinha de "vender" o valor dos resultados para as unidades de negócio da empresa. Em 2017, a empresa realizou 66 experimentos para todos os produtos da empresa (seguros, dinheiro, energia etc.). De acordo com Manish Gajria, que atuou como vice-presidente de produtos da Expedia e hoje é diretor de produtos de seguros e serviços residenciais da MoneySuperMarket, era preciso mudar a organização para aumentar a escala e o impacto dos experimentos on-line.[21] Em 2018, a empresa realizou quase 250 experimentos marcados por uma grande integração com a organização de gestão de produtos. Veja como eles conseguiram fazer isso: primeiro, a gestão começou descentralizando as responsabilidades pelos testes e integrando a experimentação on-line aos planos de desenvolvimento de produtos da empresa. Isso levou a um grande envolvimento dos gerentes de produtos, engenheiros e cientistas de dados. Os gestores seniores passaram a pedir testes nas reuniões de revisão, e as ideias começaram a surgir de todos as áreas da organização, não só dos especialistas. Segundo, a empresa adotou uma ferramenta terceirizada de experimentação que suporta testes *full-stack*. Terceiro, a empresa acelerou acentuadamente os ciclos de testes. Hoje, na MoneySuperMarket, passar da hipótese ao lançamento de um teste para conhecer, por exemplo, o impacto da maneira como as informações sobre os preços são exibidas no site pode levar apenas três ou quatro horas.

No entanto, não foi fácil passar de especialistas em experimentação a uma abordagem mais distribuída. Uma das preocupações foi a possibilidade de a experimentação sair do controle (o que não aconteceu) ou que a organização ficasse focada demais em mudanças incrementais (o que até pode ser bom, como vimos antes). A experiência de Gajria na Expedia foi de grande utilidade: "Descobri que grandes mudanças raramente têm o impacto esperado pela gestão. Os maiores benefícios resultam de muitas pequenas alterações testadas em alta velocidade". Para aumentar a escala, as principais métricas da empresa passaram a incluir o número de experimentos e o tráfego de clientes expostos aos testes. (Esta última métrica saltou de 12% para 55% em um ano.) O foco na escala expôs desafios que iam além do design organizacional: como realizar experimentos simultaneamente, acelerar o feedback sobre a conversão da receita do cliente por meio da automação cíclica e aumentar o volume de clientes para obter mais capacidade de teste.

Defina métricas de sucesso

Cada unidade de negócio deve definir uma métrica de avaliação adequada (geralmente composta) para os experimentos, em alinhamento com seus objetivos estratégicos. Pode parecer simples, mas não é fácil determinar as melhores métricas de curto prazo que também são bons fatores preditivos de resultados em longo prazo. Muitas empresas definem as métricas erradas.

Acertar as métricas, ou, em outras palavras, definir *padrões gerais de avaliação*, demanda muita ponderação e, em geral, muitos debates internos. Requer uma estreita cooperação entre executivos seniores que conhecem a estratégia e analistas de dados que conhecem as métricas e os *trade-offs*. E não se trata de uma tarefa única e isolada: os padrões gerais de avaliação precisam ser ajustados periodicamente.

Não é fácil definir padrões gerais de avaliação para experimentos on-line, como mostra o caso do Bing. Suas principais metas de longo prazo são aumentar a participação do Bing no mercado de ferramentas de busca e aumentar sua receita proveniente de anúncios. Curiosamente, reduzir a relevância dos resultados das buscas leva os usuários a fazer mais buscas (aumentando, assim, a participação das buscas) e a clicar mais nos anúncios (o que aumenta a receita). Naturalmente, esses ganhos seriam de curta duração, porque as pessoas acabariam migrando para outras ferramentas de busca. Diante desse quadro, quais métricas de curto prazo *de fato* preveem melhorias de longo prazo na participação das buscas e na receita? No processo de determinar os padrões gerais de avaliação, os executivos e analistas de dados do Bing decidiram que queriam *minimizar* o número de consultas dos usuários para cada tarefa ou sessão e *maximizar* o número de tarefas ou sessões feitas pelos usuários.

O problema das métricas e gráficos de desempenho

Também é importante separar os componentes dos padrões gerais de avaliação e monitorá-los, já que eles normalmente fornecem insights sobre as causas do sucesso de uma ideia. Por exemplo, se o número de cliques for um componente básico dos padrões gerais de avaliação, é importante saber em quais seções da página os usuários clicaram. É crucial monitorar diferentes métricas, pois isso ajuda as equipes a saber se um experimento teve um impacto não previsto em alguma outra área. Por exemplo, uma equipe que está fazendo uma alteração nas consultas de pesquisas relacionadas exibidas ao usuário na página de resultados (uma busca por, digamos, "Harry Potter" pode mostrar resultados sobre os livros do Harry Potter, filmes do Harry Potter, o elenco desses filmes etc.) pode não perceber que está alterando a distribuição das consultas (aumentando as buscas para as consultas relacionadas), o que pode afetar positiva ou negativamente a receita.

Com o tempo, o processo de determinar e ajustar os padrões gerais de avaliação e a identificação de causas e efeitos vai ficando mais fácil. Ao realizar experimentos, analisar e interpretar os resultados, as empresas não só desenvolverão uma valiosa experiência com as métricas mais eficazes para determinados tipos de testes como também desenvolverão novas métricas. No decorrer dos anos, o Bing criou mais de seis mil métricas que os experimentadores podem usar, agrupadas em modelos por área (buscas na internet, buscas de imagens, buscas de vídeos, alterações em anúncios etc.). Ferramentas terceirizadas de experimentação geralmente incluem métricas-padrão (como conversão de usuários, receita), mas também oferecem às empresas uma grande liberdade para definir as próprias métricas.

Crie confiança no sistema

Não adianta definir excelentes critérios de avaliação se as pessoas não confiarem nos resultados dos experimentos. É fácil encontrar os dados, mas não é fácil obter dados confiáveis. Em 2016, o modelo digital da Gap estava se mostrando problemático, com o crescimento das vendas on-line basicamente estagnado. Diante dessa situação, a empresa resolveu realizar experimentos para melhorar as experiências dos clientes. Só que as ferramentas internas de experimentação da empresa não geravam resultados confiáveis quando as unidades de negócio faziam testes que se desviavam do modelo básico. Assim, de acordo com um executivo da Gap, "Cada teste se transformou numa verdadeira batalha religiosa: 'Eu não quero esse teste no meu site. Não quero fazer esse teste. Esse teste está comprometendo os negócios...'". A empresa teve de recomeçar, criando a confiança no sistema, o que foi feito em parte por meio de uma parceria com um fornecedor de ferramentas que aceitou voltar-se aos interesses e preocupações das unidades de negócio da Gap.[22] A empresa acabou conseguindo conquistar a confiança dos gestores, e testes extensivos mostraram que experiências mais personalizadas resultavam em um aumento significativo tanto na receita por visita e quanto na conversão de clientes.

Para criar confiança, os gestores precisam alocar tempo e recursos para validar o sistema de experimentação e implementar verificações e salvaguardas automatizadas. Mesmo se a empresa decidir usar uma ferramenta ou serviço terceirizado, é importante verificar a qualidade do instrumento estatístico. Um método possível é realizar rigorosos *testes A/A*, ou seja, testar uma variável em comparação com ela mesma para garantir que, em cerca de 95% das vezes, o sistema identificará corretamente a ausência de qualquer diferença estatisticamente significativa (no caso, se o teste de significância for definido para 5%; veja uma explicação detalhada na próxima seção). Essa abordagem simples ajudou a Microsoft a identificar centenas de experimentos inválidos e aplicações inadequadas de fórmulas (como usar uma fórmula que presume que todas as medidas são independentes quando na verdade não são).

Os melhores cientistas de dados são céticos e seguem a lei de Twyman: "Qualquer resultado que parecer interessante ou diferente provavelmente estará errado". Experimentos que levam a resultados surpreendentes devem ser replicados, tanto para garantir que os resultados sejam válidos quanto para esclarecer as dúvidas das pessoas. Em 2013, por exemplo, o Bing realizou uma série de experimentos com as cores de vários textos exibidos em sua página de resultados de buscas, incluindo títulos, links e legendas. Embora as alterações nas cores fossem sutis, os resultados foram surpreendentemente positivos, mostrando que os usuários expostos a tons levemente mais escuros nos títulos e tons levemente mais claros nas legendas obtiveram sucesso em suas buscas em uma parcela maior das vezes e encontraram o que procuravam em significativamente menos tempo.

Como as diferenças nas cores são praticamente imperceptíveis, os resultados foram recebidos com ceticismo por várias áreas, incluindo os especialistas em design. (A Microsoft, como muitas outras empresas, passou anos seguindo as recomendações de designers especializados – em vez de testar o comportamento de usuários reais – para definir as cores e os manuais de estilo corporativo). Em vista disso, o experimento foi repetido com uma amostra muito maior, dessa vez composta de 32 milhões de usuários, e os resultados foram semelhantes.[23] A análise indicou que, quando lançada para todos os usuários, a alteração nas cores aumentaria a receita em mais de US$ 10 milhões anuais.

Garanta que os funcionários entendam os resultados

Para criar confiança no sistema, os funcionários também precisam entender os resultados dos experimentos e confiar que os dados são de alta qualidade. Isso protegerá os gestores de decisões equivocadas e criará confiança entre as pessoas encarregadas de executar essas decisões.

Não é raro os experimentadores e seus gestores, mesmo aqueles com experiência com estatística, interpretarem equivocadamente os resultados de experimentos controlados.[24] Eles podem querer alterar seu modelo de negócio acreditando que o aumento da receita observado no experimento é real quando na verdade não é. Ou podem achar erroneamente que um experimento fracassou quando os resultados foram meramente inconclusivos. As razões para tirar conclusões erradas não se limita a questões de design e podem incluir amostras de tamanho insuficiente e randomização. Também acontece muito de os gestores interpretarem incorretamente alguns conceitos estatísticos básicos.[25] Desse modo, é importante que os gestores entendam os conceitos e os jargões usados pelos experimentadores. (A Tabela 3-1 mostra a terminologia usada em experimentos on-line, mas os termos também se aplicam à experimentação em geral.)

Para entender isso, vamos dar uma olhada no que podemos aprender com um experimento. Um teste A/B simples expõe *amostras* de usuários ao controle e ao tratamento, e calculamos as médias da amostra para a métrica que nos interessa. É importante observar que, mesmo se a média em geral for a mesma, as médias da amostra provavelmente serão diferentes devido à variação aleatória. O *efeito do tratamento* é a diferença entre as duas médias da amostra e o *valor de p* é a probabilidade de a diferença observada (ou a mais extrema) ter ocorrido por acaso, presumindo a ausência de qualquer efeito real do tratamento (em outras palavras, hipótese nula condicional). Por se tratar de uma probabilidade, o valor de p será um valor entre 0 e 1 (ou 0% e 100%). Quando o valor de p é baixo (geralmente abaixo de 0,05 nas ciências exatas, mas muitas vezes 0,10 nos experimentos on-line), rejeitamos a hipótese nula e aceitamos a alternativa: que o efeito do tratamento é diferente de zero.[26]

Vejamos um exemplo. Um experimento controlado é feito para avaliar se uma alteração proposta em um site aumenta a receita. Os resultados do teste mostram que a receita média da alteração ou tratamento proposto é 2% maior que a receita média do controle e que o valor de p é de 0,05. Isso implica uma chance de aproximadamente um em 20, ou 5%, de observarmos um aumento de 2% ou mais na receita se a hipótese nula for verdadeira, ou seja, se o tratamento não tiver qualquer impacto na receita. Como a probabilidade é baixa, o valor de p fornece fortes evidências de que o impacto do tratamento sobre a receita é real e não devido ao acaso.

TABELA 3-1

Terminologia usada na experimentação

Termo	Explicação	Exemplo
Hipótese	Uma proposição testável, geralmente sobre o impacto causal de um tratamento em uma métrica mensurável	"Abrir nossas lojas uma hora mais tarde [tratamento] afetará a receita diária de vendas [métrica]."

Hipótese nula	Não há qualquer relação entre o tratamento e a métrica	"Abrir as lojas uma hora mais tarde *não* afetará a receita diária de vendas."
Hipótese alternativa	Há uma relação entre o tratamento e a métrica	"Abrir as lojas uma hora mais tarde *afetará* a receita diária de vendas."
Controle ("o campeão")	Normalmente a prática atual (original)	Nenhuma alteração no horário de abertura das lojas
Variações (os "desafiantes")	Níveis de tratamento diferentes	Abrir as lojas uma hora mais tarde, duas horas mais tarde etc.
Testes A/B/*n*	Os usuários são aleatoriamente expostos aos níveis de controle (A) e aos níveis de tratamento (B/*n*) para fins de comparação	O site atual (A) é comparado com variações (B/*n*) usando fontes de cores diferentes e suas taxas de conversão são comparadas
Erro do tipo 1 (falso positivo)	Encontrar uma relação inexistente (rejeitar uma hipótese nula verdadeira)	Concluímos que abrir as lojas uma hora mais tarde *afeta* a receita, apesar de na verdade *não* afetar
Valor de p	A probabilidade de cometer um erro do tipo 1 (o limiar geralmente é definido em 0,05 ou 0,10)	Com p = 0,05, há 5% de chance de concluirmos erroneamente que abrir as lojas uma hora mais tarde afeta a receita
Confiança (verdadeiro negativo)	*Não* encontrar qualquer relação quando *nenhuma* relação existe (deixar de rejeitar uma hipótese nula verdadeira)	Nível de confiança = 1 − valor de p; com p = 0,05, o nível de confiança é de 95%
Erro do tipo 2 (falso negativo)	*Não* encontrar qualquer relação quando uma relação *existe* (deixar de rejeitar uma hipótese nula falsa)	Concluímos que abrir as lojas uma hora mais tarde *não* afeta a receita, apesar de *afetar*
Potência (verdadeiro positivo)	Probabilidade de encontrar uma relação quando uma relação existir (rejeitar uma hipótese nula falsa); a potência aumenta com o tamanho da amostra, a magnitude do efeito e a significância	Concluímos que abrir as lojas uma hora mais tarde *afeta* a receita (quando essa conclusão é verdadeira: a potência normalmente fica entre 0,80 e 0,95)
Teste A/A	A prática atual é comparada consigo mesma	Verificar a qualidade da ferramenta de experimentação (a hipótese nula deve ser rejeitada 5% das vezes se p = 0,05)

Experimentos multivariados	Combinações de variáveis são testadas ao mesmo tempo (para encontrar efeitos de interações)	Testar como abrir as lojas uma hora mais tarde e oferecer café da manhã grátis nas lojas afeta a receita (verificar possíveis interações)
Full-stack	Todas as camadas de software, do código de back-end às interfaces do usuário	Alterações no algoritmo (como modelos de precificação, descontos), mudanças no código

Fonte: S. Thomke e D. Beyersdorfer. "Booking.com." Harvard Business School Case No. 619-015. Boston: Harvard Business School Publishing, 2018.

Mas nem tudo é perfeito. Os gestores também podem concluir que só têm 5% de risco de o efeito *não* ser real e usar esse número em uma análise de custo-benefício. Veja por que seria errado chegar a essa conclusão: os valores de p denotam a probabilidade de o resultado observado (ou um resultado mais extremo) ocorrer *se o tratamento não tiver efeito*. Só que o que os gestores querem saber é o contrário: a probabilidade de o tratamento *ter* efeito, dado o resultado observado. Para calcular isso, precisamos empregar um método estatístico conhecido como "regra de Bayes", em homenagem ao reverendo Thomas Bayes (1701–1761). A regra inclui conhecimento prévio, ou mesmo crenças, ao calcular a probabilidade de um evento. Por exemplo, a idade de uma pessoa (ou outras condições relacionadas) pode ser usada para avaliar com mais precisão a probabilidade de ela ter artrite.

Vejamos outro exemplo. A Microsoft tem o conhecimento prévio de que cerca de um terço de seus experimentos realmente melhoraram o desempenho de acordo com os padrões gerais de avaliação – a principal métrica (ou combinação de várias métricas) para avaliar se os resultados de um experimento estão alinhados com os objetivos estratégicos da empresa. Vamos supor que um experimento tenha um número suficiente de usuários (um estatístico ou uma ferramenta estatística pode calcular o número de usuários para obter uma potência estatística de 80%; veja a definição de *potência* na Tabela 3-1) e que o valor de p do resultado de um experimento seja novamente de 0,05. Qual é a probabilidade de o efeito do tratamento não ser real? Não é de 5%, como vimos acima, mas de 11% se você incluir o conhecimento prévio (usando uma fórmula matemática derivada da regra de Bayes).[27] A lógica é a seguinte: a probabilidade aumentou porque as evidências de experiências passadas (dois terços não aumentaram o desempenho) foram incluídas na análise. Agora, vamos supor que, em vez de obter uma taxa histórica de sucesso de um terço, uma equipe de inovação esteja trabalhando em uma categoria altamente inovadora que até então só produziu um sucesso a cada 500 experimentos e o valor de p do experimento é de novo de 5%. Nesse caso, o novo cálculo da probabilidade de o efeito não ser real salta para 96,9%, constituindo uma enorme diferença em relação aos 5% que um gestor pode usar erroneamente em um cálculo de custo-benefício.

Por fim, é importante notar que o experimentador não deve declarar vitória só porque obteve um valor de p baixo. Quando os resultados do teste divergem das experiências prévias, é preciso refazer o experimento, de preferência com amostras de tamanho maior e um limiar de significância baixo. Sir Ronald Fisher, o fundador da ciência estatística moderna, resumiu o objetivo de um experimento nos seguintes termos: "Pessoalmente, o autor [Fisher] dá preferência a determinar um padrão de significância baixo, em 5%, e ignora por completo todos os resultados que não atingem esse limiar. Um fato científico só deve ser considerado experimentalmente estabelecido se um experimento adequadamente projetado *raramente* deixar de atingir esse nível de significância".[28]

Certifique-se de que seus dados sejam de alta qualidade

Para que os resultados sejam confiáveis, dados de alta qualidade devem ser utilizados. Pode ser necessário excluir valores discrepantes, identificar erros de coleta e assim por diante. No mundo on-line, esse problema é especialmente importante por várias razões. Vejamos o caso dos bots na internet. No Bing, mais de 50% das busca são feitas por bots que executam tarefas automatizadas na internet. Esses dados podem distorcer os resultados ou incluir "ruído", dificultando a detecção de significância estatística. Outro problema é a prevalência de pontos de dados discrepantes. A Amazon, por exemplo, descobriu que determinados usuários individuais faziam enormes pedidos de livros capazes de distorcer todo um teste A/B. A empresa constatou que esses clientes eram bibliotecas, cujos dados precisavam ser ajustados ou eliminados.

Também é preciso usar de cautela quando alguns segmentos experimentam efeitos muito maiores ou menores do que outros (um fenômeno que os estatísticos chamam de *"efeitos heterogêneos do tratamento"*). Em certos casos, um único segmento bom ou ruim pode distorcer a média a ponto de invalidar os resultados como um todo. Foi o que aconteceu em um experimento da Microsoft no qual um segmento, usuários do Internet Explorer 7, não tinham como clicar nos resultados das buscas do Bing devido a um bug do JavaScript, e os resultados, que de outra forma seriam positivos, ficaram negativos. As ferramentas de experimentação devem poder detectar esses "pontos fora da curva". Caso contrário, os experimentadores podem se basear no efeito médio e acabar descartando uma boa ideia.

Os resultados também podem ser distorcidos se as empresas reutilizarem, para um experimento, populações de controle e tratamento de outro. Essa prática leva a efeitos residuais, nos quais a experiência que as pessoas tiveram em um experimento altera seu comportamento futuro. Para evitar esse fenômeno, as empresas devem "rearranjar" os usuários entre os experimentos.

Outra checagem que a plataforma de experimentação da Microsoft costuma fazer é verificar se as porcentagens de usuários dos grupos de controle e tratamento do experimento real correspondem às porcentagens previstas pelo design do experimento. Quando essas porcentagens diferem, há uma incompatibilidade de proporções da amostra, o que muitas vezes anula os resultados, que podem estar sujeitos a viéses.[29] Por exemplo, uma razão de 50,2%/49,8% (821.588 *versus* 815.482 usuários) diverge o suficiente da proporção esperada de 50%/50% a ponto de a probabilidade de o resultado ter ocorrido por acaso ser menor que um em 500 mil. Esse tipo de divergência ocorre com regularidade (em geral semanalmente), e as equipes precisam ser diligentes na identificação e na resolução das causas.

Não complique

Devido ao alto custo dos experimentos no passado, cientistas e engenheiros tendem a fazer de tudo para extrair o máximo de benefício de cada um. Por outro lado, os testes on-line são praticamente gratuitos e, com a infraestrutura certa, fáceis de lançar. E o acesso a amostras enormes, compostas de milhões de usuários, dá às empresas a possibilidade de detectar o impacto de alterações muito pequenas. Sabendo disso, é tentador querer jogar todas as hipóteses na parede para ver qual "cola".

O problema dessa estratégia é que ela pode impedir o aprendizado. Incluir variáveis demais nos testes dificulta identificar as relações de causalidade, mesmo se pudermos aprender alguma coisa sobre impacto agregado ou direcionalidade. Com testes como esse, fica difícil separar os resultados e interpretá-los. De preferência, um experimento deve ser simples o suficiente para possibilitar a fácil identificação das relações de causa e efeito. Outra desvantagem de designs complexos demais é que eles deixam os experimentos muito mais vulneráveis a bugs. Se uma nova funcionalidade tiver 10% de chances de provocar um problema grave que exigirá a interrupção do teste, a probabilidade de uma alteração que envolver sete novas funcionalidades ter um bug fatal é de mais de 50%.

Outro possível problema é que as equipes de experimentação podem se ocupar de testar cada minúscula decisão, deixando pouco espaço para o pensamento inovador. O Google, por exemplo, certa vez testou 41 tons de azul porque a equipe do produto não conseguia decidir a cor e o formato de uma barra de ferramentas.[30] Lembrando de todos os experimentos desperdiçados em detalhes insignificantes, um designer lamentou em seu último dia de trabalho no Google: "Outro dia, participei de uma discussão para decidir se uma borda deveria ter três, quatro ou cinco pixels de largura e me mandaram apresentar evidências para comprovar meu argumento. Não dá para trabalhar num ambiente como esse... O mundo tem problemas de design mais empolgantes para resolver".[31] O maior risco pode ser as equipes ficarem presas debaixo de uma montanha de complexidades triviais. Nessa situação, elas não têm como dar os grandes saltos necessários para explorar, pela experimentação, territórios totalmente novos. É aí que as pequenas empresas, sem acesso a grandes amostras de clientes, podem se dar bem: fazendo experimentos maiores.

Criar uma grande capacidade de experimentação não isenta as equipes de ter de pensar com muito critério sobre o design de um experimento. Os experimentos devem ser fáceis de entender, incluir salvaguardas e ajudar as pessoas a tomar decisões. Como o estatístico George Box ironizou: "Todos os modelos estão errados; alguns modelos são úteis", sugerindo que incluir muitas variáveis e testar todas as suas interações não aumenta necessariamente a utilidade dos experimentos.[32] Os experimentos mais úteis podem ser os mais simples.

As equipes de desenvolvimento de produto começaram a perceber que esse princípio também se aplica aos produtos físicos, não só ao software.[33] Essa mentalidade do "quanto mais melhor" explica por que os produtos atuais são tão complicados: os controles remotos parecem impossíveis de usar, os computadores levam horas para serem configurados e os carros têm tantos botões e informações no painel que mais parecem o cockpit de um avião. A Apple é uma exceção, porque seus gestores acreditam que a simplicidade pode ser o auge da sofisticação. Não é fácil convencer as empresas a aderir e implementar o princípio do "menos pode ser mais", já que essa abordagem requer mais empenho na definição dos problemas. Articular o problema que as equipes tentarão resolver é a parte mais subestimada do processo de inovação. Muitas empresas ainda estão longe de dedicar tempo suficiente a isso. No entanto, essa fase é crítica, porque é nesse momento que as equipes desenvolvem um bom entendimento de seus objetivos e criam hipóteses que podem ser testadas e aperfeiçoadas com os experimentos. A qualidade de uma declaração de problema faz toda a diferença na capacidade de uma equipe de se focar nas mudanças que realmente importam.

Crie seu próprio laboratório de aprendizagem

Mesmo que leve tempo para disseminar as sete práticas descritas neste capítulo (resumidas na forma de perguntas na Tabela 3-2), o poder dos experimentos on-line já está amplamente disponível por meio de ferramentas terceirizadas e o interesse nos testes A/B decolou.[34] Tanto que muitas empresas começaram a usar os experimentos on-line para avaliar mudanças. Para entender *como* as organizações estão testando suas hipóteses de negócio, a Optimizely, plataforma líder de experimentação, deu a mim e a Sourobh Ghosh, um estudante de doutorado da Faculdade de Administração de Harvard, acesso a todos os experimentos, preservando o anonimato dos dados, conduzidos por seus clientes de novembro de 2016 a setembro de 2018. (A grande base de clientes da Optimizely inclui mais de 26 empresas da Fortune 100.[35])

TABELA 3-2

Melhores práticas para a experimentação on-line

Teste	• Estamos usando testes A/B para otimizar as experiências do cliente, as alterações feitas no software e os modelos de negócio? • Estamos incluindo os resultados dos testes A/B no processo decisório da gestão?
Incrementalismo	• Nós reconhecemos o valor das pequenas mudanças? • Estamos vencendo e perdendo com rapidez suficiente?
Escala	• Como podemos escalar nossas atividades de testes on-line? Questões de infraestrutura a serem consideradas: conhecimento da equipe, facilidade de uso, gerenciamento de programas, qualidade do instrumento estatístico, funcionalidades para testes *full-stack* etc.
Organização	• Temos o modelo organizacional correto (centralizado, descentralizado ou centro de excelência)?
Métricas	• Quais são nossos padrões gerais de avaliação? • Nossas métricas de curto prazo são bons fatores preditivos dos resultados de longo prazo?

Confiança	• Verificamos regularmente a qualidade do sistema estatístico da ferramenta (por exemplo, realizando testes A/A)? • Temos um bom entendimento da análise (por exemplo, os valores de p)? • A ferramenta tem checagens e salvaguardas automatizadas para identificar anormalidades que podem distorcer os resultados (por exemplo, valores discrepantes, erros de coleta)?
Simplicidade	• Estamos incluindo variáveis demais? Designs experimentais mais simples são mais eficazes para esclarecer a relação de causalidade e a ajudar a equipe a tomar decisões. • Estamos testando variantes demais de alterações triviais?

Usamos essas informações para criar um grande banco de dados e verificamos meticulosamente a robustez e a integridade dos dados. Os experimentos foram filtrados usando vários critérios de qualidade, como tráfego suficiente de clientes (mais de mil visitantes por semana), experimentos verdadeiros (não testes A/A ou correções de bugs) e assim por diante.[36] Esse processo de seleção nos deixou com 21.836 experimentos de 1.342 clientes. Para medir o impacto, nos focamos na melhoria (percentual) atingida por cada experimento e no fato de se o efeito foi estatisticamente significativo. Algumas observações sobre o número médio de experimentos por cliente: nossos filtros de qualidade e robustez foram rigorosos e imparciais, e o número total subestima os experimentos reais que as organizações realizaram na plataforma da Optimizely – mas não muito. Também é verdade que a maioria das empresas que compuseram o conjunto de dados deveria ter realizado um número muito maior de experimentos para se beneficiar de todo o potencial dos testes on-line. (Os próximos capítulos mostrarão como lidar com problemas relativos ao processo, à cultura e à gestão para aumentar a escala.)

Veja o que nossa análise preliminar revelou:

- O número médio de variações, além de um controle, foi de 1,5 (a média foi de 2), e cerca de 70% dos experimentos foram simples testes A/B. Não é possível saber ao certo se as organizações mantiveram deliberadamente a simplicidade dos testes ou se só começaram assim.
- A duração média de um experimento foi de 3 semanas, mas a média foi de 4,4. A razão para isso foi que muitos experimentos passaram meses "engavetados", e é difícil justificar por que alguns testes precisariam ser realizados por mais de 15 ou 20 semanas. Provavelmente, isso é um

indicativo de práticas organizacionais problemáticas e padrões processuais insuficientes.

- Em nosso estudo, os setores que mais fizeram experimentos foram os de varejo, alta tecnologia, serviços financeiros e mídia. Descobrimos que as empresas de alta tecnologia são os testadores mais "eficientes" (maiores melhorias por experimento).

- Em geral, 19,6% de todos os experimentos atingiram a significância estatística em sua principal métrica. É importante fazer a seguinte ressalva: 10,3% apresentaram significância positiva e 9,8%, significância negativa. Se a métrica principal for a conversão (positiva) de clientes, um resultado negativo poderia impedir as empresas de implementar funcionalidades geradoras de perdas, presumindo que essa métrica se mantenha em experimentos futuros. (Lembrando que, na Microsoft, cerca de um terço dos experimentos têm resultados negativos.)

- O grande conjunto de dados também nos possibilitou responder a uma importante pergunta: as variações apresentam um desempenho melhor que a linha de base? Para nos certificar disso, removemos os valores discrepantes para evitar distorções na análise e acabamos com mais de 30 mil variações. As evidências sugerem fortemente que, em média, as variações se saíram melhor que a linha de base (p = 0,000). Em outras palavras, um retumbante "sim", mostrando que *a experimentação funciona mesmo*![37]

O projeto de pesquisa continua em andamento, mas as conclusões preliminares nos dão uma ideia do que organizações de uma ampla gama de setores estão fazendo. A continuidade de nossa análise do banco de dados de clientes da Optimizely com certeza revelará mais insights sobre as práticas de experimentação. Mas uma coisa é certa: o mundo on-line é turbulento e repleto de perigos, mas testes controlados podem nos ajudar a navegar por ele. Esses testes podem apontar a direção certa quando as respostas não são claras ou as pessoas têm opiniões discordantes ou dúvidas sobre o valor de uma ideia. Vários anos atrás, o Bing analisava a possibilidade de aumentar o tamanho dos anúncios para que os anunciantes pudessem incluir links para páginas de destino específicas. (Por exemplo, uma empresa de empréstimos pessoais poderia incluir links como "compare taxas" e "sobre a empresa" em vez de apenas um link para uma página inicial; veja a Figura 3-4.) Uma vantagem potencial seria uma taxa mais alta de cliques convertidos para os anúncios.

Uma desvantagem seria que os anúncios maiores naturalmente ocupariam mais espaço na tela, o que comprovadamente aumenta a insatisfação e reduz a fidelidade dos usuários. As pessoas responsáveis por tomar a decisão estavam divididas. Desse modo, a equipe do Bing testou aumentar o tamanho dos anúncios mas manter constante o espaço destinado a propagandas na tela, reduzindo, assim, o número de anúncios exibidos. O resultado foi que a exibição de um número menor de anúncios maiores levou a uma grande melhoria: a receita subiu mais de US$ 50 milhões por ano sem prejudicar os aspectos mais importantes da experiência do usuário.

FIGURA 3-4

Experimento com os links dos anúncios

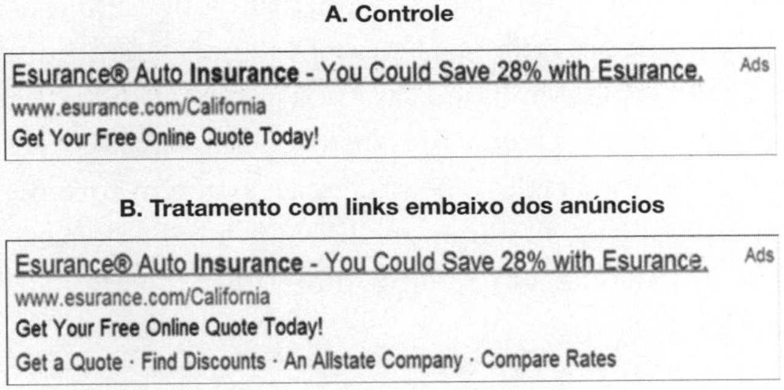

A. Controle

Esurance® Auto **Insurance** - You Could Save 28% with Esurance. Ads
www.esurance.com/California
Get Your Free Online Quote Today!

B. Tratamento com links embaixo dos anúncios

Esurance® Auto **Insurance** - You Could Save 28% with Esurance. Ads
www.esurance.com/California
Get Your Free Online Quote Today!
Get a Quote · Find Discounts · An Allstate Company · Compare Rates

Fonte: R. Kohavi et al. "Online Controlled Experiments at Large Scale." *Proceedings of the 19th ACM SIGKDD International Conference on Knowledge Discovery and Data Mining (KDD '13)*, Chicago, 11-14 ago. 2013, Nova York: ACM, 2013.

Se você quiser mesmo saber o valor de um experimento, basta observar a diferença entre o resultado esperado e o real. Se você achava que algo iria acontecer e realmente aconteceu, então você não aprendeu muito. Se achava que algo iria acontecer e não aconteceu, então você aprendeu algo importante. E, se achava que algo sem muita importância iria acontecer, e os resultados foram uma grande surpresa e levaram a um avanço inovador, você aprendeu uma lição valiosíssima.

Ao combinar o poder das plataformas de software com o rigor científico dos experimentos on-line controlados, as empresas podem se transformar em verdadeiros laboratórios de aprendizagem, onde as decisões são baseadas em fatos. Os retornos podem ser enormes: redução de custos, novas fontes de receita e experiências de usuário muito melhores. O importante aqui é a escala: a capacidade de conceber, realizar e absorver um grande volume de testes.

4

A cultura de sua organização está preparada para a experimentação em grande escala?

> *O que nos causa problemas não é o que não sabemos. É o que temos certeza de que sabemos e que no fim não é verdade.*
> — Frase atribuída a Mark Twain, autor e humorista

Quando James McNerney Jr. assumiu o cargo de CEO da 3M no início dos anos 2000, ele se pôs rapidamente a reestruturar a empresa, para torná-la uma versão mais enxuta e eficiente de si mesma. Ele reduziu os orçamentos, dispensou milhares de funcionários e implementou o Seis Sigma, a rigorosa metodologia de melhoria de processos originalmente criada para aumentar a qualidade da manufatura nos anos 1980. À primeira vista, a estratégia de McNerney parecia fazer muito sentido. Afinal, essas medidas tinham sido muito eficazes na General Electric, onde ele tinha atuado como executivo sênior por mais de uma década. Só que agora parecia que o ímpeto agressivo da 3M para criar uma cultura em torno da eficiência estava perdendo a força. A empresa, que tinha inventado o Thinsulate (um tecido especial de isolamento térmico), o Scotchgard (uma cobertura repelente de água e manchas), os Post-its e uma série de outros produtos de grande sucesso, estava começando a perder sua vantagem inovadora. Uma estatística reveladora resumia o problema: no passado, um terço das vendas era proveniente de novos produtos (lançados nos cinco anos anteriores), e, em 2007, essa proporção tinha caído para um quarto.[1] A 3M está longe de ser a única a enfrentar esse problema.

Muitas empresas estão fazendo de tudo para reduzir o desperdício e aumentar a eficiência. Para tanto, elas incentivaram seus gestores a criar uma cultura organizacional voltada à otimização da utilização de recursos, padronização de processos e cronogramas e produções previsíveis.

O problema, como a 3M descobriu, é que as metodologias originalmente concebidas para eliminar a variabilidade na fabricação podem ter consequências inesperadas para a inovação. No mundo da produção de objetos físicos, as tarefas são repetitivas, as atividades são relativamente previsíveis e os itens criados não podem estar em mais de um lugar ao mesmo tempo. Na inovação, muitas tarefas são únicas, os requisitos do projeto mudam constantemente e o produto – graças, em parte, ao amplo uso de ferramentas de design e simulação assistidas por computador – são informações que podem estar em vários lugares ao mesmo tempo.[2] Deixar de levar em conta essas diferenças críticas compromete o planejamento, a execução e a avaliação dos experimentos. Tanto que eliminar a variabilidade pode impedir a experimentação, e a experimentação é vital para a inovação.

Nos capítulos anteriores, mostramos como a experimentação pode ser valiosa. Em vista disso, é importante responder a uma pergunta: *Por que as empresas não fazem muito mais experimentos e de maneira mais ampla?* É bem verdade que a tentativa de aumentar a eficiência criou culturas organizacionais que buscam a previsibilidade. No entanto, outro fator também pode estar em jogo: a gestão sênior costuma ter grandes incentivos para focar no curto prazo e é recompensada por se ater aos planos. O economista comportamental Dan Ariely argumenta que acontece muito de as empresas evitarem a experimentação por não terem a cultura de tolerar perdas a curto prazo para obter ganhos a longo prazo. "Não é novidade que as empresas (e as pessoas) não sabem lidar bem com esse tipo de dilema", diz ele.[3] Essa miopia organizacional se agrava ainda mais em momentos de turbulência econômica, quando as condições do mercado obrigam muitas empresas a apertar os cintos.

Para inovar, as empresas precisam criar uma cultura aberta a experimentos em grande escala mesmo com orçamentos restritos. Por sorte, nunca foi tão barato e fácil fazer isso. Simulações por computador, ferramentas de testes A/B e outras abordagens que vimos ao longo deste livro possibilitam às equipes realizar um fluxo interminável de perguntas do tipo "e se". Com efeito, à medida que as empresas aumentam sua capacidade de experimentação – usando ferramentas internas ou terceirizadas –, é comum elas descobrirem que o gargalo para fazer mais experimentos muda das dificuldades tecnológicas para questões relacionadas à cultura. Para criar uma verdadeira cultura de experimentação – incluindo comportamentos, crenças e valores compartilhados para realizar testes em grande escala e amplo alcance –, os líderes precisam garantir que sua cultura tenha sete atributos: (1) uma mentalidade de aprendizagem, (2) um sistema de recompensas consistente, (3) humildade intelectual, (4) integridade, (5) confiança nas ferramentas, (6) valorização da exploração e (7) capacidade de adotar um novo modelo de liderança.[4] (Veja a Tabela 4-1.)

Atributo 1: Uma mentalidade de aprendizagem

Fazer experimentos com muitas ideias diferentes – e por vezes aparentemente absurdas – é crucial para a inovação. Só que, quando as pessoas passam a fazer experimentos com mais rapidez e frequência, é inevitável que a maior parte dos testes fracasse. No Capítulo 3, vimos que apenas de 10% a 20% dos experimentos on-line do Bing e do Google geram resultados positivos, quando o desafiante (B, o tratamento) tem um desempenho melhor que o do campeão (A, a prática atual). Além disso, quanto antes as ideias forem testadas, menor será a probabilidade de elas fazerem alguma diferença em uma métrica-chave de desempenho. Esses fracassos rápidos não só são desejáveis como também são necessários, porque possibilitam que os experimentadores eliminem rapidamente as opções desfavoráveis e se voltem a alternativas mais promissoras (muitas vezes desenvolvendo ideias que inicialmente não tiveram sucesso). Ao confirmar que o campeão ainda mantém a dominância, a gestão também pode voltar sua atenção a outras táticas de negócio inovadoras, em vez de perder tempo com debates infrutíferos sobre um desafiante. Em outras palavras, "fracassar cedo e com frequência" não só é desejável como também é um subproduto natural de um programa de experimentação. Descobrir que um carro novo não tem apelo junto ao público, que uma nova bebida não agrada os consumidores ou que o design de uma interface on-line confunde os usuários são resultados considerados desejáveis em um experimento, desde que eles sejam encontrados antes de comprometer muitos recursos, quando os designs ainda podem ser mudados e soluções alternativas podem ser testadas.[5] Em outras palavras, um experimento que não apresenta resultados positivos não é um experimento fracassado ou uma perda de tempo. Pelo contrário, uma baixa taxa de resultados negativos indica que os funcionários estão relutando em correr riscos.

TABELA 4-1

Os sete atributos de uma verdadeira cultura de experimentação

Aprendizagem	• As surpresas são recebidas de braços abertos • "Não vencer" é diferente de perder, e fracassos não são erros (erros produzem poucas informações novas ou úteis)
Recompensas	• Os gestores evitam enviar mensagens confusas • Os incentivos são alinhados com os objetivos do trabalho
Humildade	• As pessoas aceitam os resultados dos experimentos que contradizem seus interesses, crenças e normas (o reflexo Semmelweis) • As "opiniões da pessoa mais bem paga" (ou HiPPOs, do inglês *highest paid person's opinions*) sobre a inovação não têm mais peso do que a opinião das outras pessoas
Integridade	• A moralidade (real e percebida) de um experimento é incorporada ao treinamento, às políticas e às discussões da organização
Ferramentas utilizadas	• A confiança nas ferramentas é crucial para sua adoção e integração
Exploração	• As organizações mantêm um equilíbrio saudável entre criar valor por meio da inovação (*exploration*) e captar valor por meio das operações (*exploitation*)
Liderança	• Os líderes se concentram em: (1) definir um objetivo grandioso; (2) implementar sistemas, recursos, projetos organizacionais e padrões confiáveis para possibilitar a experimentação em grande escala; e (3) atuar como exemplos de paciência, seguindo as mesmas regras que os outros

Um experimento só é verdadeiramente um fracasso se tiver problemas de design ou execução e chegar a resultados inconclusivos. Por exemplo, imagine testar a eficácia de cupons promocionais para um novo produto, sendo que metade da lista de clientes recebe o voucher de desconto no sábado e a outra metade, na quarta-feira. Mesmo se a receita aumentar com a promoção, não será possível saber ao certo se o resultado foi um efeito dos cupons ou do fim de semana. Um design melhor seria selecionar aleatoriamente os dois grupos e apresentar as ofertas ao mesmo tempo.

Receba as surpresas de braços abertos

Você pode aplicar essa mentalidade de aprendizagem mesmo se não estiver tentando conscientemente fazer um experimento. Quando a Amazon lançou uma nova versão do *Air Patriots*, um jogo de defesa de torres para smartphones, a equipe de desenvolvimento foi pega de surpresa.[6] O jogo tinha passado em todos os *checkpoints* de qualidade, mas seu nível de dificuldade fora aumentado inadvertidamente em cerca de 10%. Nenhuma pessoa da equipe deu muita atenção ao fato. Só que a taxa de retenção de sete dias do jogo despencou nada menos que 70%, e a receita caiu 30%. Em vez de considerar a nova versão um fracasso, a equipe se perguntou se facilitar o jogo não levaria a um ganho igualmente grande na retenção e na receita. Para responder a essa pergunta, eles fizeram um teste A/B/n com quatro níveis de dificuldade, além de um de controle, e descobriram que a variante mais fácil teve o melhor desempenho de todos. Depois de mais alguns ajustes, a Amazon lançou uma nova versão do *Air Patriots,* e dessa vez os usuários passaram 20% mais tempo jogando e a receita aumentou 20%. De acordo com a equipe, eles levaram cerca de um dia para fazer essas alterações. Um erro levou a um insight surpreendente, que a equipe pôde otimizar usando as ferramentas de experimentação da Amazon.

O problema das surpresas é que... elas sempre nos pegam de surpresa. É difícil estimar o valor de uma surpresa com o tipo de precisão que normalmente é cobrada dos gestores. Por outro lado, calcular o custo de uma ação é mais fácil. O economista Albert Hirschman observou que às vezes a solução para essa assimetria é distorcer deliberadamente a realidade: "A criatividade sempre nos pega de surpresa, de modo que nunca podemos contar com ela e não ousamos acreditar nela enquanto não acontece. Em outras palavras, não nos empenharíamos conscientemente em tarefas cujo sucesso claramente requer um lance de criatividade que não sabemos se está por vir".[7] É verdade que os gestores relutam em alocar recursos para atividades cujo sucesso depende de um salto criativo ou, em outras palavras, de uma surpresa. A solução, segundo Hirschman, é subestimar o que é necessário: "Portanto, a única maneira de usar totalmente nossos recursos criativos é distorcendo deliberadamente nossa avaliação da natureza da tarefa, vendo-a como mais rotineira, mais simples, e que não requer tanta criatividade autêntica do que realmente é o caso".[8]

É claro que a solução para esse dilema é uma cultura que valoriza as surpresas e a criatividade, apesar da dificuldade de lhes atribuir um valor financeiro. Receber as surpresas de braços abertos e com satisfação e procurá-las ativamente, tanto como ponto de partida quanto como resultado de um experimento, deve ocupar o centro de uma cultura de experimentação. Criar uma cultura como essa na organização requer não só subestimar o custo da ação, como Hirschman propõe, mas também superestimar os benefícios da experimentação, aumentando, assim, a probabilidade de ocorrência dessas agradáveis surpresas.

"Não vencer" é diferente de perder

Os gestores que enfatizam demais a vitória por medo de perder tempo com experimentos de baixo rendimento podem, inadvertidamente, incentivar os funcionários a se concentrar em soluções conhecidas e ganhos de curto prazo. Vamos voltar ao exemplo da MoneySuperMarket, a empresa britânica de comparação de preços on-line que conhecemos no Capítulo 3.[9] Em 2017, a equipe de testes era limitada a um pequeno grupo de seis a sete especialistas em conversão de sites. Como esses especialistas só fizeram 66 experimentos ao longo do ano, a gestão colocou uma grande ênfase no sucesso da equipe. O resultado foi que eles passaram a se focar só nos testes que tinham chances de sucesso e abandonavam imediatamente aqueles que fracassavam, em vez de iterá-los para obter outros insights. Em consequência, cerca de 50% dos testes foram considerados vencedores, uma taxa de sucesso incomumente alta que deveria ter levantado algumas bandeiras vermelhas. Será que esses especialistas fizeram experimentos verdadeiros, que resultam tanto em ganhos *quanto* em perdas? Ou eles só verificaram algo que já sabiam que funcionaria? A resposta a essas perguntas faz uma grande diferença devido aos insights gerados pelos estudiosos da gestão. Estudos mostraram que as perdas de curto prazo na experimentação podem facilitar a inovação e o desempenho em longo prazo. Os funcionários que não se incomodam de trabalhar em atividades com mais chances de fracasso também tendem a persistir diante de dificuldades, se envolver em trabalhos mais desafiadores e apresentar um desempenho melhor do que os colegas que preferem a segurança da zona de conforto.[10]

O problema é que aprender com o fracasso pode ser difícil de gerenciar. Um fracasso pode levar a constrangimentos e à exposição de lacunas de conhecimento importantes, que, por sua vez, podem reduzir a autoestima da pessoa e ameaçar sua posição na organização. Afinal, quantos gestores você já viu sendo promovidos ou equipes sendo recompensadas por expor precocemente ideias ruins, que resultam na realocação de preciosos recursos (como o abandono de um projeto)? Esse tipo de coisa acontece muito em ambientes que adotam uma política de "tolerância zero ao fracasso" ou ambientes de trabalho "livres de erros". O resultado é desperdício e desmoralização. E não estamos falando só do desperdício que vem de uma produtividade menor e um prazo maior até o lançamento, mas também do desperdício de *não* se beneficiar de toda a inovação potencial da experimentação.

As "recompensas" duvidosas pelas ideias fracassadas

Desse modo, desenvolver a capacidade e os recursos para possibilitar a rápida experimentação requer repensar o papel do fracasso nas organizações. Também requer um entendimento mais profundo dos fatores necessários para promover a experimentação e uma maior sensibilidade a esses fatores. Jeff Bezos reconheceu isso quando observou que, "à medida que sua empresa cresce, tudo precisa escalar, incluindo a quantidade de experimentos fracassados. Se o tamanho dos seus fracassos não estiver aumentando, você não será inventivo em uma escala suficiente para fazer qualquer diferença".[11]

Fracassos e erros são coisas diferentes

Não confunda fracassos com erros.[12] Ao contrário dos fracassos, os erros produzem poucas informações novas ou proveitosas e, portanto, não têm valor.[13] Um experimento mal planejado ou mal conduzido, por exemplo, pode forçar os pesquisadores a repetir o experimento. Outro erro comum é não aprender com as experiências. Quando a Amazon construiu seus primeiros centros de distribuição, a empresa aprendeu muitas lições sobre a localização ideal, o layout dos galpões e os fluxos das mercadorias. Hoje, a empresa tem mais de 75 centros de distribuição na América do Norte e, se houvesse erros importantes em um novo centro, poderíamos considerar o projeto um exemplo de execução problemática. Em outras palavras, consideraríamos os problemas do projeto como uma repetição de erros do passado, não fracassos que visam explicitamente à aprendizagem.

É importante saber a diferença entre fracassos e erros, mas muitas vezes nem as melhores organizações possuem os sistemas de gestão necessários para fazer essa distinção e conseguir, ao mesmo tempo, promover os fracassos e eliminar os erros. Esse requisito não é nem um pouco incomum para empresas que buscam ter sucesso na inovação. Pesquisas demonstram que o sucesso em longo prazo requer a capacidade de buscar simultaneamente inovações e mudanças tanto incrementais quanto descontínuas. Para isso, as empresas precisam ser "ambidestras": devem criar estruturas, culturas e processos contraditórios.[14]

Da mesma forma, as empresas que investem em aumentar massivamente sua capacidade de experimentação também precisam ser "ambidestras" no que diz respeito a gerenciar os resultados fracassados. Elas precisam incentivar as pessoas a fazer experimentos que resultem logo em fracassos, mas também precisam desencorajar experimentos ruins, aqueles que resultam em erros e não contribuem para o aprendizado. Essa abordagem requer uma profunda mudança na cultura e nas atitudes da organização. Um exemplo desse tipo de mudança é enfatizado por uma história sobre Tom Watson, que passou várias décadas na liderança da IBM. Diz a lenda que um jovem e promissor executivo que trabalhava em um novo e arriscado empreendimento conseguiu perder mais de US$ 10 milhões tentando levar a empreitada ao sucesso. Quando Watson chamou o executivo para conversar em sua sala, o jovem, nervoso, já entrou aceitando as consequências de fazer a empresa perder tanto dinheiro: "Acredito que o senhor queira me demitir, senhor Watson". Para sua surpresa, Watson replicou: "De jeito nenhum! Acabamos de investir US$ 10 milhões em seu treinamento".[15]

Muitas pessoas hoje devem se sentir como esse jovem executivo entrando na sala de Watson. Elas são orientadas por suas empresas a aprender com os fracassos, mas não se sentem seguras para agir assim. Minha colega Amy Edmondson encontrou um exemplo dessa tensão quando estudou oito equipes de enfermagem de dois hospitais universitários para analisar as diferenças nas taxas de aprendizado e suas causas.[16] Para medir o quanto essa equipes aprenderam, ela contou os erros cometidos, presumindo que as equipes mais estáveis e que contavam com uma liderança melhor aprenderiam mais e, portanto, reportariam menos erros. Para sua surpresa, os resultados da análise mostraram exatamente o contrário: as equipes de enfermeiros com as maiores taxas de erro reportadas trabalhavam melhor com os colegas e líderes. Por outro lado, as equipes com menos erros reportados tinham líderes autoritários e relutavam em assumir responsabilidades. Em um estudo de acompanhamento, Edmondson descobriu que as equipes que apresentavam mais *segurança psicológica* não só relataram mais erros como também aprenderam mais e tiveram um desempenho melhor. Criar essa segurança requer andar na corda bamba entre fomentar culturas informais e abertas à resolução de problemas e enfatizar o desempenho. Ambientes como esses são importantes para empresas que desejam ter sucesso na experimentação e na inovação.

Atributo 2: As recompensas são alinhadas com os valores e os objetivos da organização

Criar uma cultura que se beneficie ao máximo das novas ferramentas de experimentação requer um conhecimento mais profundo dos fatores que afetam esse comportamento. Com isso em mente, Fiona Lee e Monica Worline, da Universidade de Michigan, e Amy Edmondson e eu, da Faculdade de Administração de Harvard, analisamos até que ponto os valores e as recompensas organizacionais e o status de uma pessoa na empresa afetavam a experimentação.[17] Esses fatores eram de especial interesse para nós porque já tinham sido identificados como importantes elementos que afetam o desempenho organizacional e porque os gestores teriam como influenciá-los.

Evite mensagens confusas

Nossa pesquisa consistiu em dois estudos concebidos para complementar um ao outro. No primeiro estudo, realizado em laboratório ao longo de vários meses, pedimos que 185 pessoas resolvessem um labirinto eletrônico originalmente criado para exercícios de simulação de gestão. Resolver a tarefa exigia extensa experimentação e nos permitiu diferenciar claramente os fracassos desejáveis dos erros desnecessários. O estudo de laboratório também nos permitiu manipular os fatores a seguir e estudar seu impacto no desempenho e no comportamento de experimentação: (1) valores: se a experimentação foi encorajada ou desencorajada; (2) recompensas: se os fracassos foram ou não penalizados; e (3) status: se o participante tinha um status mais baixo ou mais alto. Descobrimos que as pessoas que tinham um status mais baixo se mostravam mais dispostas a se engajar na experimentação quando os valores e as recompensas comunicavam uma mensagem coerente, enfatizando explicitamente a importância de aprender com os fracassos ("aprenda à medida que avança") e não punindo esses fracassos. Mensagens confusas, como encorajar as pessoas a fazer experimentos e, ao mesmo tempo, manter um sistema de recompensas que punia os fracassos, pioraram o desempenho, levando a menos experimentação – menos ainda do que quando as pessoas foram sistematicamente desencorajadas a desenvolver um comportamento de experimentação. Esses resultados demonstram o perigo de intervenções simplistas por parte da gestão, já que mudar apenas um fator (valores ou recompensas) pode reduzir o desempenho dos funcionários. Por outro lado, os indivíduos com um status mais elevado na organização se mostraram mais dispostos a experimentar, mesmo quando a mensagem era confusa. Eles foram menos suscetíveis às consequências não intencionais de intervenções simplistas.

Em nosso segundo estudo, testamos esses resultados em um estudo empírico conduzido em uma grande organização de saúde do Centro-Oeste dos Estados Unidos. A empresa estava implementando um novo sistema on-line de informações médicas que integrava dados de diferentes áreas do hospital e apresentava, para a equipe médica, informações clínicas atualizadas (como resultados de exames de sangue dos pacientes e informações sobre a compra de medicamentos). Médicos, enfermeiros e outros profissionais (como nutricionistas), bem como as equipes de apoio, eram os principais usuários do sistema, que podia ser acessado nos hospitais, em consultórios e em casa. Como a utilização do sistema era opcional e nenhum treinamento foi oferecido, sua adoção e seu impacto na produtividade dependiam da disposição das pessoas de experimentar o sistema. Antes da implementação do novo sistema integrado on-line, os profissionais de saúde precisavam usar programas diferentes para acessar informações do paciente, que não eram atualizadas regularmente nem necessariamente completas.

Fizemos um levantamento com 688 pessoas espalhadas por toda a organização, incluindo 120 ambulatórios, 30 postos de saúde e cinco hospitais universitários. O questionário incluiu perguntas sobre sua disposição de usar novas tecnologias de informação, a maneira como elas estavam usando 29 funcionalidades diferentes do novo sistema e as várias estratégias de resolução de problemas que elas utilizavam. Usamos a profissão dos participantes para inferir seu status. Os participantes de status mais elevado eram os médicos, seguidos de estudantes de medicina, enfermeiros, prestadores de serviços de saúde e funcionários administrativos.

Os resultados da pesquisa foram muito parecidos com as conclusões de nosso primeiro estudo, realizado no laboratório. Descobrimos que as pessoas se mostravam mais dispostas a experimentar diferentes funcionalidades do sistema quando seus gestores faziam sistematicamente duas coisas: encorajavam abertamente a experimentação e não puniam (ou desincentivavam) os fracassos. Como no primeiro estudo, mensagens confusas resultaram em incerteza e desconfiança, reduzindo a frequência da experimentação com o novo sistema; e pessoas com status inferior foram muito mais afetadas por mensagens contraditórias, por terem de enfrentar custos sociais mais altos no caso de um fracasso. Os estudantes de medicina, por exemplo, achavam que um experimento fracassado – apesar de não gerar qualquer custo para os pacientes ou para o hospital – poderia prejudicar sua carreira e se mostraram muito mais relutantes em deixar as pessoas perceberem sua falta de familiaridade com o sistema. Por outro lado, os médicos foram mais abertos a experimentar a nova tecnologia, mesmo quando as mensagens sobre valores ou recompensas eram contraditórias. Também observamos que o aprendizado resultante do aumento da experimentação – e dos fracassos – levou a um desempenho melhor. Com efeito, as pessoas que fizeram mais experimentos acabaram integrando com mais rapidez a nova tecnologia a seu trabalho e foram as que mais se familiarizaram com sua utilização. Essas pessoas também relataram que o sistema as ajudou a usar com mais eficiência seu tempo com os pacientes.

Alinhe os incentivos com os objetivos do trabalho

Quando as equipes precisam ao mesmo tempo dar conta das demandas diárias do trabalho e fazer experimentos, os incentivos podem ficar desalinhados. Vejamos o caso do Bank of America.[18] Quando o banco introduziu cerca de duas dúzias de "laboratórios" em seu importante mercado de Atlanta, o objetivo da gestão sênior era dar uma injeção de experimentação e inovação em uma organização que sempre dependeu da estabilidade e da padronização. Cada laboratório era uma agência bancária em pleno funcionamento, só que, em cada uma delas, novos conceitos de produtos e serviços eram testados continuamente. Os experimentos incluíram "atendentes virtuais", televisores exibindo notícias sobre finanças e investimentos e "estações de recepção", quiosques onde funcionários ajudavam os clientes a abrir contas, fazer empréstimos e pedir cópias de cheques antigos. Uma questão difícil que a gestão precisava resolver era como motivar as equipes dessas agências de experimentação. O desempenho dos funcionários dessas agências poderia – e deveria – ser medido e recompensado da maneira convencional?

Cerca de 30% a 50% da remuneração dos vendedores de produtos financeiros das agências era proveniente de bônus baseados no desempenho, que avaliava as pessoas usando um antigo sistema de pontos que classificava as cotas de vendas de acordo com o produto, a satisfação do cliente e os fatores demográficos da região, bem como de critérios gerenciais.[19] Com esse sistema, os vendedores acabam sendo incentivados a ignorar as verdadeiras necessidades dos clientes. "Por exemplo, os vendedores sugeriam que os clientes abrissem uma conta-corrente, que lhes renderia um ponto, em vez de uma conta poupança, que não lhes renderia ponto algum [no sistema de avaliação]", explicou um consultor financeiro do banco.[20]

Nos primeiros meses, a iniciativa de experimentação manteve o antigo esquema de incentivos, e os funcionários pareceram gostar das atividades adicionais – terem sido incluídos na iniciativa os fazia se sentir especiais. No entanto, eles logo perceberam que teriam de passar até um quarto de seu tempo fazendo cursos para aprender métodos experimentais, além de ficar na estação de recepção, algo que não lhes renderia nenhum ponto para aumentar seu bônus. A equipe começou a sentir-se em desvantagem, pois a empresa esperava que eles cumprissem a mesma cota mensal de pontos mesmo tendo menos tempo para vender os produtos aos clientes. Assim que identificou esses problemas, a gestão sênior incluiu esses funcionários das agências experimentais em um esquema de remuneração de incentivos fixos. A maioria deles gostou da mudança, que fez com que eles se sentissem ainda mais especiais. A mudança também mostrou que a alta gestão estava comprometida com o processo de experimentação. No entanto, nem toda a equipe gostou dos novos incentivos fixos. Sem o apelo do sistema de pontuação, alguns funcionários perderam a motivação para vender. Os funcionários das agências que não estavam participando dos experimentos também se ressentiram do programa especial de remuneração dos colegas das "agências experimentais". Um executivo observou: "Os vendedores das agências [experimentais] começaram a fazer corpo mole". Outro gestor teve de realocar um funcionário "que se limitava a ficar sentado de braços cruzados, parecendo não entender que era pago para ajudar os clientes".[21]

Com toda a atenção e os recursos dedicados ao programa de experimentação, alguns executivos seniores do Bank of America começaram a ficar impacientes. O ressentimento dos funcionários das agências convencionais também pode ter intensificado esse sentimento. O novo grupo já desfrutava de mais recursos que as outras agências e temia-se que novos esquemas de incentivo os distanciassem ainda mais da realidade diária dos bancos. Os executivos também não tinham como saber se os conceitos testados nas agências experimentais funcionariam em âmbito nacional, devido às diferenças dos mercados regionais. Incomodados, os gestores seniores retomaram o antigo sistema de incentivos baseado em pontos depois de apenas seis meses de teste. Como seria de esperar, as tensões entre ganhar pontos e ajudar nos experimentos voltaram rapidamente. Além disso, o recuo desanimou alguns funcionários, que começaram a questionar o compromisso da empresa com a inovação. A incerteza quanto ao sistema de remuneração da experimentação também afetou o comportamento da equipe em relação a assumir riscos e a fracassar. Dos 40 conceitos testados, apenas quatro acabaram fracassando, resultando em uma taxa de fracasso de aproximadamente 10%. Esse resultado estava bem longe da taxa de fracasso de 30% que a gestão considerava necessária para transformar o Bank of America em uma organização inovadora. Ao fazer experimentos com dois modelos diferentes – um focado em operações nas agências e outro em ambientes de pesquisa e desenvolvimento –, a gestão do Bank of America aprendeu que a necessidade simultânea de manter as operações e fazer experimentos também exigia um sistema de incentivos que valorizasse e equilibrasse a tensão de dois objetivos muitas vezes conflitantes.

Atributo 3: É melhor ser humilde do que arrogante

Os resultados dos experimentos podem contrariar interesses, crenças e normas culturais arraigadas. Quando isso acontece, as pessoas costumam reagir rejeitando automaticamente os resultados. Vejamos um exemplo: um gerente de suporte técnico de uma popular plataforma de testes terceirizada recebeu uma ligação de um usuário irritado reclamando que a ferramenta não tinha recursos analíticos adequados. O usuário contou que tinha feito um teste elaborado com um grande grupo de compradores e a ferramenta mostrou que as métricas de desempenho de sua empresa tinham melhorado quando os compradores on-line recebiam *menos* – não mais – informações. Como o resultado contrariava sua intuição e seus anos de experiência, a análise dos resultados só podia estar errada. A solução: consertar a ferramenta e repetir o experimento até os resultados confirmarem sua hipótese. O exemplo mostra uma dificuldade enfrentada por todos os experimentadores: tendemos a aceitar sem questionamento os "bons" resultados ("vitórias") que confirmam nossas crenças equivocadas porque a sensação é boa. Por outro lado, questionamos e investigamos minuciosamente os resultados "ruins" (as "perdas") que contradizem nossas suposições. Jeff Bezos foi perspicaz ao observar que não é natural usar os experimentos para refutar nossas crenças. E, quando as organizações realizam programas de experimentação em grande escala, elas precisam contradizer crenças com muita rapidez. Os gestores ficam sob uma grande pressão, e as organizações podem entrar em colapso.

O reflexo Semmelweis

A rejeição automática dos resultados de experimentos é conhecida como "reflexo Semmelweis", um fenômeno batizado em homenagem a Ignaz Philipp Semmelweis, pioneiro no combate à infecção pós-parto na Europa do século 19. Semmelweis, um médico húngaro que trabalhava em um hospital de Viena, descobriu que a febre puerperal, uma doença fatal que matou mais de um milhão de mulheres na Europa no século 19, era causada por médicos e estudantes que não lavavam adequadamente as mãos depois de fazer autópsias em cadáveres.[22] Ele instituiu uma política exigindo que médicos e estudantes lavassem meticulosamente as mãos com uma solução de hipoclorito de sódio antes de examinar os pacientes, o que levou a taxa de mortalidade a cair quase dez vezes. No entanto, como Semmelweis não sabia explicar as razões da eficácia desse procedimento, a comunidade médica ignorou, e até ridicularizou, suas constatações, e ele acabou sendo demitido do hospital. Na época, as doenças eram atribuídas a várias causas não relacionadas entre si e, para os médicos, "cada caso era um caso". A hipótese de Semmelweis de que havia apenas uma causa – a falta de higiene – era radical demais para ser aceita pela comunidade médica. Ele replicou o experimento na Hungria, mas, também nesse caso, a comunidade médica ignorou ou rejeitou os resultados que ele encontrou. Em 1865, ele teve um colapso nervoso e morreu em uma clínica psiquiátrica. Foi só depois que Louis Pasteur provou, em 1879, a presença da bactéria *Streptococcus* em mulheres com febre puerperal que a teoria e o tratamento de Semmelweis foram aceitos.

A lição, que continua aplicável até hoje, é que os experimentos que levam a novos insights, mas não possuem uma teoria aceita de causa e efeito, correm um grande risco de serem recebidos com preconceito e rejeição. Por outro lado, um bom entendimento da causa, confirmado por previsões testáveis, pode levar à aceitação e a mudanças. Mesmo quando uma teoria fundamental não pode ser desenvolvida, um rigoroso sistema de experimentação com previsões testáveis pode ser usado para conquistar a adesão das pessoas. E, quando os resultados dos testes conflitam com a experiência prévia, o experimento deve ser repetido. A replicação é um importante pilar da ciência, e os resultados de vários experimentos reforçarão o conjunto de evidências necessárias para questionar nossas intuições e crenças. A gestão precisa reconhecer a importância de cada etapa e conduzir rapidamente as organizações por esse processo (veja o quadro "Das crenças equivocadas à aceitação cultural").

Das crenças equivocadas à aceitação cultural

Quando os resultados dos experimentos vão contra os interesses, as crenças e as normas arraigadas de uma organização, eles tendem a ser rejeitados. Esse fenômeno é conhecido como "reflexo Semmelweis", em homenagem ao médico húngaro que descobriu que lavar as mãos pode prevenir a febre puerperal, uma doença fatal. A história de Semmelweis nos ensina lições importantes sobre as etapas do processo da aceitação cultural.

Etapa 1: As crenças equivocadas podem levar a excesso de confiança e a resultados ruins (alta taxa de mortalidade de mulheres após o parto).

Etapa 2: Para entender essas consequências e descartar explicações alternativas, métricas e controles experimentais podem levar a novos insights, mas podem não ter uma teoria de causa e efeito (cieta equilibrada, posição da mãe durante o parto etc.).

Etapa 3: As ações recomendadas (lavar as mãos com uma solução de cloro) tendem a ser inicialmente rejeitadas se contrariarem sistemas de recompensas, crenças e normas existentes.

Etapa 4: Um entendimento mais profundo, de preferência acompanhado de uma teoria e com previsões testáveis, pode levar à aceitação (Louis Pasteur encontrou bactérias em mulheres com febre puerperal). Ou o rigor e a confiança em um sistema de experimentação, combinados com a replicação dos resultados, podem levar à aceitação, mesmo sem uma teoria de causa e efeito.

A parcialidade natural do ser humano pode não ser tão facilmente observável quanto uma rejeição direta. Pode acontecer de essa tendência humana ser muito sutil e se infiltrar aos poucos no processo experimental. Um exemplo é a eficácia da acupuntura em países ao redor do mundo. Na Ásia, onde a acupuntura é mais amplamente aceita, todos os 47 estudos clínicos realizados entre 1966 e 1995 concluíram que o tratamento era eficaz. Nesse mesmo período, 94 ensaios clínicos foram realizados nos Estados Unidos, Suécia e Reino Unido, onde a acupuntura é menos aceita, e apenas 56% dos estudos encontraram *algum* efeito terapêutico. A discrepância sugere que as pessoas encontram maneiras de confirmar seus vieses e crenças mesmo com aplicação rigorosa do método científico.[23] Para compensar os vieses, conscientes ou inconscientes, do ser humano em programas de experimentação em grande escala, as empresas devem promover a mais completa transparência: todos os funcionários devem ter acesso a todos os protocolos e dados experimentais. A transparência é o melhor desinfetante.

Do excesso de confiança à humildade intelectual

Para uma organização conseguir assimilar completamente os experimentos, opiniões inflexíveis e vieses precisam dar lugar à curiosidade. Isso se aplica especialmente às pessoas que ocupam posições de status mais elevado – os chefes –, que sem dúvida foram promovidos porque tiveram sorte ao tomar algumas decisões. Só que, no que diz respeito às novidades e ao desconhecido, até os chefes podem se enganar. E isso pode se tornar um grande problema. Consta, por exemplo, que Jim Barksdale, ex-CEO da Netscape, disse: "Se tivermos os dados, vamos olhar os dados. Se só tivermos opiniões, vamos seguir a minha". Foi o que aconteceu na Amazon quando um funcionário criou o protótipo de uma alteração na loja on-line para fazer recomendações personalizadas aos clientes com base nos itens que eles colocaram em seu carrinho de compras. Um vice-presidente sênior se pôs efusivamente contra a alteração, por acreditar que os clientes poderiam se distrair e desistir da compra. O funcionário foi proibido de trabalhar no projeto. Por sorte, ele ignorou as ordens do chefe e realizou um experimento controlado, que demonstrou que a alteração tinha um desempenho muito melhor do que se imaginava (em termos de receita de compras). A mudança foi lançada imediatamente.[24]

Existe até um acrônimo em inglês para se referir ironicamente a um chefe autoritário que favorece a abordagem *top-down*, de cima para baixo: o *HiPPO* (*highest paid person's opinion* e que também quer dizer "hipopótamo" em inglês), "opinião da pessoa mais bem paga", traduzindo para o português.[25] O risco, naturalmente, é que as pessoas mais bem pagas podem acabar promovendo ideias ruins, seja por seu status ou seu poder de persuasão, e podem resistir a experimentos que contrariem suas crenças ou vieses. Distribuir hipopótamos de plástico, um dos animais mais perigosos do mundo, pela organização pode servir como um lembrete simbólico dos desafios culturais que as pessoas precisam enfrentar. (Satya Nadella, CEO da Microsoft, falou para uma plateia com um pequeno hipopótamo de plástico na mesinha ao lado.[26]) Francis Bacon, o pioneiro do método científico, sabia da importância de manter-se aberto a dúvidas para combater o excesso de confiança: "Se um homem começar com certezas, ele terminará com dúvidas; mas, se ele se contentar em começar com dúvidas, terminará com certezas".[27]

A opinião da pessoa mais bem paga

Não é fácil ser intelectualmente humilde e proferir as palavras "Eu não sei" ou "Minha ideia pode não fazer diferença alguma", por contrariar a maneira como os humanos pensam e se comportam. O economista comportamental Daniel Kahneman observou que, "se você seguir sua intuição, terá muitas chances de errar ao classificar equivocadamente um evento aleatório como sistemático. Temos uma grande tendência a rejeitar a ideia de que muito do que vemos na vida é aleatório".[28] Em outras palavras, os seres humanos tendem a ver significados e conexões entre eventos não relacionados. Diferentes teorias foram criadas para explicar o fenômeno, incluindo erros cognitivos no reconhecimento de padrões e a evolução humana que favorece um cérebro que tende a ver uma relação causal mesmo se essa relação não existir.[29] Um resultado é a tendência humana de cometer esse tipo de erro quando observamos eventos ou ouvimos histórias. Os gestores não são imunes a isso, especialmente quando os incentivos favorecem encontrar relações causais entre variáveis de difícil mensuração, como mudanças no estilo de liderança e desempenho da equipe. Como ironizou o autor americano Upton Sinclair: "É difícil convencer alguém a entender alguma coisa quando seu salário depende de ele não entender essa coisa".[30]

O contrário também pode ser verdadeiro: é fácil convencer um gestor a acreditar em alguma coisa quando seu orgulho depende de ele acreditar nessa coisa. Essa foi uma das lições que Ron Johnson aprendeu com o desastre da J.C. Penney descrito no Capítulo 1. Ele não se considerava um executivo arrogante, mas, em um discurso na Faculdade de Administração de Harvard, Johnson advertiu os alunos:

> Vocês podem ter o que eu chamo de "arrogância situacional". É quando você pensa, com base nas suas experiências e nos seus contatos, que sabe exatamente o que está certo... Mas o mundo dos negócios também envolve muita sorte... Vocês precisam se dar ao trabalho de descobrir por que essas as coisas deram certo e não achar que o crédito é todo seu. Meus 25 anos de sorte e sucesso acabaram me levando à arrogância situacional nas decisões que tomei na J.C. Penney. O que aconteceu comigo pode servir de lição para todos nós. É importante manter a humildade e evitar a arrogância. Mas vocês precisam dar uma boa olhada no espelho para encontrar sua humildade.[31]

Francis Bacon sabia que vieses humanos podem ser o maior obstáculo à aquisição de novos conhecimentos (veja o quadro "Obstáculos à aquisição de conhecimento: observações de Francis Bacon"). A solução, naturalmente, é fazer experimentos; eles nos permitem "questionar a natureza".[32] Por outro lado, a maioria dos tomadores de decisão parece ter dificuldade de prever até os resultados mais prováveis. Outro dia, entrei em uma sala de aula com cerca de 70 executivos, e eles ficaram empolgadíssimos quando descobriram que dois participantes faziam aniversário no mesmo dia. Eles agiram como se tivessem acabado de testemunhar um evento raríssimo. Mas um grupo precisa ter quantas pessoas para aumentar a probabilidade de duas delas terem a mesma data de aniversário? A resposta é 23.[33]

Obstáculos à aquisição de conhecimento: observações de Francis Bacon

Sobre ver conexões que não existem

"O entendimento humano, devido a sua natureza peculiar, pressupõe facilmente um grau mais elevado de ordem e igualdade nas coisas do que ele efetivamente encontra; e, embora muitas coisas na natureza sejam *sui generis* [únicas] e absolutamente irregulares, mesmo assim o homem inventará paralelos, derivações e relações inexistentes." (Livro I, aforismo 45)

Sobre o viés de confirmação

"O entendimento humano, uma vez lançada qualquer proposição (seja por admissão e crença gerais ou pelo prazer que ela proporciona), força todo o resto a incluir nova sustentação e confirmação; e, mesmo diante da existência de casos convincentes e abundantes demonstrando o contrário, o homem não os observa ou os despreza, ou livra-se deles e os rejeita por alguma razão, com preconceitos violentos e prejudiciais, em vez de sacrificar a autoridade de suas primeiras conclusões." (Livro I, aforismo 46)

Sobre o poder dos sentidos para rejeitar evidências

"Todavia, de longe, o maior impedimento e a maior aberração do entendimento humano resultam do embotamento, da incompetência e dos erros dos sentidos; pois tudo o que atinge os sentidos prevalece sobre todo o resto que não os atinge imediatamente, por mais superior que seja. Portanto, a contemplação em grande parte cessa com a visão, e uma atenção muito escassa, ou talvez até nula, é dedicada a objetos invisíveis." (Livro I, aforismo 50)

Fonte: F. Bacon. *Novum Organum.* 1620; reimpressão Newton Stewart, Escócia: Anodos Books, 2017.

Atributo 4: Os experimentos têm integridade

Em 2012, o Facebook realizou um experimento de uma semana para estudar se estados emocionais podem ser transferidos a outras pessoas por meio das redes sociais. Em 2011, as pessoas já passavam mais de 4,7 milhões de horas por dia no Facebook, sem incluir o aplicativo móvel, representando uma grande mudança na maneira como elas interagiam entre si antes do advento das mídias sociais, não muito tempo atrás. Como seria de esperar, os possíveis efeitos psicológicos danosos sobre o 1,35 bilhão de usuários da plataforma foram tema de um acalorado debate na esfera pública e diferentes hipóteses foram lançadas.[34] O Facebook então decidiu investigar as alegações. Usando o Feed de Notícias – uma lista de notícias (posts, histórias, atividades) sobre os amigos dos usuários geradas por um algoritmo de curadoria –, o Facebook testou se exibir menos novidades *positivas* aos usuários levava a uma redução de postagens positivas. A empresa também testou se o contrário também acontecia quando os usuários eram expostos a menos notícias *negativas*. O experimento envolveu 689.003 usuários selecionados aleatoriamente; cerca de 310 mil (155 mil por variação) participantes não voluntários foram expostos a expressões emocionais manipuladas em seu Feed de Notícias, e os demais usuários foram submetidos a condições de controle, nas quais uma proporção correspondente de notícias foi aleatoriamente omitida.[35]

Em junho de 2014, pesquisadores do Facebook e da Universidade Cornell publicaram os resultados do experimento em uma revista acadêmica, com o provocativo título "Evidências experimentais de contágio emocional em escala maciça por meio de redes sociais".[36] O público ficou indignado. A equipe de ciência de dados do Facebook tinha passado anos fazendo experimentos com os usuários, que não desconfiavam de nada, sem gerar qualquer controvérsia, mas a ideia de que a empresa podia manipular emoções enfureceu muitas pessoas. Os críticos se preocuparam com a possibilidade de o Facebook estar inflingindo danos psicológicos a seus usuários sem seu consentimento. O *Wall Street Journal* dedicou a primeira página à cobertura do experimento "escandaloso" ("O laboratório do Facebook tinha poucos limites"),[37] e os editores do periódico acadêmico no qual o experimento foi publicado emitiram uma rara "expressão de preocupação por parte do editorial". A preocupação era entender se a política de uso de dados do Facebook era ética, dando aos usuários a chance de optar por não participar do experimento. Do ponto de vista da aprendizagem, o experimento foi um sucesso, constatando a existência de contágio emocional, apesar de o efeito sobre os usuários ter sido muito pequeno. O experimento não foi necessariamente enganoso, já que as postagens eram reais e informar os usuários de que eles estavam participando de um experimento teria distorcido os resultados. A controvérsia resultou do sentimento de alguns usuários de estarem sendo manipulados, e até prejudicados, pela empresa em nome da ciência, sem qualquer preocupação com suas emoções, usados, sem saber, como ratos de laboratório.

Não há dúvida de que é importante para as empresas ponderar as questões éticas dos experimentos. No caso do Facebook, o experimento causou muita revolta, e a gestão da empresa acabou pedindo desculpas. Em consequência, o Facebook implementou diretrizes de experimentação muito mais rigorosas, incluindo uma revisão das pesquisas que vão além dos testes de rotina dos produtos, realizada por um grande grupo de especialistas em privacidade e segurança de dados. No entanto, a questão ética do que deve e não deve passar por esse processo de revisão tem que ser ponderada com muito critério, levando em conta o custo de oportunidade. Um excesso de escrutínio interno pode reduzir muito a experimentação. Por outro lado, um escrutínio insuficiente pode levar a outro "contágio emocional", uma espécie de explosão histérica dos experimentos.

Foi o que aconteceu na Amazon em 2000, quando a empresa executou experimentos que cobravam de clientes preços diferentes pelo mesmo produto (no caso, DVDs). Os testes criaram incerteza entre os consumidores, e alguns chegaram a acusar o varejista on-line de discriminação de preços com base em fatores demográficos (uma acusação que a Amazon negou). Jeff Bezos admitiu que o experimento foi "um erro" e instituiu uma política dizendo que, se a Amazon voltasse a testar preços diferentes, todos os compradores pagariam o valor mais baixo, independentemente do preço inicialmente proposto no momento da compra.[38]

Antes de realizar um teste, todos os *stakeholders* devem concordar que vale a pena fazer o experimento. E a decisão precisa incluir a percepção da integridade do teste ou, em outras palavras, se o teste vai ser visto como um "mocinho" ou um "vilão". Se a Amazon nunca teve a intenção de cobrar preços diferentes pelo mesmo produto, para que correr o risco de enfurecer o público? A verdade é que as organizações de experimentação geralmente precisam encarar padrões mais elevados. Afinal, uma empresa que compara uma nova ideia (B, o desafiante) com a prática atual (A, o campeão) para aprender o que funciona e o que não funciona para os clientes enfrentará mais escrutínio do que um concorrente que não faz experimentos. A especialista em bioética Michelle Meyer chama esse dilema de *"ilusão A/B"*:

> Quando uma prática é amplamente implementada, tendemos a presumir que ela tem valor, que "funciona", mesmo ela nunca tendo sido comparada com alternativas para ver se funciona tão bem quanto elas, se é que realmente funciona. Em consequência, considera-se que tentativas de imbuir testes A/B ou outros testes similares de segurança e eficácia privam algumas pessoas (as que recebem o tratamento B) da prática padrão. As pessoas sob o feitiço da ilusão A/B – como todos nós já ficamos em algum momento – veem o momento proeminente da decisão moral como aquele em que um experimento que se propõe a comparar as práticas A e B foi iniciado, quando o mais correto seria vê-lo como o momento em que a prática A foi implementada de maneira unilateral e uniforme, sem qualquer evidência de sua segurança ou eficácia.[39]

Em outras palavras, as pessoas tendem a se concentrar no experimento (que se destaca no primeiro plano) e não na prática atual (no plano de fundo), por mais que a prática atual seja ineficaz. Em um estudo intrigante, Meyer e seus colaboradores examinaram 16 estudos realizados com 5.873 participantes de três populações diversas, em áreas como saúde, design de automóveis e pobreza global. Eles descobriram que os participantes consideraram os testes A/B moralmente mais suspeitos do que a implementação universal de uma prática não testada em toda a população. Essa desconfiança persistiu mesmo na ausência de qualquer razão objetiva para preferir a prática A à prática B.[40]

O Facebook poderia simplesmente ter alterado o algoritmo de seu Feed de Notícias (ou de qualquer outra prática de negócio) sem submetê-lo a qualquer experimento. No entanto, fazer isso não seria uma boa prática de gestão nem uma prática mais ética. Pode ser que o Facebook só tenha sido uma vítima da ilusão A/B e devia ter sido mais proativo no gerenciamento das percepções do público. Quando as empresas fazem experimentos em uma escala massiva e em alta velocidade, as decisões sobre a integridade de um experimento em geral são tomadas rapidamente, por indivíduos ou equipes. É por isso que algumas das melhores organizações de experimentação incluem diretrizes éticas (com estudos de caso) em seu programa de treinamento de funcionários.

Atributo 5: As ferramentas são confiáveis

Cerca de dez anos atrás, prestei consultoria para uma fabricante de instrumentos médicos para ajudar a encontrar maneiras de aumentar sua produtividade na área de pesquisa e desenvolvimento. Uma de minhas recomendações foi adotar e integrar em grande escala ferramentas de modelagem e simulação para os engenheiros da empresa. Nas minhas pesquisas, eu tinha demonstrado que essas ferramentas estavam mudando os fatores econômicos da experimentação. Nunca foi tão economicamente viável fazer perguntas do tipo "e se" e gerar respostas preliminares. Essas ferramentas também aceleravam o aprendizado, abrindo caminho para melhorar o desempenho da área de P&D, aumentar a inovação e encontrar novas maneiras de criar valor para os clientes.[41]

Quando a liderança da empresa alegou que seus engenheiros já usavam ferramentas de simulação, pedi para visitar as instalações de P&D. A verdade estava escondida em um pequeno cubículo: um único cientista progressista estava efetivamente fazendo experimentos virtuais avançados para analisar alguns aspectos cruciais dos produtos da empresa. O problema era que a grande maioria dos cientistas e engenheiros da empresa não estava fazendo o mesmo. Compare essa situação com a experiência de um gestor sênior de engenharia de uma grande empresa automotiva:

> Muitos dos nossos engenheiros não estavam abertos a aceitar os resultados dos testes simulados porque [esses resultados] não são [considerados] reais. Quando a gestão sênior decidiu investir em novas tecnologias da informação, software de simulação e especialistas, a empresa esperava fazer uma grande economia. Porém, quanto mais simulações fazíamos, mais protótipos físicos eram criados para verificar a precisão da simulação. Ninguém queria se comprometer com uma decisão baseada apenas em um modelo de computador. As simulações acabaram nos fazendo gastar mais em testes de protótipo do que antes.[42]

O que levava essas duas empresas a não se beneficiar de todo o potencial das ferramentas de experimentação? Quando empresas líderes em semicondutores anunciam grandes avanços no design e na tecnologia de chips, essas vitórias representam tanto os rápidos avanços das novas ferramentas computadorizadas quanto a capacidade de suas equipes de P&D. Tanto que os ganhos exponenciais de desempenho dos circuitos integrados levaram a enormes avanços das ferramentas de modelagem e simulação por computador para as equipes de design. O ciclo desse progresso está completo agora: seria impossível criar o design e fabricar os complexos chips de hoje sem as ferramentas que eles ajudaram a criar. As empresas investiram bilhões de dólares esperando que essas plataformas e ferramentas de inovação levassem a enormes saltos de desempenho, reduzissem custos e de alguma forma promovessem a inovação. O problema é que nem as ferramentas mais avançadas podem garantir esses benefícios. Na empolgação de sonhar com as possíveis melhorias, as empresas podem esquecer que essas tecnologias por si só não criam produtos e serviços nem levam a decisões melhores. Pelo contrário, quando são incorretamente integradas a uma organização (ou, pior ainda, quando nem chegam a ser integradas), as novas ferramentas podem inibir o desempenho, aumentar os custos e destruir a inovação. Em suma, as ferramentas só são eficazes se pessoas e organizações confiarem nelas e as usarem.[43]

Em 2007, o economista Robert Solow observou que "a era da computação pode ser vista por toda parte, menos nas estatísticas de produtividade", apontando para um paradoxo que tem dificultado a vida tanto de acadêmicos quanto de gestores.[44] Esse *paradoxo da produtividade* (também chamado de "paradoxo de Solow") chama nossa atenção para um amplo problema, que inclui setores inteiros, muito parecido com os problemas de empresas e de projetos abordados neste livro: como é possível beneficiar-se do enorme potencial de inovação possibilitado pelas novas ferramentas de experimentação? Um estudo conduzido pelo McKinsey Global Institute traz algumas observações interessantes.[45]

O estudo, conduzido ao longo de um ano, analisou, entre outras questões, o papel da tecnologia da informação e seu impacto na produtividade entre 1995 e 2000. Com a ajuda de um comitê consultivo acadêmico que contou com a participação de Solow, o instituto analisou 59 setores econômicos e não encontrou uma correlação significativa entre a intensidade dos investimentos em TI e os saltos de produtividade nos Estados Unidos. No entanto, uma análise mais profunda dos seis setores econômicos que impulsionaram a maioria dos saltos de produtividade observados (varejo, atacado, investimentos, telecomunicações, semicondutores e fabricação de computadores), combinados com três setores que *não conseguiram* transformar grandes investimentos em TI em ganhos de produtividade (hotelaria, bancos de varejo e telefonia de dados de longa distância), levou a alguns resultados intrigantes. Grande parte dos saltos dos seis setores mais produtivos foi explicada por alterações básicas na maneira como as empresas entregavam produtos e serviços, que, em alguns casos, foram reforçadas com tecnologias novas ou antigas. Os autores do estudo concluíram: "Os resultados sugerem que é só quando a TI possibilita inovações gerenciais, facilita a reorganização de funções e tarefas em abordagens mais produtivas e é aplicada em atividades de mão de obra intensiva que a tecnologia faz uma grande diferença no aumento da produtividade".[46]

O potencial das ferramentas de experimentação traz à tona questões e problemas parecidos no que diz respeito a melhorias de desempenho resultantes da inovação. O exemplo da equipe de iatismo da Nova Zelândia, que vimos no Capítulo 1, e as experiências de outras empresas mostraram que é possível melhorar o desempenho investindo menos na tecnologia do que os concorrentes. Por mais doloroso que possa ser para as empresas investirem em novas ferramentas de experimentação, essa na verdade é a parte mais fácil. É muito mais difícil confiar nessas ferramentas e usá-las com eficácia ou, em outras palavras, gerenciar a utilização das ferramentas. Isso requer prestar atenção ao envolvimento das pessoas na execução de experimentos e, algumas vezes, resistir à tentação de automatizar todas as etapas. A Booking, empresa que estudaremos no Capítulo 5, projetou deliberadamente suas ferramentas para incluir o engajamento humano, como facilitar o feedback dos usuários.

Atributo 6: Equilíbrio entre *exploration* e *exploitation*

Não é fácil nem simples construir uma cultura de experimentação capaz de equilibrar o paradoxo dos fracassos e dos sucessos, da experimentação e da padronização e, por fim, dos objetivos de longo e de curto prazo. Saber equilibrar essa tensão entre criar valor por meio da inovação (*exploration*) e capturar esse valor por meio das operações (*exploitation*) é fundamental para o sucesso da organização.[47] Encontrar o equilíbrio certo será um grande desafio para a gestão, da mesma forma como foi um grande desafio para Thomas Edison, quando ele se propôs a ganhar dinheiro com as invenções de sua organização. O problema era que a cultura da "fábrica de experimentação" de Edison o impedia de adotar os métodos de produção em massa necessários para explorar comercialmente as invenções criadas em seu laboratório. Mesmo 20 anos depois de Edison ter se decidido por uma estratégia de manufatura baseada em reduções sistemáticas de custos, suas instalações de West Orange ainda não estavam conseguindo obter o design padronizado e os longos turnos de produção necessários.[48] As instalações de produção eram de "uso geral", com designs de engenharia em constante mudança e turnos de produção relativamente curtos. O fato de o laboratório ter sido montado perto da fábrica, uma estratégia que tinha sido tão eficaz para a experimentação, passou a ser uma desvantagem: a demanda por produtos manufaturados passou a ter mais importância que a conclusão de processos de design. O historiador Andre Millard resumiu assim os desafios enfrentados por Edison:

> O legado da cultura inovadora priorizava a experimentação à engenharia de produção. Na hierarquia das instalações de West Orange, os pesquisadores do laboratório ficavam acima dos supervisores do chão de fábrica. Melhorar o produto ficava muito acima na lista de prioridades do que se ater a um único design estável, além de ser muito mais gratificante para os experimentadores e seu chefe. Embora esses valores estivessem de acordo com a cultura de inovação, eles só conseguiam ser mantidos com altos custos de fabricação.[49]

Hoje em dia, as empresas que se concentram em usar as operações para beneficiar-se do valor criado pela inovação (*exploitation*) descobriram que os mesmos fatores que resultaram em seu sucesso também estão reduzindo sua capacidade de inovar (*exploration*), o que, de certa forma, é o contrário do problema de Edison. A padronização de processos e a busca da eficiência podem impedir uma organização de aprender com os fracassos, com a experimentação e a inovação. Se isso estiver acontecendo, a liderança da empresa precisa intervir. Jeff Bezos chama esse processo de *perambular*, observando que, "no contexto dos negócios, perambular não é eficiente, mas também não é aleatório... A perambulação é um contrapeso essencial para a eficiência. É preciso usar as duas abordagens. As maiores descobertas – aquelas "não lineares" – têm grandes chances de também resultar da perambulação".[50]

Vejamos o exemplo da ams AG, a designer austríaca de semicondutores e fabricante de sensores, chips wireless e outros produtos de alto desempenho para clientes dos mercados de consumo, industrial, médico, comunicações móveis e automotivo. Em geral, as aplicações requerem uma enorme precisão, exatidão, amplitude dinâmica, sensibilidade, além de um consumo de energia excepcionalmente baixo. Para aumentar sua vantagem técnica, a ams implementou uma grande iniciativa de experimentação em janeiro de 2007, sob o comando do então CEO, John Heugle.[51] Todos os funcionários foram encorajados a propor experimentos a um coordenador centralizado. Os experimentos precisavam ter objetivos diferenciados de aprendizagem e as atividades sugeridas não podiam incluir atividades "normais", como estudos de viabilidade para os clientes e outras tarefas rotineiras. A empresa aprovou cerca de dois terços dos experimentos propostos, mas seus custos não foram calculados nem contabilizados em planilhas de horas trabalhadas nem relatórios de trabalho. A questão é que os experimentos não foram supervisionados pela gestão: os funcionários tiveram as ideias e criaram e conduziram os testes sozinhos – tudo isso somado às suas responsabilidades normais.

Para documentar essas atividades, a empresa publicou anualmente a metodologia dos experimentos. Em novembro de 2012, a ams já tinha documentado 369 testes concluídos, dos quais mais de 80% eram de natureza técnica, cerca de 10% eram organizacionais e o restante relacionado a marketing e vendas. Bônus foram concedidos aos melhores experimentos, e o sucesso foi medido de acordo com os resultados ou objetivos de aprendizagem atingidos. Além disso, a ams realizou experimentos envolvendo a empresa toda, como o evento "Jornada de 24 horas", durante o qual os funcionários abandonaram todas as suas tarefas cotidianas e passaram 24 horas a fio trabalhando nas próprias ideias.

No fim, muitos dos experimentos da ams se tornaram ponto de partida para novos projetos, melhorias de produtos, novas patentes e propostas de novos produtos. Foi assim que a experimentação ajudou a empresa a garantir um bom número de novos produtos no pipeline, adiantando-se à recuperação da economia depois da crise global de 2008. Em outras palavras, enquanto as outras empresas reduziam suas atividades de inovação, a liderança da ams não só manteve a experimentação como também aumentou os investimentos. A empresa lançou uma importante iniciativa, conseguiu atingir o delicado equilíbrio entre a eficiência e a promoção de uma cultura de experimentação e empoderou seus funcionários para tentar coisas novas. Com isso, a empresa estava bem posicionada quando o mercado se recuperou, enquanto os concorrentes foram pegos despreparados.

Atributo 7: Capacidade de adotar um novo modelo de liderança

De acordo com vários relatos, as empresas estão acumulando caixa. É verdade que a liquidez financeira tem suas vantagens e nunca é bom investir às cegas em iniciativas imprudentes. No entanto, no que diz respeito à inovação, poupar demais também pode ter suas desvantagens, principalmente se o resultado for a redução do pipeline de novos produtos e serviços da empresa. Esse é um perigo enfrentado pelas empresas extremamente eficientes, que dão grande valor à padronização, otimização e baixa variabilidade. Essas empresas não investem o suficiente na experimentação e podem acabar vulneráveis.

A 3M aprendeu essa lição a duras penas. Quando o CEO James McNerney saiu da empresa, seu substituto, George Buckley, se pôs a desfazer algumas ações de seu antecessor. Ele aumentou consideravelmente o orçamento de P&D e livrou os pesquisadores das garras do Seis Sigma. "A invenção é, por sua própria natureza, um processo desordenado", Buckley explicou. "Não dá para impor o Seis Sigma a essa área e dizer: 'Estou ficando para trás nas invenções, então vou me programar para ter três boas ideias na quarta-feira e outras duas na sexta'. Não é assim que a criatividade funciona".[52] As sábias palavras de Buckley explicam bem por que a inovação nunca será um processo completamente previsível nem altamente eficiente. Os executivos se beneficiariam de lembrar-se dessa simples verdade e investir na promoção de uma cultura capaz de dar suporte à experimentação em grande escala.

Os líderes também precisam levar em conta a hierarquia. De acordo com Scott Cook, cofundador e presidente de longa data do comitê executivo da Intuit, as empresas em geral se tornam menos inovadoras à medida que crescem, e o culpado costuma ser a distância maior entre os níveis superior e inferior. As ideias mais criativas tendem a vir dos níveis mais baixos da organização, e esses tipos de iniciativa costumam ter dificuldade de percorrer o labirinto organizacional e subir pelos escalões hierárquicos até a aprovação da alta gestão. Acontece muito de as melhores ideias serem bloqueadas no meio do caminho pela política interna e pela inércia da organização. Para que isso não aconteça na Intuit, Cook está trabalhando para transformar a cultura da organização. Na empresa, as principais questões que devem ser respondidas para decidir se uma iniciativa deve ou não avançar são as seguintes: "Qual experimento você realizou?", "Quais foram as suas suposições do tipo 'salto de fé'?". E, se ainda não foi feito nenhum teste, a pergunta passa a ser: "Com que rapidez você consegue fazer um experimento para que possamos usar os resultados para tomar uma decisão?".

No entanto, tudo isso levanta uma questão complicada no que diz respeito à alta gestão: se todas as decisões importantes serão tomadas por meio da experimentação, qual é a função dos líderes seniores? Cook diz que uma de suas novas funções na Intuit é simplesmente facilitar a condução de experimentos por toda a empresa. Ele observa, por exemplo, que um grande obstáculo sempre foram as questões jurídicas, porque, por sua própria natureza, as inovações radicais tendem a esbarrar nos limites do permissível. É mais fácil definir limites legais para coisas que já existem ou estão prestes a existir do que para inovações que ainda não são conhecidas. Portanto, para reduzir esse obstáculo, a Intuit implementou um sistema no qual, se um experimento proposto atender a determinadas diretrizes gerais predefinidas, um teste é pré-aprovado e pode ser realizado sem a necessidade de consultar o departamento jurídico corporativo. Esse sistema é só um exemplo de como Cook está transformando a Intuit em uma organização mais orientada à experimentação. Em uma entrevista à revista *Inc.*, Cook resumiu uma de suas novas atribuições na empresa: "Criar sistemas e uma cultura para podermos tomar decisões usando experimentos de ciclo rápido em vez de apresentações em PowerPoint, manobras políticas e posições hierárquicas".[53]

O caminho da inovação nas organizações maiores

As verdadeiras organizações de experimentação adotam um novo modelo de liderança (veja o quadro "A liderança e a experimentação em grande escala"). Em vez de ver os líderes principalmente como tomadores de decisão, o modelo inclui três responsabilidades importantes. Em primeiro lugar, o trabalho de um executivo sênior é propor um desafio grandioso que pode ser dividido em hipóteses testáveis e métricas-chave de desempenho (como "Oferecer ao cliente a melhor experiência do setor"). Em segundo lugar, eles precisam implementar sistemas, recursos, designs organizacionais e padrões (como ferramentas, gerenciamento de programas, treinamento de habilidades) que permitam uma experimentação em grande escala confiável. E, em terceiro lugar, os executivos precisam servir de exemplo para todos os funcionários. Para tanto, eles precisam seguir as mesmas regras que todos os outros: suas ideias devem ser submetidas a testes e eles devem exigir que os experimentos, não apenas os lançamentos de novas funcionalidades ou produtos, sejam integrados aos planos da organização. Os líderes também precisam receber as surpresas de braços abertos e observar com muita atenção os sete atributos culturais descritos neste capítulo. O momento decisivo ocorre quando os resultados das experiências são incorporados às reuniões regulares da gestão e aos fluxos de trabalho, como já acontece com as análises financeiras.

A liderança e a experimentação em grande escala

Entrevista com Mark Okerstrom, CEO do Grupo Expedia

Stefan Thomke (ST): Qual é a importância do método científico no Grupo Expedia?

Mark Okerstrom (MO): O método científico é absolutamente crucial para definir as operações e garantir a vantagem competitiva do Grupo Expedia. A qualquer momento, estamos realizando centenas, senão milhares, de experimentos simultâneos envolvendo milhões de visitantes. Quando os experimentos funcionam, eles são implementados globalmente. Entre 2016 e 2018, só a marca Expedia realizou milhares de testes de produtos por ano só para melhorar o produto/experiência do usuário, e só para uma marca. Fazemos a experimentação em grande escala em todas as nossas outras marcas. Além da inovação para melhorar a experiência do usuário, experimentos são realizados em várias áreas, incluindo recursos humanos, vendas e publicidade televisiva tradicional. São aproximadamente sete mil líderes de produtos, engenheiros e cientistas de dados envolvidos ativamente na experimentação. De um jeito ou de outro, a maioria dos nossos mais de 25 mil funcionários contratados também usa o método científico.

Também envolvemos muitos de nossos parceiros externos na tarefa de testar hipóteses conosco para encontrar maneiras melhores de trabalharmos em colaboração.

ST: Qual é o papel do CEO na criação de uma cultura de experimentação em grande escala?

MO: Meu papel, como CEO, não é dizer quais decisões de produto estão certas ou erradas. Uma das minhas funções mais importantes é ser uma espécie de arquiteto do sistema organizacional. Preciso garantir que todos os elementos essenciais sejam disponibilizados para criar um ambiente propício à inovação e à experimentação. Preciso garantir que a cultura, os incentivos, os recursos, os processos de negócio e o design organizacional corretos sejam implementados. Também ajuda ter uma plataforma em comum, além de ferramentas e métricas padronizadas entre diferentes marcas e divisões. Em seguida, precisamos treinar as pessoas para entender o método científico, saber formular uma boa hipótese, saber o que é um produto mínimo viável e encontrar maneiras eficientes e de baixo custo para criá-los e testá-los. Todos precisam saber que o fracasso (e muitas vezes, um grande número de fracassos) é um requisito para atingir o sucesso, e muitas pessoas têm dificuldade de entender isso.

Para chegar aonde estamos hoje, o Grupo Expedia precisou passar por uma verdadeira revolução cultural, uma transformação encabeçada pela equipe de liderança sênior da empresa. Na verdade, esse trabalho ainda está sendo feito... E não sei se um dia será concluído. Nas primeiras ondas dessa transformação, tivemos de informar à alta gestão que eles não tinham autoridade para decidir exatamente como o site seria só porque ocupavam uma posição no topo da hierarquia. "Vamos testar" e "Testar e aprender" se tornaram o mantra da empresa. Qualquer ideia ou hipótese, não importa quem a teve ou quem a formulou, tem o mesmo potencial de ser considerada para ser testada. Só que essas mudanças culturais não aconteceram da noite para o dia. Levamos vários anos para orientar a cultura à direção certa e expandir o método científico por toda a empresa... e, também nesse caso, o trabalho ainda não está terminado.

ST: Que conselho o senhor daria aos outros CEOs?

MO: Num mundo cada vez mais digital, se vocês não fizerem a experimentação em grande escala, sua empresa não terá como sobreviver em longo prazo (e, em muitos setores, em curto prazo). Os seres humanos são melhores em tomar decisões quando as informações não são numerosas e são difíceis de coletar. As pessoas têm essa grande capacidade de assimilar dados de fontes não digitais e tomar decisões importantes em um ambiente incerto. Só que, uma vez que você vive em um ambiente rico em dados, precisa criar sistemas para se beneficiar dessa incrível vantagem. O Grupo Expedia faz experimentos com centenas de milhões de usuários. Não precisamos adivinhar o que os clientes querem porque temos a capacidade de conduzir levantamentos em massa com os clientes e fazer isso repetidas vezes para que eles nos digam o que querem. Se as empresas não fizerem isso, se não avançarem nessa direção, até poderão dar sorte por um tempo, mas, no fim, qualquer concorrente com um verdadeiro sistema de experimentação real vai acabar vencendo. Sem exceção.

ST: Quais são as maiores dificuldades de realizar experimentos em grande escala?

MO: Com tanta capacidade de teste ao alcance das mãos, as equipes podem tender a fazer muitas inovações incrementais e imediatas e não assumir riscos suficientes nem pensar no longo prazo. As pessoas podem se focar demais em fatores que podem ser mensurados com precisão, que podem ser controlados e de fácil otimização. Por isso, cabe à minha equipe de liderança sênior ter uma visão mais abrangente tanto do Grupo Expedia quanto do mundo em geral. Incentivamos nossas equipes a pensar em curto prazo mas também em prazo mais longo, a equilibrar riscos maiores e ponderados com riscos menores, e pensar na plataforma e no ecossistema como um todo e não só em seus silos e nos fatores que eles têm como medir diretamente. Também explico às nossas equipes que os experimentos não são a única maneira de gerar insights. Como combinar a experimentação com a pesquisa qualitativa? Como saber quais são as verdadeiras motivações e necessidades dos usuários? No fim, o que importa é a velocidade na qual uma organização é capaz de aprender. Meu trabalho é acelerar essa aprendizagem de todas as maneiras possíveis.

Os gestores também precisam ter paciência. Exigir que todos os experimentos tenham sucesso só vai aumentar os falsos positivos. Como já vimos, as pessoas querem muito provar que uma ação melhora o desempenho, normalmente confirmando uma intuição ou ideia. Se, ainda por cima, essas pessoas forem pressionadas pela gestão, elas tenderão a verificar os resultados a cada hora ou até a cada minuto. Assim que virem resultados que comprovam sua suposição, elas declaram vitória e reportam os resultados a seus superiores.[54] O problema é que não é assim que a experimentação funciona. Os bons experimentos se baseiam em princípios estatísticos, que por sua vez usam os efeitos médios de amostras de tamanho suficiente. As reações dos clientes podem variar no decorrer de um experimento devido a eventos aleatórios ou isolados e até previsíveis, como mudanças climáticas sazonais, fins de semana e feriados. (Não deveríamos nos surpreender, por exemplo, com um aumento nas vendas de chocolate antes da Páscoa.) Para minimizar esses efeitos, é melhor decidir com antecedência o tempo de execução de um experimento. Em algumas empresas on-line, esses tempos de execução são de várias semanas (geralmente duas), a menos que os pesquisadores percebam logo no começo que o teste está indo muito mal ou que está com problemas (como bugs).

Para criar uma verdadeira cultura de experimentação, os líderes precisam garantir que a cultura incorpore os sete atributos discutidos neste capítulo. A tarefa de criar essa cultura nunca estará concluída, mas algumas organizações conseguiram se destacar em todos os sete atributos. No Capítulo 5, conheceremos uma organização como essa. Também aprenderemos como uma verdadeira organização de experimentação aumenta o jogo de inovação de uma empresa e melhora sua capacidade de competir.

5

Nos bastidores de uma organização de experimentação

A experimentação é o método menos arrogante
de obter conhecimento.
— Frase atribuída a Isaac Asimov, autor e cientista

Em 2012, a equipe de Fórmula 1 Lotus surpreendeu a todos com seu desempenho em sua primeira temporada na competição. O piloto Kimi Räikkönen ficou em terceiro lugar na classificação geral (dos 25 pilotos), e a Lotus ficou à frente da Mercedes, que vencera o campeonato todos os anos desde 2014. E tudo isso apesar de a Lotus ter um orçamento anual de apenas US$ 180 milhões, muito menor que o orçamento de algumas outras equipes. A Lotus sabia que não bastava investir dinheiro e tecnologia para garantir o sucesso na competição, uma lição que a Toyota levou oito temporadas competindo na Fórmula 1 para aprender. A Toyota não conseguiu uma única vitória na competição (em 140 corridas), apesar de investir mais do que todas as outras equipes (só em 2008, investiu US$ 446 milhões). Na verdade, muitos outros fatores são necessários para atingir o sucesso na Fórmula 1, incluindo pilotos, habilidades e tecnologias excepcionais, aprendizagem rápida, verba suficiente e, naturalmente, uma equipe que pisa no acelerador no processo de experimentação. O diretor técnico da Lotus explicou o desafio: "Todos os anos, tentamos reduzir nosso tempo em cerca de 1,5 segundo por volta. Para fazer isso, precisamos de um chassi e uma aerodinâmica completamente novos. Mas não é só isso. Também precisamos continuar desenvolvendo o carro durante a temporada. Produzimos umas 30 mil alterações de design por ano".[1]

Como uma equipe de Fórmula 1 consegue fazer 30 mil alterações de design em um ano e competir ao mesmo tempo? Assim como a otimização da experiência do cliente em plataformas on-line, os carros de Fórmula 1 precisam ser continuamente aprimorados e ajustados durante uma frenética temporada de corridas. Por esse motivo, a experimentação precisa estar perfeitamente integrada à organização da empresa, com um processo implacável de testes usando simulação por computador, túneis de vento, simuladores de pilotagem e pistas de corrida. Tanto que, em 2013, por causa da enorme vantagem que a experimentação em grande escala dava às equipes sobre as concorrentes, os reguladores da Fórmula 1 passaram a impor rigorosos limites aos testes: 40 horas de simulação por computador seguidas de 60 horas de pausa; 15 testes de túnel de vento por dia; 12 dias de testes em pistas na pré-temporada e assim por diante. Desse modo, a capacidade de obter mais valor a cada hora de teste tornou-se uma nova fonte de vantagem competitiva para as equipes. Por exemplo, os pilotos passaram a ter de dar aos engenheiros um feedback bastante preciso sobre o comportamento do carro depois de uma alteração no design. Esse feedback levava a mais experimentos, que exigiam mais feedback e aprendizado para melhorar o carro até seu máximo desempenho. O CEO da Lotus resumiu da seguinte forma a abordagem da equipe:

> Antes do início da temporada e antes de cada corrida, carregamos as características da pista e do carro no simulador de pilotagem em tamanho real que criamos para reproduzir ao máximo a dinâmica real do carro na próxima corrida. Temos como reproduzir o efeito que a mudança de uma peça terá sobre o carro. Depois de dirigir o carro no simulador, o piloto nos dá seu feedback, que usamos para alterar a peça. Como as regras restringem o tempo de teste na pista, o simulador é importantíssimo para podermos coletar as impressões do piloto sobre as alterações no carro.[2]

Silos organizacionais, demora na tomada de decisão e problemas de comunicação eram garantias de fracasso nessa competição extremamente veloz. Para competir, as equipes tiveram de dominar a aprendizagem em alta velocidade.

As empresas que estão escalando suas atividades de experimentação sem dúvida aprenderam essa lição. Elas descobriram que não fica muito pesado para as organizações fazer cerca de dez testes por mês, mas uma escala tão pequena não lhes possibilita os benefícios competitivos dos quais organizações como a Amazon, a Microsoft e o Google desfrutam há anos e que elas continuam colhendo. O problema é que o aumento da escala vem acompanhado de uma série de desafios que muitas empresas nunca enfrentaram antes, pondo em xeque tudo o que elas fazem, incluindo suas práticas de gestão, tomada de decisão e governança, bem como comportamentos, crenças e valores compartilhados. Neste capítulo, analisaremos em profundidade a Booking, que fez com que os experimentos B2B e B2C fossem tão comuns na empresa quanto fazer cálculos financeiros e integrou a experimentação em seu processo decisório. Pelo caminho, a empresa usufruiu de um enorme sucesso financeiro no setor altamente competitivo de viagens. Executivos e funcionários da empresa explicam por que a experimentação é tão importante para a inovação e os negócios. Como o exemplo da equipe de Fórmula 1 Lotus, o caso da Booking pode soar ao mesmo tempo extremo e praticamente impossível de replicar, mas é importante conhecer todos os aspectos do funcionamento de uma empresa como essa – que coloca a experimentação em velocidade máxima – para criar uma organização integrada tendo em mente a experimentação em grande escala.[3]

Entra em cena a Booking

A holandesa Booking.com, conhecida apenas como Booking, nasceu como uma pequena startup em 1996 e, em 2017, já era uma das maiores agências on--line de viagens.[4] As instalações da sede em Amsterdã passaram a ocupar mais de dez prédios para acomodar funcionários de mais de cem nacionalidades. Sua cultura orientada às equipes enfatizava a autonomia e o empoderamento. Os novos funcionários eram selecionados por sua mentalidade de experimentação, que incluía pensamento inovador, tomada rápida de decisões, destemor e disposição para falar abertamente sobre os fracassos. A Booking se orgulhava de conectar os viajantes à maior seleção do mundo de lugares para se hospedar, incluindo hotéis, casas e apartamentos. Todos os dias, mais de 1,5 milhão de diárias eram reservadas em sua plataforma em mais de 1,6 milhão de estabelecimentos em 227 países. Para cumprir sua missão de "fazer com que vivenciar o mundo fique mais fácil para todos", a empresa investiu pesado em tecnologias digitais para "eliminar o desgaste das viagens". A Booking ficou famosa por seu foco implacável no desenvolvimento de produtos centrado no cliente usando experimentos on-line (principalmente os testes A/B) e pela maneira como democratizou a experimentação por toda a organização. Em qualquer dia, sua equipe realizava mais de mil testes rigorosos e simultâneos no site, nos servidores e no aplicativo da empresa para otimizar as experiências do cliente. Com quatrilhões (milhões de bilhões) de permutações de páginas de destino sendo executadas em tempo real, todos os clientes que reservavam uma hospedagem no site faziam parte do ecossistema de experimentação da Booking (veja a Figura 5-1).

A Booking atuava seguindo um *modelo de agência de viagens*, no qual os clientes reservavam hospedagens no site da empresa e pagavam diretamente ao hotel. Em 2018, Gillian Tans, CEO da empresa, explicou: "Com esse modelo, é possível escalar com muita rapidez. Você não precisa de uma infraestrutura de pagamento, e os hotéis se encarregam de administrar o estoque. Os clientes europeus preferem assim. Eles não estão acostumados a pagar adiantado e gostam de ter flexibilidade". A principal fonte de receita da Booking era proveniente de taxas de comissão (de aproximadamente 15% em todo o mundo) por reservas não canceladas, que eram cobradas mensalmente a partir do envio de uma lista de reservas aos respectivos hotéis. No início dos anos 2000, concorrentes como a Expedia, sediada nos Estados Unidos (e fundada em 1996), começaram a entrar no mercado europeu, mas tiveram muitas dificuldades. Os entrantes seguiam um *modelo de comerciante*, reservando um determinado número de quartos em hotéis e recebendo o pagamento dos clientes no momento da reserva. Segundo Tans: "Nossos concorrentes eram mais como agentes de viagens, com passagens aéreas e outras opções para as quais esse 'modelo de comerciante' faz mais sentido. E as margens e o fluxo de caixa deles se beneficiam de receber o pagamento antecipado dos clientes".

Para aumentar o estoque oferecido em sua plataforma, a Booking criou uma rede global de hotéis e acomodações, que a empresa chama de "parceiros". Adrienne Enggist, diretora de mensagens sobre produtos, explicou: "Somos uma plataforma bilateral. Um dos nossos desafios mais interessantes é nos posicionar para fazer a ponte entre os dois lados. Possibilitamos que um hóspede encontre uma acomodação e que nosso parceiro mostre suas ofertas da melhor maneira possível". Desde o começo, a Booking sempre facilitou aos parceiros entrar na rede de acomodações da empresa e apresentar suas opções de hospeda-

FIGURA 5-1

Página de destino da Booking

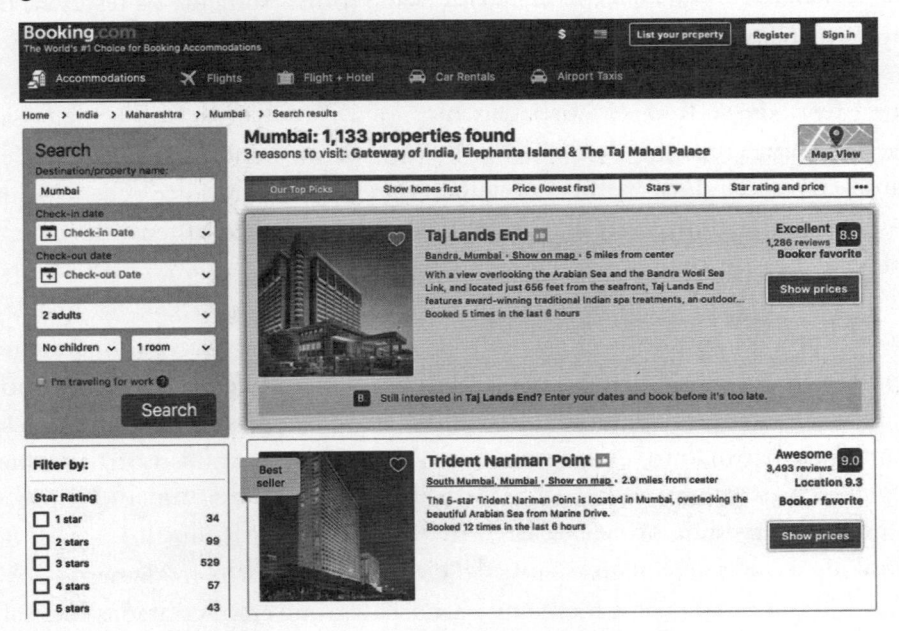

Fonte: S. Thomke e D. Beyersdorfer. "Booking.com." Harvard Business School Case No. 619-015. Boston: Harvard Business School Publishing, 2018.

gem, dando acesso a sua extranet, seu aplicativo e seu banco de dados em vez de fazer como as outras agências on-line de viagens, que os obrigavam a passar por demoradas negociações e esperar para que suas ofertas fossem disponibilizadas na internet. Os parceiros podiam se conectar diretamente à plataforma e administrar sua oferta, informando o número de quartos que queriam disponibilizar e o preço que eles mesmos definiam. Para recrutar e dar suporte aos parceiros, a Booking tinha 200 escritórios espalhados pelo mundo, com quatro mil gerentes de vendas atuando como embaixadores regionais e suporte de vendas para novos parceiros. Apesar de a maioria das novas adesões ser feita por meio de um link automatizado, os parceiros maiores ainda valorizavam a interação pessoal. O valor agregado da empresa consistia em oferecer aos hotéis uma plataforma popular para disponibilizar suas ofertas ao redor do mundo. A Booking também ajudava os proprietários dos estabelecimentos a administrar melhor seus negócios, disponibilizando ferramentas analíticas (informações sob demanda, precificação, estatísticas agregadas de concorrentes, avaliações de hóspedes etc.).

Em 2017, em resposta ao Airbnb e outros concorrentes que entraram no mercado oferecendo "acomodações alternativas", a Booking aumentou sua oferta desse tipo de hospedagem para 1,2 milhão de casas e apartamentos (um aumento de 53% em relação ao ano anterior).[5] A empresa também realizou, em vários mercados, testes com ofertas de "experiências no destino", como ingressos para atrações turísticas. Em dezembro de 2017, as ofertas da Booking já incluíam mais de 1,6 milhão de propriedades (hotéis, apartamentos, casas de campo e de praia, pousadas e muito mais) em 120 mil destinos. Seu site e aplicativo estavam disponíveis em 43 idiomas. A Booking empregava 15 mil pessoas em 199 escritórios e 70 países. Um terço das pessoas e a maioria das funções corporativas ficavam na sede, em Amsterdã, e o restante ficava em um pequeno centro tecnológico em Israel, em um centro de produtos e de marketing em Xangai e centros de atendimento espalhados pelo mundo. O Priceline Group (atual Booking Holdings), proprietário da Booking, gerou uma receita de US$ 12,7 bilhões em 2017 (um aumento de 18% em relação a 2016). Analistas do setor estimaram que cerca de 70% a 80% dessa receita foi gerada só pela Booking. As receitas brutas com reservas de viagens do Priceline Group foram de US$ 81,2 bilhões (um aumento de 19%), com um lucro bruto de US$ 12,4 bilhões (um aumento de 21%).[6] Em dezembro de 2017, o valor de mercado do Priceline Group já se aproximava dos US$ 90 bilhões. Também nesse caso, os analistas atribuíram a maior parte do sucesso financeiro da holding à Booking.

O poder dos experimentos

O foco da Booking na otimização das experiências do cliente permaneceu inalterado desde a fundação da empresa. David Vismans, diretor de produtos, explicou: "Se você quiser ter sucesso, precisa oferecer uma excelente experiência ao cliente. Esse deve ser seu único foco ao desenvolver seus produtos. Para que os clientes voltem, sempre que eles entram em contato com seu site, a experiência precisa ser mais gratificante do que a oferecida pelos concorrentes". Para descobrir o que os clientes consideravam gratificante, os desenvolvedores do site testavam continuamente ideias para melhorar a experiência com o produto por meio de experimentos controlados on-line e pesquisas qualitativas. Os fracassos eram aceitos como um subproduto normal do processo, desde que acelerassem a melhoria. Lukas Vermeer, *product owner* sênior de experimentação, observou: "Chamamos esse processo de desenvolvimento de produtos centrado no cliente e fundamentados em evidências. Todas as nossas decisões sobre os produtos se baseiam em evidências confiáveis sobre o comportamento e as preferências do cliente. Acreditamos que a experimentação controlada é a melhor abordagem para criar os produtos que os clientes querem".

O tipo mais simples de experimento controlado era um teste A/B (veja o Capítulo 3), que colocava A (o controle, também chamado de "campeão") contra B (uma modificação que tenta melhorar algo, também chamada de "desafiante"). A modificação podia ser uma nova funcionalidade, uma alteração da página de destino da Booking (como um novo layout), uma alteração no *back-end* (como uma melhoria em um algoritmo) ou um modelo de negócio diferente (como uma oferta de desconto). A Booking usava os testes A/B para descobrir maneiras de otimizar quaisquer aspectos que as equipes de desempenho estivessem buscando melhorar, como vendas, uso repetido, taxas de cliques, conversão ou tempo que os usuários passam no site. Vismans explicou: "Se tivermos de criar um botão 'Reservar', queremos entender qual deve ser a cor dele. Assim, criamos duas versões do site, uma com um botão amarelo e a outra com um botão azul, para testá-las em tempo real com milhões de clientes. Usamos a cor que atrai o maior número de reservas. São nossos clientes que decidem o que fazer com o site, não nossos executivos".[7]

Nem sempre foi fácil decidir entre um desafiante e o campeão. Os gestores tiveram de determinar os indicadores-chave de desempenho (KPIs) ou as métricas que seriam utilizadas para avaliar o desempenho. A principal métrica da Booking era a conversão do usuário, medida em termos de reservas por dia (RPD). No entanto, com o negócio em crescimento e o produto em maturação, também era importante medir o comportamento pós-reserva. Tans explicou: "O problema do RPD é que ele é uma medida de curto prazo e não inclui problemas que podem surgir mais tarde. Digamos que a nossa política de cancelamento fique menos clara. Os clientes pagam sem perceber e depois reclamam nos canais de atendimento ao cliente. É mais difícil detectar essas questões de longo prazo nos experimentos, mas tentamos levá-las em conta, mesmo se for necessário comprometer um pouco a precisão do RPD". Apesar de aproximadamente 80% do pessoal da empresa se concentrar em melhorar a conversão, as equipes tinham a liberdade de incluir outras métricas em seus experimentos.

A Booking não demorou a aprender que não podia confiar em intuição e suposições. "Todos os dias vemos evidências de que as suposições das pessoas costumam ser equivocadas. Nossas previsões do comportamento dos clientes se mostram erradas nove em cada dez vezes", disse Vermeer. A intuição se mostrou pouco confiável em todas as áreas, seja para prever quais cores de botões os usuários iriam preferir ou quais funcionalidades eles valorizariam. Em um experimento, a equipe de produtos achou que poderia melhorar a experiência de reservas incluindo um "índice de caminhabilidade" (*walkability*, em inglês) com base em informações de pesquisas de mercado (veja o quadro "O experimento da caminhabilidade"). O teste foi um fracasso.[8] Tans lembrou outros exemplos: "Pensando nos folhetos de viagens, que oferecem hotéis combinados com outros produtos, acreditamos erroneamente que os clientes gostariam se oferecêssemos esse tipo de pacote. Também achamos que os clientes gostariam que o site tivesse um chat para ajudá-los no processo de reserva. Nenhuma dessas duas ideias funcionou nos nossos testes. É assim que se aprende". Vismans acrescentou: "Passamos nove anos fazendo isso, e é um jeito bem eficaz de criar algo que os clientes valorizem mais ou que considerem mais fácil de usar. Fazemos o que a maioria quer. E, se você fracassar logo, tem como tentar fazer muitas coisas".[9] Vermeer concordou: "É como um tipo de prototipagem rápida. Como somos uma empresa digital, temos muitos pontos de contato com os clientes para testar e otimizar".

O experimento da caminhabilidade

Insight: Pesquisas sugeriam que um dos fatores que os usuários analisam para decidir onde vão se hospedar é a localização da acomodação.

Hipótese alternativa: Mostrar um índice de caminhabilidade (ou seja, quanto os hóspedes gostaram de passear a pé por um bairro) ajuda os usuários a tomar decisões melhores sobre a localização de uma acomodação.

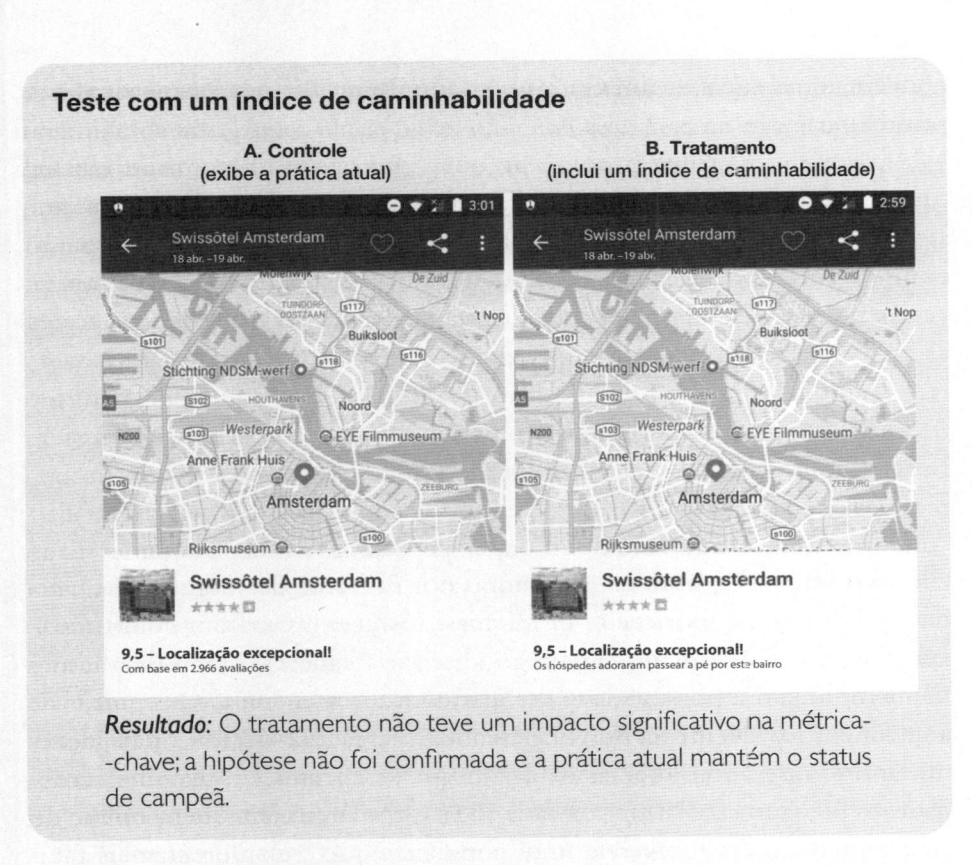

Teste com um índice de caminhabilidade

A. Controle
(exibe a prática atual)

B. Tratamento
(inclui um índice de caminhabilidade)

Resultado: O tratamento não teve um impacto significativo na métrica-chave; a hipótese não foi confirmada e a prática atual mantém o status de campeã.

Fonte: S. Thomke e D. Beyersdorfer "Booking.com." Harvard Business School Case No. 619-015. Boston: Harvard Business School Publishing, 2018.

Uma fonte de inspiração para os testes de pontos de contato foram os insights qualitativos sobre o comportamento do cliente. Para encontrar essas informações, a Booking promoveu um laboratório interno de experiência do usuário (UX) com a participação de 45 pesquisadores, que utilizaram relatórios de feedback, levantamentos on-line, testes de usabilidade, testes com usuários na rua e visitas domiciliares para estudar como os clientes usavam os produtos da Booking no dia a dia. O psicólogo especialista em consumo Gerben Langendijk explicou:

> Nossas equipes de produto podem solicitar testes de funil em nosso laboratório, nos quais observam como as pessoas navegam no site, o que elas acham da página e quais dificuldades costumam ter. Faz toda a diferença para as equipes verem esses resultados, especialmente quando elas acham que uma nova funcionalidade será útil mas os usuários não

a entendem. Os testes na casa dos usuários nos mostram como eles se comportam com nosso produto no ambiente deles, gastando o próprio dinheiro. Também realizamos testes na rua, em bares e cafés aqui em Amsterdã. Mostramos modelos de simulação para que as pessoas possam experimentar uma nova interface de usuário. Também vamos a outros países para analisar mercados específicos e entender as diferentes preferências culturais. Além disso, analisamos maneiras de melhorar a experiência para os nossos fornecedores.

Os dados resultantes eram disponibilizados às equipes, para que pudessem pensar em novas funcionalidades, melhorar as existentes e resolver os problemas dos usuários.[10]

Outra fonte de informações era o departamento de atendimento ao cliente da Booking, disponível 24 horas por dia, sete dias por semana, para dar assistência e suporte em 43 idiomas. Os clientes tinham como resolver muitos problemas on-line, como alterar ou cancelar uma reserva, mas também tinham a possibilidade de falar com um atendente. Os centros de atendimento ao cliente da Booking atendiam cerca de 14 milhões de ligações por ano e observavam que as expectativas dos clientes em relação à qualidade do produto eram cada vez mais altas. O departamento de atendimento encaminhava o feedback relevante para ser usado pelos desenvolvedores em novos experimentos. Onno Zoeter, cientista-chefe de dados observou: "Eles nos dão um feedback importante sobre o lado do cliente, sobre como o nosso produto se sustenta no longo prazo. Investimos muito no atendimento ao cliente. Nosso pessoal de call center remoto têm o mesmo tipo de mesa e cadeira que o nosso CEO e viajam todos os anos a Amsterdã, com todas as despesas pagas, para o encontro e a festa da Booking". Na opinião de Vismans, a vantagem competitiva da Booking era executar seu modelo de negócio por meio de testes em grande escala: "Compramos demanda do Google investindo em publicidade, convertemos essa demanda em reservas, adicionamos um retorno positivo sobre o investimento (ROI) e oferecemos suprimentos com base nessa demanda. E, como temos um KPI correlacionado com nossos resultados financeiros, pedimos que todos façam o maior número possível de experimentos. O único requisito é que todas as alterações sejam testadas. Dessa maneira, podemos obter o efeito cumulativo de muitas pequenas alterações, e, com o tempo, nenhum concorrente vai conseguir nos acompanhar".

A empresa usava a própria versão do conceito do *flywheel* da Amazon (veja a Figura 5-2), como Vismans explicou:

> É um ciclo virtuoso com efeitos de rede, no qual cada componente é um acelerador. Invista em qualquer um deles e, à medida que a roda gira, ela beneficia tudo e gera crescimento. No nosso caso, tudo começa com uma excelente experiência do cliente. Usamos os testes A/B para melhorar a experiência com o produto, o que impulsiona a conversão. Quanto mais pessoas e mais conversões obtemos, mais rápido a roda gira e maior é o tráfego e o ROI do marketing, o que leva a um maior número de parceiros querendo participar da nossa plataforma e em uma maior alavancagem para nós.

Vismans explicou que esse círculo virtuoso disponibilizou aos clientes da Booking uma seleção mais ampla de ofertas, preços mais baixos e um atendimento melhor, o que, por sua vez, levou a experiências melhores para os clientes:

> É um modelo "crescimento gera crescimento". Você não pode negligenciar nenhum aspecto dele. Se a conversão for interrompida, você não terá como cumprir o contrato. Por isso é muito importante ficar de olho nas métricas. Para qualquer nova prática, você precisa definir métricas e usá-las para fazer testes A/B. Você precisa começar a testar se quiser que os parceiros ofereçam mais disponibilidade. No fim, seu modelo de negócio inteiro passa a ser testável. Só que, antes de mais nada, você precisa entender bem a estratégia. Se você fizer testes A/B sem saber como os efeitos de sua rede estão conectados, você só estará correndo sem rumo como uma barata tonta.

A organização de experimentação

Em 2017, a Booking já realizava, a qualquer momento, mais de mil experimentos controlados e simultâneos. (Pelas minhas estimativas, o volume anual supera os 25 mil.)[11] Os experimentos eram lançados e analisados por funcionários de todos os departamentos e conduzidos em todos os produtos, como o site, os aplicativos, as ferramentas utilizadas pelos parceiros, os canais de atendimento ao cliente e os sistemas internos. Um *copywriter* de experiência do

FIGURA 5-2

A roda do crescimento da Booking

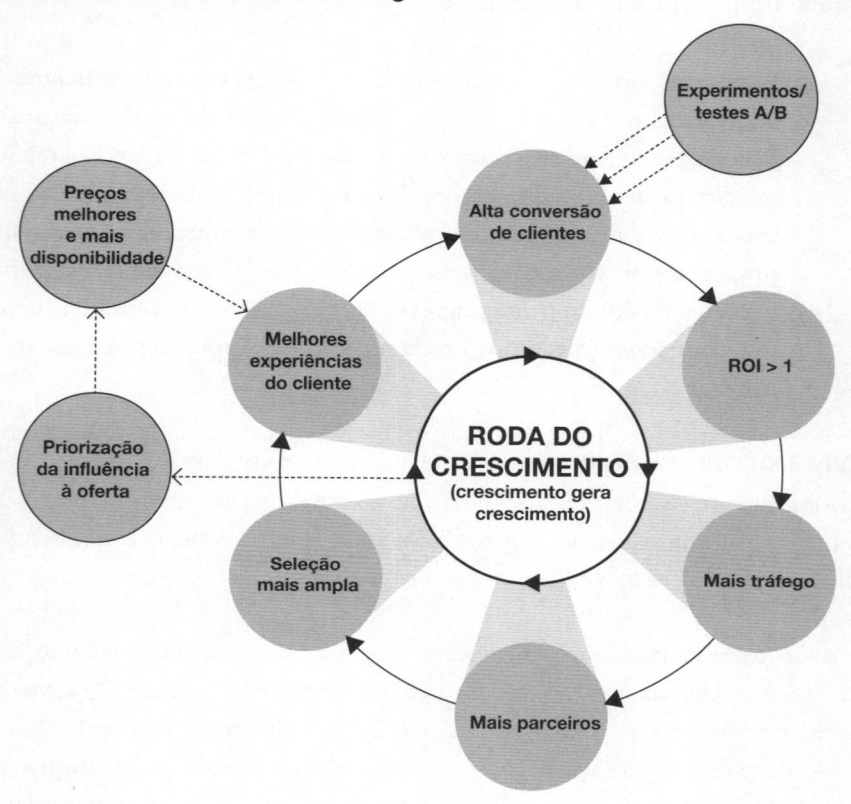

Fonte: S. Thomke e D. Beyersdorfer. "Booking.com." Harvard Business School Case No. 619-015. Boston: Harvard Business School Publishing, 2018.

usuário explicou a velocidade e a autonomia que ele tinha na empresa: "Posso ter uma ideia no café da manhã, ir de bicicleta para o trabalho e ter a ideia implementada em tempo real antes do almoço. Nunca trabalhei em qualquer outro lugar que me desse tanta liberdade para validar minhas ideias". Cerca de 80% dos testes eram realizados no "negócio essencial" – todos os aspectos relacionados à experiência de reservar uma acomodação –, resultando em quatrilhões de diferentes variantes de páginas de destino simultaneamente. Os clientes eram distribuídos aleatoriamente entre controles e variantes, e a maioria dos experimentos era submetida ao tráfego máximo de clientes. Stuart Frisby, diretor de design, observou: "Estamos falando de um número astronômico de permutações. Dois clientes na mesma localidade acessando o site da Booking teriam poucas chances de ver a mesma versão". Andrea Carini, diretora sênior de produtos acrescentou:

> Nossa filosofia é fazer o maior número possível de testes em tempo real com os clientes, e alguns testes requerem várias iterações ou são revistos posteriormente, o que aumenta ainda mais esses números. Tudo é testado, desde redesenhos inteiros e mudanças na infraestrutura até pequenas correções de bugs. Se identificarmos um bug no software, a ideia é garantir que a correção melhore a experiência do usuário. Por isso, dividimos o teste, mantendo o bug no grupo A e alocando a correção para o grupo B, a fim de garantir que o novo código realmente resolve o problema e não prejudica as métricas do cliente.

A plataforma de experimentação

A Booking construiu uma plataforma (ou conjunto de ferramentas) de experimentação interna para garantir que os testes pudessem ser executados com facilidade por todos mas também fossem rigorosos em sua execução (veja a Tabela 5-1). A empresa tinha uma equipe de sete pessoas dedicada à experimentação essencial, liderada por Vermeer e por parte do departamento de infraestrutura essencial, responsável pela infraestrutura e pelas ferramentas de experimentação e por fornecer treinamento e suporte à organização toda. Vermeer explicou: "A missão da minha equipe é possibilitar que todos os nossos funcionários façam experimentos com autonomia". Cinco equipes de suporte secundárias foram alocadas nos departamentos de produto da Booking, enquanto outras equipes de suporte foram transferidas para os parceiros e o atendimento ao cliente, para ajudá-los a acelerar a experimentação. Vermeer explicou: "As equipes se especializam em um produto, trabalham no mesmo andar e participam das mesmas reuniões". Outras equipes se especializaram em melhorar a plataforma de experimentação ou se dedicaram a explorar metodologias estatísticas avançadas.

As equipes de suporte dividiam seu tempo entre dar "suporte técnico" para os experimentos conduzidos em seus departamentos, preparar relatórios para informar a gestão do andamento dos experimentos e melhorar as ferramentas e métricas. Vermeer enfatizou a importância da autonomia: "Se uma equipe achar que precisa de e-mails de lembrete para acompanhar seus testes, nada a impede de criar esse recurso. E, se a funcionalidade se mostrar eficaz e for solicitada por outras equipes, nós a centralizamos e a distribuímos a todos. Cada equipe reporta a seu departamento, mas todo dia eu visito equipes diferentes. As equipes também têm reuniões regulares e eventos trimestrais de um dia fora do escritório para compartilhar as melhores práticas".

TABELA 5-1

Os princípios de design da plataforma de experimentação da Booking

Repositório central de sucessos e fracassos	Descrições de todas as iterações de todos os experimentos e das decisões finais ficam disponíveis a todos os experimentadores.
Genericidade e extensibilidade	O design experimental é generalizado. Os relatórios são automatizados e o produto é logicamente comprovado.
Dados confiáveis	A validade dos dados é monitorada calculando métricas compartilhadas em dois pipelines de dados separados.
Baixo acoplamento	A lógica dos negócios e a infraestrutura de experimentação são mantidas deliberadamente separadas.
Criação de salvaguardas	Uma metodologia robusta é incentivada e são fornecidas verificações de qualidade dos dados, mas não regras nem automação.

Fonte: S. Thomke e D. Beyersdorfer. "Booking.com." Harvard Business School Case No. 619-015. Boston: Harvard Business School Publishing, 2018.

A plataforma da Booking foi concebida para tornar a experimentação acessível a todos. Para incentivar a abertura, a plataforma disponibilizou um repositório central pesquisável de experimentos feitos no passado, com descrições completas de sucessos, fracassos, iterações e decisões finais. Modelos padronizados permitiam que diferentes departamentos criassem experimentos para diferentes produtos com o mínimo de improvisação, e processos como recrutamento de usuários, randomização, registro do comportamento dos visitantes e relatórios foram automatizados com um conjunto de APIs (interfaces de programação de aplicações). Para garantir que os experimentos fossem confiáveis, a validade dos dados era monitorada calculando uma série de métricas compartilhadas em dois pipelines de dados completamente separados, mantidos pelos engenheiros para detectar bugs rapidamente. Várias salvaguardas foram incorporadas à plataforma, permitindo que os experimentos fossem monitorados tanto pelos experimentadores quanto pela comunidade, antes e durante sua execução. Vermeer explicou: "Pode até ser um pouco irônico, mas é a centralização da nossa infraestrutura de experimentação que possibilita nossa descentralização organizacional. Todo mundo usa as mesmas ferramentas. Essa prática promove a confiança nos dados dos outros, abre um canal de discussão e permite a reponsabilidade. Algumas empresas como a Microsoft, o Facebook ou o Google podem ser mais avançadas tecnicamente em áreas como aprendizado de máquina, mas nossa abordagem de usar testes A/B simples nos ajuda a engajar todas as pessoas. Nós democratizamos os testes por toda a organização". Frisby acrescentou: "Cerca de 75% de nossas 1.800 pessoas das áreas de tecnologia e produto usam ativamente a plataforma de experimentação, que é enorme. E agora também estamos incluindo os parceiros e o atendimento ao cliente".

Vermeer enfatizou a importância do recrutamento e do treinamento de pessoal: "As pessoas que têm mais sucesso aqui são curiosas, abertas a novas ideias, adoram aprender e encontrar soluções, e não se incomodam se alguém diz que estão erradas. Algumas delas são atraídas pela possibilidade de trabalhar em um site com muito tráfego, onde podem validar suas ideias com dados". A equipe de Vermeer foi responsável pelo treinamento para os novos funcionários. "As pessoas esperam já começar aprendendo sobre a ferramenta, mas passamos as primeiras horas falando sobre método científico e, depois sobre experimentos, hipóteses, terminologia estatística, design de experimentos, ética, *compliance* e assim por diante", disse ele. Um funcionário mais experiente era deslocado para explicar o trabalho, apresentar a plataforma e analisar experimentos e decisões para cada recém-chegado. Os novos recrutas também ganhavam acesso a todas as ferramentas e podiam adquirir experiência prática desde o começo.

Cerca de 80 pessoas participaram de um "programa de revisão por pares" que alocava aleatoriamente voluntários para analisar testes, sendo que essa alocação era feita quando os voluntários clicavam no botão "Quero avaliar um experimento aleatório" na plataforma de experimentação da Booking. O design da plataforma ajudava a postar feedback, oferecendo a possibilidade de fazer comentários e criar tópicos de discussão, apresentando um guia para elaborar as avaliações, entre outras ferramentas. Recentemente, a Booking lançou um programa de Embaixadores da Experimentação, um grupo composto de cerca de 15 funcionários experientes para fornecer um suporte adicional às equipes de produto. Os embaixadores não faziam parte do grupo de Vermeer, mas eram incluídos em todas as suas comunicações internas e reuniões mensais, além de ter uma linha direta com ele e seu grupo para resolver problemas.[12] Um desenvolvedor observou: "A experimentação na Booking está sempre evoluindo. Chego a dar risada de alguns experimentos que fiz quatro anos atrás, que nem tinham métricas secundárias. E continuamos elevando os padrões, sempre inovando a maneira como conduzimos os experimentos".

Design e cultura organizacional

A Booking era organizada em quatro áreas principais: produtos (a maior), atendimento aos parceiros, atendimento ao cliente e infraestrutura essencial. A estrutura da empresa permaneceu relativamente achatada, com apenas alguns vice-presidentes seniores, *product owners* e gestores de tecnologia, sendo que as decisões eram tomadas pelos níveis mais baixos possíveis. Carini observou: "Nem tudo é impecavelmente organizado e nem todo mundo tem linhas de subordinação claras. Essas são as marcas típicas de uma empresa que apresenta um crescimento exponencial. A Booking tem 21 anos, mas a maioria dos funcionários entrou na empresa nos últimos oito anos. Também não é eficiente ter uma estrutura impecavelmente organizada. Não dá para inovar e reagir rapidamente neste setor em rápida evolução sentado em um cubículo arrumado esperando que lhe digam o que fazer". Vermeer acrescentou: "Algumas pessoas acham difícil lidar com essa estrutura achatada porque pode não ter muito espaço para subir. Mas a vantagem é que todo mundo pode fazer qualquer coisa. As equipes e os funcionários têm uma grande responsabilidade e as pessoas têm a chance de trabalhar em várias áreas diferentes, o que mantém o trabalho interessante e lhes possibilita ver etapas distintas da jornada do cliente". A Booking realizava avaliações de desempenho trimestrais para todos os funcionários, incluindo feedback dos superiores e de colegas e uma autoavaliação.

Por toda a empresa, os funcionários eram organizados em equipes multidisciplinares de seis a oito pessoas. Cada equipe tinha um *product owner* (como faturamento, páginas de destino etc.) responsável pelo direcionamento do produto do ponto de vista dos negócios. O restante da equipe era composto de pessoal técnico (engenheiros e designers), encarregado de criar os códigos e implementar as ideias. Essas pessoas normalmente incluíam um desenvolvedor de *front-end* e *back-end*, um designer, um *copywriter*, um pesquisador e um analista de dados. Qualquer pessoa de uma equipe podia lançar um experimento, mas 90% dos testes foram lançados por equipes e não por indivíduos. Carini observou: "Normalmente a equipe trabalha em estreita colaboração para lançar um teste. O *product owner* apresenta o problema, os engenheiros decidem as variáveis e todos trabalham juntos na hipótese, execução e iteração. Como todos conhecem bem o processo de experimentação, o diálogo entre eles flui bem". No geral, os designers passam cerca de 75% do tempo criando o design dos experimentos e 25% em pesquisa e desenvolvimento profissional. O pessoal mais experiente passa boa parte do tempo orientando os outros. Frisby acrescentou: "Desenvolvo ferramentas como listas reutilizáveis, para os outros designers não precisarem criá-las do zero. Como a maioria dos experimentos fracassa, é interessante que eles sejam concebidos e executados com o menor esforço e tempo possível, mas também com a melhor qualidade. Ferramentas comprovadas e testadas em condições de estresse podem ajudar nisso".

As equipes eram encorajadas a realizar o maior número possível de experimentos. Frisby continuou: "Qualquer um pode fazer o que quiser, brincar com o que quiser. Nada é sagrado, exceto por restrições legais, transparência nos termos de uso e política de privacidade, esse tipo de coisa". Vismans observou: "Depois de decidir que a experimentação é o caminho certo para a sua organização criar produtos e ter as métricas certas, você não tem outra opção a não ser dar autonomia a todos. É a única maneira eficiente de liberar a criatividade da equipe. A taxa de sucesso dos experimentos é tão baixa que você precisa fazer muitas tentativas. Diretrizes da alta administração que interferem na inovação só retardariam o processo. É quase uma anarquia. Melhor ainda, é um caos organizado. Os KPIs e os objetivos garantem que as pessoas saibam o que e como testar". Carini esclareceu: "É claro que também temos os valores compartilhados da empresa, uma fórmula para a maneira como fazemos as coisas, para garantir que as pessoas não façam nada totalmente maluco, como publicar conteúdo ilegal no site. Os valores são: tome suas decisões com base em dados, sempre coloque o cliente em primeiro lugar etc.". (Veja os valores da empresa na Tabela 5-2.)

Em média, nove em cada dez testes fracassavam; em outras palavras, ou não tinham qualquer efeito sobre as métricas selecionadas ou o efeito foi negativo. No entanto, um experimento que fracassou não era um experimento fracassado. Vismans observou que muitas vezes era proveitoso investigar as razões do fracasso. "Por exemplo, tínhamos certeza de que as pessoas se importavam com a qualidade do wi-fi em seus quartos de hotel. Testamos uma funcionalidade que exibia a velocidade do wi-fi em uma escala de 1 a 100 e os clientes não deram a mínima. Foi só quando mostramos se o sinal era forte o suficiente para mandar e-mails ou ver Netflix que os clientes tiveram uma reação favorável." Na conclusão de um experimento, a equipe avaliava se o resultado fora significativo, moderado, moderadamente terrível ou simplesmente terrível. Carini observou: "Com isso, qualquer pessoa de nossa organização, sem precisar ser um engenheiro, pode tirar conclusões rapidamente. Para a maioria dos testes, não precisamos de 100% de certeza. Não estamos no setor farmacêutico, salvando vidas. Normalmente só queremos saber se um botão azul é igual ou melhor que um amarelo, e a alteração não nos custa nada. Para testes que incorrem em custos significativos, como incentivar os clientes com um voucher de US$ 20, precisamos de um padrão mais alto de evidências". Depois de analisar o resultado, a equipe decidia escalonar ou não o tratamento para transformá-lo em uma funcionalidade permanente, que passava a ser a nova referência. Zoeter explicou: "Não vemos problema algum em encontrar melhorias pequenas e até minúsculas e incluí-las rapidamente em nosso site. Até uma melhoria de 1% na conversão pode ter um grande impacto nos nossos resultados financeiros". Frisby acrescentou: "Como as equipes são a unidade de tomada de decisão, podemos ser muito rápidos. Basta o responsável pelo experimento pressionar um botão para ativar uma funcionalidade para milhões de pessoas. Em outras empresas, ele teria de levar os resultados a algum comitê, que tomaria essa decisão. Quando a experimentação é bem feita e você tem as normas culturais certas, não precisa dessas salvaguardas".

TABELA 5-2

Valores compartilhados da Booking

Valor	Descrição
Acreditamos no poder da curiosidade, da experimentação e do aprendizado contínuo.	Temos uma curiosidade e uma motivação genuína para descobrir novas possibilidades. Não nos contentamos com o *status quo* nem tememos o fracasso. Pelo contrário, nos empolgamos com a constante experimentação necessária para conhecer melhor as necessidades dos nossos clientes e adotamos com entusiasmo o aprimoramento contínuo de nossas equipes, produtos e processos.
Temos mais interesse em atingir nosso sucesso juntos do que em nossos objetivos individuais.	Sabemos que as equipes conseguem resultados que seriam impossíveis para uma pessoa sozinha e encorajamos a colaboração. Temos orgulho do que podemos realizar juntos e nos dispomos a deixar de lado nossas ambições pessoais e fazer o que precisa ser feito para a equipe ter sucesso.

Somos despretensiosos, abertos a novas ideias e amistosos, sabendo que nossa diversidade nos fortalece.	Sabemos que nosso verdadeiro inimigo é a arrogância e fazemos questão de lembrar todos os dias que ainda temos um longo caminho pela frente para criar a experiência perfeita para o cliente. É crucial que sejamos mais amistosos e abertos. Nossa diversidade – em todos os aspectos imagináveis – reflete a diversidade de nossos clientes, e a capacidade de incorporar diferentes pontos de vista é fundamental para o nosso sucesso.
Acolhemos as oportunidades de melhorar e sabemos que o sucesso começa com um espírito de participação e responsabilização.	Cada um de nós tem um papel a desempenhar e se responsabiliza com confiança por suas tarefas. Isso significa que não temos medo de assumir as responsabilidades que nos foram atribuídas, admitir nossos erros ou ajudar uns aos outros a melhorar. Temos disposição para agir em nome da empresa como um todo e sabemos que só temos sucesso quando apoiamos e questionamos.
Não tememos as mudanças.	Precisamos nos adaptar às mudanças para podermos responder às demandas em constante evolução dos clientes, à dinâmica do setor e ao alto crescimento. Algumas pessoas vivem ao sabor das mudanças e as evitam a todo custo. Outras tentam sobreviver às mudanças e "aguentam firme". Na Booking.com, usamos as mudanças para melhorar. Acreditamos que as rápidas mudanças são oportunidades e nos empolgamos com as possibilidades que elas trazem.

Fonte: S. Thomke e D. Beyersdorfer. "Booking.com." Harvard Business School Case No. 619-015. Boston: Harvard Business School Publishing, 2018.

Os novos funcionários recebem autonomia com muita rapidez. Willem Isbrucke, *product owner* sênior, lembrou: "Quando entrei na empresa, fiquei impressionado com o nível de confiança. Tive a liberdade de tomar decisões sobre os experimentos desde o primeiro dia e, em uma semana, já tinha o controle total das avaliações dos testes. Digamos que você queira que o site seja cor de rosa. Se tiver qualquer evidência mostrando que essa mudança pode beneficiar os usuários, poderá fazer o teste. É uma diferença enorme em relação às outras empresas em que trabalhei. Quando me dei conta de que podia realizar testes diários envolvendo milhões de pessoas, fiquei nas nuvens".

Essa autonomia toda também gerou alguns desafios para a empresa. Um risco era a possibilidade de equipes e funcionários danificarem algo no site de alto tráfego da Booking, levando-o a sair do ar. Além disso, em uma organização tão descentralizada e de baixo para cima, cada equipe tinha de definir o próprio direcionamento e quais problemas do usuário eles queriam resolver. Para os funcionários, a responsabilidade era enorme. Isbrucker continuou:

"Você não tem onde se esconder aqui, não tem nenhum bode expiatório para culpar se não encontrar nenhuma possibilidade de melhoria, se não conseguir pensar em maneiras de resolver os problemas do usuário ou se quebrar alguma coisa". O questionamento era encorajado e as pessoas entravam em contato com os colegas se encontrassem algo que consideravam duvidoso ou com o qual não concordavam. Qualquer um podia interromper qualquer experimento na Booking, como Vermeer observou: "Na verdade, é raro isso acontecer. Normalmente, se encontrar um problema, você fala direto com a equipe. Por exemplo, você entra em contato com eles e pergunta se notaram que a conversão está caindo 2% e se têm a situação sob controle. Forçar a interrupção do teste de alguma outra equipe era considerado muito agressivo, meio que uma atitude nuclear. Você só faz isso se não tiver outra opção. Por exemplo, você está sozinho no escritório à noite e nota um incidente em alguma região do mundo que requer uma interrupção imediata".

Uma questão que levou a debates acalorados foi o uso de técnicas de persuasão. Por exemplo, as páginas dos produtos apresentavam mensagens como "Reserve agora para não perder este quarto" ou "Com alta demanda" ou "Restam só 3 quartos". A intenção original dessas mensagens era informar os consumidores sobre a disponibilidade, mas algumas pessoas acharam que as mensagens passavam a ideia de escassez e urgência. Os críticos argumentaram que as mensagens podiam induzir os clientes a acreditar que só restavam três quartos no hotel todo, quando, na verdade, essa contagem dizia respeito aos quartos disponibilizados pelo hotel à Booking. Quando os órgãos de defesa ao consumidor se envolveram na questão, a Booking alterou a mensagem para "Restam só 3 quartos no nosso site". Debates sobre questões éticas irrompiam com frequência para decidir se o uso crescente dessas técnicas realmente beneficiava os clientes. Experimentos mostravam que esse tipo de mensagem funcionava – a métrica de conversão melhorava – e os clientes tinham uma reação positiva. Usar técnicas psicológicas também era uma maneira fácil de os novos funcionários mostrarem vitórias rápidas em seus testes. O psicólogo Langendijk explicou: "Quando as equipes me pedem para trabalhar em elementos persuasivos, eu digo que a melhor forma de persuasão é ter um excelente produto. Precisamos ver em quais situações esses elementos fazem sentido – por exemplo, quando um visitante experiente encontra o hotel que quer e está prestes a fazer a reserva – e em quais situações eles podem prejudicar as pessoas, principalmente os visitantes de primeira viagem. Queremos que os clientes fiquem satisfeitos com a experiência de reserva como um todo e voltem muitas vezes". A gestão sênior incentivou essas conversas promovendo fóruns na empresa, como o "grupo de discussões sobre a experiência do cliente" na plataforma de colaboração Workplace, do Facebook. Vismans observou:

> Se as pessoas acham que estamos passando dos limites, forçando a barra ou não estamos sendo totalmente transparentes com os clientes em algum experimento, elas levantam essa questão no fórum. Fazemos uma discussão pública. Sabemos que usar a conversão como nossa única métrica leva a um enorme benefício para a empresa. Mas a métrica não é perfeita. A métrica perfeita seria a fidelidade do cliente, mas, como levaria anos para testar e medir isso, para ver se os clientes permanecem fiéis, tivemos de encontrar uma outra métrica que se aproximasse. Se você fizer um bom teste A/B, ele revelará a maneira mais eficaz de influenciar o comportamento do cliente.

A questão mais importante, segundo Vismans, é saber se o modelo da Booking é a maneira mais sustentável de expandir um negócio. Ele explicou:

> Ainda estamos na idade das trevas. A internet só tem 25 anos... é como se tivéssemos acabado de inventar o fogo. Vai levar um tempo para conseguirmos desvendar o comportamento do cliente. É claro que, se alguém quiser fazer um "experimento maldoso", essa pessoa terá a liberdade para isso. Esse é o preço que pagamos pela autonomia e pelo enorme poder de fogo que ela nos proporciona. Mas nunca vi nada que fosse intencionalmente maldoso ou moralmente questionável, como manipular as pessoas para fazer uma reserva em um hotel cinco estrelas quando elas só podem pagar por um de três estrelas. Por isso eu prefiro evitar comitês de vigilância ou de ética. Essa não seria uma solução escalável. Você criaria um gargalo, e instituir uma espécie de "patrulha" para os testes não ajuda as pessoas a se sentir empoderadas. Prefiro ter uma comunidade que se autocorrige, uma organização que se cura.

Pipeline de hipóteses

As equipes da Booking receberam instruções claras para realizar experimentos em alta velocidade. Para alimentar o pipeline de testes, as pessoas precisavam pensar constantemente em novas ideias, problemas do usuário e pontos de melhoria. As pessoas tinham as ideias conversando com os usuários, usando elas mesmas o produto para reservar acomodações ou com base em experiências prévias. As equipes também podiam solicitar levantamentos, testes de laboratório ou outras pesquisas qualitativas e informar-se sobre problemas e preferências do usuário com o setor de atendimento ao cliente. A empresa tinha um número tão alto de diferentes canais, serviços operacionais e idiomas para otimizar que encontrar ideias para testes não era considerado um grande problema. Cada equipe encontrou uma maneira de administrar o processo de geração de ideias e abastecer seu pipeline de testes.

Desde o lançamento de um processo formal de experimentação na Booking em 2014, as equipes tinham de começar com uma hipótese testável. Vermeer explicou:

> Não tínhamos regras claras antes. Basicamente, você pensava em uma melhoria para o produto, testava A e B e via a opção que recebia mais cliques. Você implementava a melhor opção e passava para o próximo teste. Só que é fácil errar na experimentação quando as coisas são tão pouco estruturadas. Agora, pedimos que as pessoas elaborem o problema que estão tentando resolver e formulem a hipótese que desejam testar na forma de uma declaração refutável que pode ser contestada usando a lógica. Com isso, todos são forçados a pensar bem antes de agir. As pessoas não podem basear-se só em palpites e são forçadas a coletar evidências e descobrir como resolver os problemas dos clientes.

TABELA 5-3

Modelo de hipótese

Teoria	Com base em [*evento prévio*], **acreditamos que** [*condição*] **para** [*os usuários*] os encorajará a [*comportamento*].
Validação	**Saberemos disso quando virmos** [*efeitos*] **nas** [*métricas*].
Objetivo	**Isso beneficiará nossos clientes, parceiros e nossa empresa porque** [*motivação*].
Exemplo	**Observamos em um levantamento com os usuários que algumas pessoas têm dificuldade de encontrar o botão "Reserve agora". Suspeitamos que o problema seja causado pelo contraste insuficiente entre a fonte e a cor do site. Para resolver esse problema, mudaremos a cor do botão de amarelo para azul. Se essa solução funcionar, esperamos que mais usuários encontrem o botão e façam a reserva.**

Para ajudar as pessoas a elaborar hipóteses melhores, o grupo de Vermeer criou um modelo (veja a Tabela 5-3). Segundo o modelo, uma boa hipótese começa descrevendo uma teoria ou crença, normalmente com base em evidências prévias, sobre como uma determinada condição para um público específico pode mudar um mecanismo ou como uma mudança pode melhorar a experiência do público com o produto. (No exemplo do botão "Reserve agora" amarelo, uma possível teoria poderia ser que mudar a cor do botão para azul ajudaria os usuários a encontrá-lo com mais facilidade.) Em seguida, uma equipe devia especificar as métricas que poderiam ser usadas para refutar a teoria ou o comportamento que validaria o teste (por exemplo, mais usuários passariam o mouse sobre o botão e clicariam nele). E, por fim, a equipe devia expressar como a mudança ajudaria a empresa (por exemplo, geraria mais reservas).

O diretor de produtos Geert-Jan Grimberg lembrou um exemplo:

> Nossas taxas de conversão em aplicativos móveis nos países árabes eram mais baixas do que nas outras regiões. Só que os dados não informam as razões. Uma análise profunda dos dados revelou que o site para celular era feito para "quem lê da esquerda para a direita". Só que em árabe, a leitura é feita da direita para a esquerda. Esse insight levou a uma hipótese simples: "Podemos ajudar nossos clientes árabes fazendo com que sua experiência de leitura no nosso aplicativo fosse da direita para a esquerda". Criamos, então, o design de um experimento e o deixamos no ar por duas semanas. O controle A era uma versão em árabe de um site para celular com leitura da esquerda para a direita. A variante B era a mesma versão só que com leitura da direita para a esquerda. Uma hipótese normalmente nasce de um insight resultante de uma pesquisa quantitativa e qualitativa. De algum tipo de anormalidade que você quer entender.

Processo padronizado

Para lançar um experimento, as equipes precisavam preencher um formulário eletrônico que todos podiam ver. No formulário, os funcionários precisavam informar o nome do experimento, seu objetivo (em suas próprias palavras ou selecionando, em um menu predefinido, problemas comuns que seriam resolvidos), os principais beneficiários (por exemplo, clientes, parceiros), citar experimentos anteriores nos quais o experimento proposto se basearia, indicar a área da mudança, informar o número de variantes (até 20) e especificar a plataforma na qual o teste seria realizado (por exemplo, desktops). As configurações do sistema seguiam padrões centralizados que passaram anos sendo desenvolvidos. Vermeer observou: "Incorporamos muitas das novas diretrizes e normas diretamente nas ferramentas. As equipes podem alterar as configurações, mas precisam ter uma boa razão para fazer isso, porque podem ser questionadas e ter de se explicar aos colegas". Uma importante variável era o limiar, ou o valor de p, que indicava se o teste tinha tido sucesso, concluindo que o desafiante B tinha um desempenho melhor do que o controle A (veja uma lista de termos na Tabela 3-1). Não havia um limiar perfeito, já que o valor de p de um experimento também media a chance de aceitar erroneamente B como sendo o vencedor (falso positivo). Um limiar mais restrito resultaria em menos sucessos e um limiar mais indulgente produziria mais falsos positivos. Na Booking, o valor de p de um teste tinha de ficar abaixo de 0,10 (90% de confiança) para que a maioria dos testes fosse considerada estatisticamente significativa. O tempo mínimo de execução de um experimento era de duas semanas. Carini explicou o que levou a empresa a estabelecer esse prazo:

> Esse prazo nos dá um ciclo de sazonalidade de uma semana e dois domingos para corrigir possíveis valores discrepantes, como um domingo de final de Copa do Mundo. Também nos dá tempo para identificar quaisquer consequências inesperadas. E nos permite alcançar um número mínimo de usuários, de preferência mais de um milhão de visitantes únicos por variante, um volume que pode ser alcançado com um tempo de execução de duas semanas. Precisamos de amostras muito grandes para obter resultados significativos porque normalmente testamos mudanças muito pequenas. E é justamente para isso que os testes A/B são mais adequados: para pegar um produto existente e aplicar pequenas melhorias consecutivas, uma de cada vez, e ir criando um produto melhor. As equipes que precisavam de tempos de execução mais longos eram encorajadas a adicionar múltiplos de uma semana. Os experimentos usados para tomar decisões gerenciais cruciais às vezes são realizados no decorrer de cinco a seis semanas. Experimentos com amostras menores, como os restritos a clientes franceses em viagem à Itália, podem durar vários meses.

Muitas configurações e processos usados para criar um experimento foram automatizados. Por exemplo, a plataforma dividia aleatoriamente os clientes em um grupo de controle e um (ou mais de um) grupo de variantes. A randomização ajudava a impedir que o experimento fosse afetado pelo viés sistêmico, introduzido consciente ou inconscientemente, ao distribuir uniformemente quaisquer causas potenciais restantes (e possivelmente desconhecidas) do resultado entre os grupos de tratamento e de controle. Enggist observou: "Gosto de usar metáforas para explicar isso ao nosso pessoal do atendimento ao cliente, que está menos envolvido nos testes. Digamos que você tenha um estádio cheio de pessoas. Você dá vitamina C para a metade dessas pessoas. Elas têm muitas outras coisas acontecendo na vida e no corpo delas, mas, devido à randomização, essas coisas são distribuídas igualmente por todas elas e, no fim, só a vitamina C vai fazer diferença".

Enquanto as equipes preenchiam o formulário eletrônico, o sistema as informava de experimentos semelhantes em execução no momento (por exemplo, alguma outra equipe estava testando a mesma funcionalidade na mesma página de produto) e experimentos aguardando para ser lançados. As equipes eram solicitadas a usar essas informações para ajustar ou adiar o experimento na eventualidade de muita sobreposição, de problemas de interação ou de potencial de conflito. Os designers eram encorajados a conversar desde o começo com colegas trabalhando em problemas parecidos, para coordenar seus esforços. A Booking não restringia formalmente o número de experimentos em execução para resolver o mesmo problema. Vermeer explicou: "Muita gente nos pede para impor limites, mas preferimos não ter restrições. Ninguém é dono de nenhuma parte específica de um produto e todas equipes têm a liberdade de fazer testes. Elas podem concordar informalmente em sequenciar seus experimentos se acharem que faz sentido, mas não são obrigadas a isso". A plataforma da Booking podia identificar e sinalizar automaticamente experimentos que causavam interações problemáticas para que as equipes pudessem interrompê-los. Carini explicou: "Se você mudar a cor de um botão para azul e outra equipe mudou a cor do fundo para azul, os clientes não vão ter como enxergar o botão". Assim que os experimentos entravam no ar, as equipes os observavam de perto nas primeiras horas, e, se as métricas primárias ou secundárias despencassem, o teste era interrompido sem provocar mais danos. Carini acrescentou: "Em termos de metodologia, essa não é a melhor prática, mas, em termos de negócios, não temos como nos dar ao luxo de manter o teste no ar pelo tempo de execução ideal e correr o risco de provocar uma fuga de clientes em duas semanas". Frisby continuou: "Isso é algo que poderíamos ter automatizado, como outras empresas fizeram, mas optamos por manter o processo manual. Temos painéis espalhados pelo escritório mostrando o número de reservas por segundo, e, quando as equipes veem que o número está caindo, esperamos que elas tomem a decisão certa. É mais fácil para as pessoas [do que para um computador] isolar as causas. Digamos que a Copa do Mundo comece, levando a uma queda significativa no número de reservas. No caso, essa queda não justifica interromper um experimento".

A plataforma da Booking também executava verificações automáticas da qualidade dos dados e enviava mensagens de alerta no caso de irregularidades. Uma bandeira azul indicava uma informação, uma bandeira amarela sinalizava um possível problema nos relatórios e uma bandeira vermelha significava uma falha no relatório. Uma bandeira rosa, a pior advertência – apelidada de "a bandeira rosa da morte" –, significava que dados importantes foram considerados inválidos. Todos podiam visualizar as informações sobre um experimento e campos vazios em formulários podiam levantar imediatamente questionamentos por parte dos outros funcionários. Isbrucker observou: "Me cadastrei no sistema para receber vários relatórios por e-mail. Você pode receber relatórios sobre os testes da sua equipe, sobre pessoas específicas ou sobre experimentos que resultaram em algumas métricas positivas ou negativas. Também recebemos um relatório diário com resumos de todos os testes, então posso entrar em contato com a equipe se quiser contestar ou discutir algum detalhe. Reservo mais ou menos uma hora por dia para rever outros experimentos, principalmente os mais impactantes ou os que estão usando novas abordagens. Podemos aprender muito com isso".

Relatórios específicos, contendo as lições aprendidas, eram compartilhados quando o experimento provocava um grande problema ou pane.

Experimentos *business-to-business*

A Booking também realizou experimentos para melhorar sua rede de fornecedores – seus parceiros –, mas a iniciativa foi acompanhada de vários desafios. Para começar, os tamanhos das amostras eram muito menores, e o impacto nos negócios era mais desigual. As grandes redes de hotéis representavam um volume muito maior do que os pequenos estabelecimentos, que também precisavam ser levados em conta. Além disso, o processo decisório dos parceiros geralmente envolvia várias pessoas e complexos sistemas de TI. Nesse caso, será que o comportamento dos participantes do teste refletiria as organizações que eles representam? Por fim, como os parceiros interagiam com muita frequência com a plataforma da Booking, os experimentos tinham de ser abordados com mais cautela, para evitar que os participantes se frustrassem com mudanças demais.

Os testes com os parceiros eram executados na plataforma central da Booking e seu número chegava a 200 experimentos simultâneos. O tempo de execução era de duas semanas, período no qual 60% a 70% dos parceiros visitariam a Booking pelo menos uma vez. Também nesse caso as equipes tinham total autonomia, os testes podiam ser visualizados por qualquer pessoa da empresa e resumos semanais de todos os experimentos com parceiros eram amplamente distribuídos. No entanto, a empresa não estava chegando a um consenso sobre as métricas mais adequadas. A melhor seria o valor do parceiro no longo prazo, mas, assim como a fidelidade do cliente, era difícil definir essa métrica em um único teste. Métricas de curto prazo, como o "número de quartos adicionados" pelos parceiros, se aproximavam mais da métrica de conversão de clientes, mas métricas como o "número de quartos vendidos" também foram levadas em consideração. Grimberg descreveu os desafios nos seguintes termos: "As funcionalidades predefinidas disponíveis são menos numerosas e precisamos tomar mais cuidado com os parceiros. Uma de nossas equipes passou um mês trabalhando em uma funcionalidade personalizada de login, estudando necessidades e fazendo modelos de simulação. No nosso negócio essencial, eles teriam testado com muito mais rapidez, talvez mandando aos clientes um link simulado como 'Crie sua conta familiar agora' e depois dizer: 'Sentimos muito, este recurso ainda está em fase de testes, agradecemos seu interesse'".

No entanto, devido à interação frequente com os parceiros, a Booking era transparente sobre os experimentos. Grimberg continuou: "Nós falamos sobre as mudanças que eles notaram. Ao testar uma grande mudança, como alterações nas taxas e na disponibilidade, podemos anexar um questionário à variante dizendo algo como "Bem-vindo ao nosso novo visual! Não deixe de nos dizer o que você achou". Depois dos testes, você recebe opiniões de todos os tipos. Alguns parceiros adoram a nova plataforma mas ficam confusos quando ela volta à aparência original duas semanas depois".

Um modelo de liderança diferente

A gestão da Booking constatou que uma verdadeira organização de experimentação precisava de um estilo de liderança diferente. Vismans explicou: "Eu vim de uma empresa com liderança clássica, de cima para baixo, na qual os fundadores tinham certeza de que sabiam o que os clientes queriam e tomavam todas as decisões. O problema era que, na maioria das vezes, eles estavam errados. Na Booking, todo mundo sabe disso, e a liderança tem muito menos glamour. Você informa os KPIs ao seu pessoal e os deixa livres para trabalhar". A liderança sênior define a missão e os objetivos estratégicos, que recentemente mudaram do foco nas acomodações para a construção de uma "plataforma global de experiências". Com isso, eles precisariam traduzir a nova estratégia em investimentos e KPIs antes de "deixar os funcionários livres para trabalhar". Tans adicionou:

> Muitos líderes não ficariam muito à vontade trabalhando na nossa empresa. Você não pode ter um ego inflado, achando que é o dono da verdade. Se eu, a CEO, disser a alguém: "Eu quero que você faça isso porque acho que vai ser bom para a empresa", a pessoa simplesmente vai olhar para mim e responder: "Tudo bem. Vamos testar essa hipótese e ver se você tem razão". Quando o CEO anterior da Booking chegou dos Estados Unidos, ele apresentou um novo logotipo à equipe. As pessoas disseram: "Excelente! Vamos fazer um experimento para ver se funciona". Ele ficou de queixo caído, mas não teve escolha. O experimento decidiria se o logotipo poderia ser usado.

Tans assumiu o treinamento, a cultura e a gestão de talentos como seus principais papéis. Ela dedicou grande parte de seu tempo ao recrutamento, já que a única maneira de aumentar rapidamente a escala era atrair o maior número possível de talentos. Uma vez que esses talentos entravam na Booking, era importante que eles passassem por um bom programa de treinamento. Tans explicou:

> Se eu ajudar os outros a ter sucesso, a empresa poderá atingir todo o seu potencial. Nas reuniões, gosto de sentar lá e ajudar, em vez de me limitar a dizer o que está certo e o que está errado. E, se vejo que uma equipe está tendo dificuldade com uma decisão, eu os ajudo a ponderar a situação. Meu papel é criar um ambiente que possibilite às pessoas fazer o melhor trabalho possível. Para mim é importante que as pessoas se orgulhem de trabalhar na Booking. Elas precisam sentir que fazem a diferença para os clientes e para o setor de viagens.

A gestão sênior também garantia que as pessoas não fizessem experimentos a torto e a direito, só para fins de experimentação. Para isso, era importante reconhecer as limitações dos testes A/B. Isbrucker explicou: "Se você não tiver tráfego suficiente, ou seja, usuários suficientes para obter resultados significativos, não deve fazer testes A/B. E, se você não conhece os critérios de sucesso para seu produto, não tem como incluí-los em sua hipótese, e o experimento não ajudará em nada. Os testes só dirão 'o que as pessoas estão fazendo', não 'por que' elas fazem isso ou 'como' elas se sentem. Para obter essas informações, você precisa fazer pesquisas qualitativas. Por fim, os testes só geram informações limitadas sobre 'aonde' ir em seguida".

Os testes A/B eram mais adequados para inovações incrementais. Testar um produto completamente novo era difícil e forçava as pessoas a sair de sua zona de conforto, já que ainda não havia uma medida de referência para comparação. Ao mesmo tempo, realizar experimentos mais radicais poderia levar os grupos a explorar, em vez de otimizar, apesar de ser mais difícil separar a causa do efeito quando muitas variáveis são alteradas ao mesmo tempo. O *product owner* sênior Deepak Gulati observou: "Quando você tem uma forte cultura de experimentação que faz melhorias incrementais em um produto existente, chega um ponto em que as pessoas que criaram o produto original já saíram da empresa e os novos produtos deixaram de fazer parte do DNA organizacional. Sua empresa se transforma numa máquina de converter clientes, fazendo micro-otimizações orientadas pela experimentação. Mas, quando você quer expandir para novas áreas, não tem mais pessoas que pensam grande, que sabem como fazer isso". Vismans concordou: "Essa é uma desvantagem de uma organização focada em fazer pequenas melhorias orientadas por dados. Ficamos absolutamente sem saber o que fazer na ausência de dados ou de uma linha de base para usar como referência. No nosso setor, se você deixar de investir em qualquer oportunidade na internet, essa oportunidade pode se transformar em uma ameaça no futuro".

Um problema com os testes de inovações radicais era que a plataforma da Booking não era adequada para testes limitados. Tudo era feito em um ambiente em tempo real. Frisby explicou: "Mesmo se eu limitar a base de usuários – como expor a apenas 5% dos clientes uma alteração que muda os processos de negócio –, essa porcentagem ainda representa dezenas de milhares de transações por dia. E, se você reduzir o tráfego, também vai reduzir o potencial de um experimento. Às vezes é melhor começar com um protótipo externo e usar testes qualitativos para criar confiança". Gulati acrescentou: "Se alguma coisa der errado, as repercussões podem ser enormes. Essa é uma das razões pelas quais insistimos em etapas incrementais quando as pessoas aparecem com a cabeça cheia de grandes ideias. A outra razão é que, se você mudar várias coisas ao mesmo tempo, não tem como isolar a variável que causou a alteração na métrica".

Vismans disse acreditar que os testes A/B não tinham como substituir a liderança para tomar decisões estratégicas. Ele explicou:

> Nossa nova estratégia [diversificar os negócios a outras áreas do setor de viagens, como atrações turísticas] nos leva a investir em negócios com margens mais baixas do que as de reservas de hotéis. A suposição é que alguma coisa vai acontecer no futuro para justificar esse investimento. Isso tudo se baseia em crenças. Temos alguns dados, mas nenhum dado nos diz que temos grandes chances de sucesso. Esse tipo de "inovação do modelo de negócio" só pode vir da liderança, não de equipes de produto focados na inovação incremental. E, para proteger os novos negócios da "rejeição de órgãos", pode ser melhor criar uma nova e pequena organização fora do negócio principal, com uma ligação direta com a liderança e novas métricas.

No fim das contas, sem uma gestão e uma cultura adequada, a Booking não teria como beneficiar-se do poder dos experimentos on-line. Vismans concluiu:

> O teste A/B é uma ferramenta incrível. No nosso setor, se você não fizer esses testes, está fadado a morrer. Se eu tiver de dar algum conselho aos CEOs, seria: *Os testes em grande escala não são uma prática técnica. São uma prática cultural que sua organização precisa receber de braços abertos.* Você precisa responder duas importantes perguntas: Até que ponto você está disposto a ser confrontado todos os dias pelos seus erros? E quanta autonomia você está disposto a dar ao seu pessoal? Se você não quiser que apontem seus erros nem que os funcionários decidam o futuro de seus produtos, nem adianta tentar. Você nunca colherá todos os benefícios da experimentação.

O foco da gestão sênior em definir um objetivo grandioso ("a melhor plataforma global de experiências"), criar uma infraestrutura para facilitar a experimentação em grande escala e seguir as mesmas regras que o resto da empresa acabaram levando a um novo tipo de organização de aprendizagem, na qual o método científico criou raízes profundas no processo decisório do dia a dia. Carini resumiu como foi a jornada da Booking para se tornar uma organização de experimentação:

Fizemos progresso significativo em termos de infraestrutura e metodologia, principalmente nos dois últimos anos. Quando entrei na empresa, cinco anos atrás, os testes eram realizados principalmente pelos desenvolvedores de *back-end*, e cerca de 50% dos nossos experimentos provavelmente não eram rigorosos o suficiente. Agora reduzimos drasticamente as barreiras para a experimentação; todos podem testar a custo praticamente zero, inclusive os *product owners* e os *copywriters*. Também reduzimos os custos percebidos. Uma vez que você formula uma hipótese, pode testá-la com muita rapidez. Para uma simples alteração de texto, como passar de "Reserve" para "Reserve agora", você só precisa de um servidor, e, em uma hora, já estará coletando dados. Leva só 24 horas para testar a tradução de um texto para 43 idiomas. E o monitoramento de vários dispositivos diferentes pode ser feito em um a dois dias. Outras empresas levariam muito mais tempo, porque seria preciso solicitar o teste para o grupo relevante de especialistas, o que criaria uma fila de pendências.

Além da Booking

A profunda análise deste capítulo sobre a Booking mostrou como seria uma organização integrada tendo em vista a experimentação em grande escala. Mas também vimos ao longo deste livro outras empresas que abordam seus desafios organizacionais e culturais à sua própria maneira. Vejamos o exemplo do LinkedIn, a plataforma global de networking profissional que emprega quase 14 mil pessoas e atende mais de 610 milhões de usuários cadastrados.[13] As equipes de produto da empresa geram entre 1.500 e 2 mil novos experimentos por mês e fazem algo entre 500 e mil testes ativos a qualquer momento. Em 2018, mais de 2 mil funcionários lançaram cerca de 20 mil testes (sendo que cada teste poderia envolver várias iterações), que foram avaliados por meio de um pipeline automatizado de KPIs com cerca de 6 mil métricas. Em outras palavras, o LinkedIn tem uma operação de testes em grande escala não muito diferente da que vimos na Booking.

O LinkedIn aprendeu o poder surpreendente da experimentação desde cedo. Em um experimento, a empresa testou ideias para levar os usuários a preencher seus perfis no site. Uma variante exibiu um pequeno módulo que convidava os usuários a "dar mais cor à sua identidade profissional mostrando os seus interesses" e apresentava uma lista de oito opções nas quais os usuários podiam clicar (como filhos, direitos civis e ações sociais). O pequeno experimento obteve grandes resultados: as edições de perfis aumentaram 14%. Outro experimento simplificou o fluxo de pagamento dos serviços premium da plataforma: a receita aumentou milhões de dólares, os pedidos de reembolso caíram cerca de 30% e os pedidos de avaliação gratuita aumentaram mais de 10%.[14]

O LinkedIn também acredita que a experimentação nas organizações deve ser totalmente democratizada. As equipes de produto geram um grande número de hipóteses que alimentam o pipeline de experimentação da empresa e qualquer pessoa pode executar um novo teste no site desde que obtenha a aprovação do respectivo *product owner* e siga as diretrizes de experimentação da empresa.[15] Se os funcionários precisarem de ajuda, podem participar de fóruns de discussão ou entrar em contato com engenheiros e pesquisadores especializados que trabalham na plataforma principal para desenvolver novas metodologias para os testes. E, assim como a Booking, o LinkedIn não para de melhorar sua operação de testes. Entre 2015 e 2018, a empresa dobrou o número de experimentos, aprimorou suas ferramentas para melhorar a experiência dos usuários espalhados por toda a organização e incluiu novos métodos que permitiram estender os testes e aumentar sua complexidade analítica (por exemplo, para estabelecer relações de causalidade). Enquanto isso, a empresa continuou investindo na velocidade, que, como vimos no Capítulo 3, tem um impacto importantíssimo no comportamento do cliente que consome on-line. Todas essas melhorias também afetaram o escopo das operações da empresa. Hoje, a LinkedIn tem mais de 4 mil responsáveis por experimentos, o que representa quase um terço de todos os funcionários ao redor do mundo.

Empresas como a Booking, o LinkedIn e a Microsoft são exemplos extremos de tudo o que é possível fazer com a experimentação. No entanto, não se esqueça de que todas elas começaram com iniciativas de experimentação muito menores. Elas também desenvolveram suas próprias plataformas porque ferramentas terceirizadas confiáveis e de fácil utilização não eram amplamente disponíveis na época em que elas começaram suas experimentações. Mas esse cenário mudou. No Capítulo 6, veremos como qualquer organização pode seguir a mesma jornada e se tornar uma organização de experimentação.

Como tornar-se uma organização de experimentação

*"O sucesso é a capacidade de passar de um fracasso ao
próximo sem perder o entusiasmo."*
– Anônimo (frase muitas vezes atribuída a Winston
Churchill ou Abraham Lincoln)

Por que tantas empresas não conseguiram imitar o renomado Sistema Toyota de Produção? O sistema foi considerado crucial para a Toyota tornar-se uma das principais empresas automobilísticas do mundo, e a companhia nunca fez segredo de suas práticas. Centenas de milhares de executivos de outras organizações visitaram as fábricas da Toyota e muitos livros e artigos foram escritos sobre o funcionamento do sistema. Você já deve conhecer algumas práticas rotineiras do Sistema Toyota de Produção, como círculos de qualidade, entrega *just in time*, melhoria contínua e assim por diante. No entanto, tem sido surpreendentemente desafiador para pessoas de fora replicar essas práticas, porque elas muitas vezes não entendem o que está por trás do que pode ser observado nas fábricas da Toyota. Steve Spear e Kent Bowen, dois especialistas no Sistema Toyota de Produção que estudaram as operações de mais de 40 fábricas nos Estados Unidos, Europa e Japão no fim dos anos 1990, resumiram o que descobriram:

Descobrimos que, para as outras empresas, o segredo é entender que o Sistema Toyota de Produção cria uma comunidade de cientistas. Sempre que a Toyota determina uma especificação, significa que a empresa está estabelecendo um conjunto de hipóteses que podem ser testadas. Em outras palavras, ela segue o método científico. Para fazer qualquer mudança, a Toyota utiliza um rigoroso processo de resolução de problemas que requer uma avaliação detalhada da situação atual e um plano de melhoria que, na prática, é um teste experimental das alterações propostas. Sem esse nível de rigor científico, as mudanças na Toyota se limitariam a um processo aleatório de tentativa e erro, uma caminhada pela vida com os olhos vendados.[1]

Nos capítulos anteriores, vimos como a experimentação em grande escala ajuda os engenheiros a criar novos produtos e o pessoal de marketing a otimizar as experiências do cliente. No caso da Toyota, a experimentação em grande escala impulsiona toda uma rede de fábricas espalhadas pelo mundo, e, para ter um impacto significativo, a empresa precisa fazer experimentos a pleno vapor. Com milhares de problemas diários que precisam ser resolvidos em uma única fábrica, todos os funcionários da linha de frente e seus supervisores (a comunidade de cientistas) precisam aplicar o método científico com rapidez e 24 horas por dia. Para escalar o Sistema Toyota de Produção, a organização teve de dar muita atenção à padronização do trabalho, às habilidades e aos valores compartilhados de todos os funcionários e à velocidade na qual os experimentos poderiam ser implantados. Considerando que o tempo entre os carros saindo de uma linha de montagem pode ser menor que um minuto, a empresa não tinha como permitir atrasos na resolução dos problemas.

Muitos setores, incluindo manufatura, saúde, serviços financeiros e hotelaria, tentaram implementar os princípios da Toyota. À primeira vista, esses setores parecem muito diferentes. No entanto, uma análise das organizações revela muitas semelhanças em suas operações. Tanto que, apesar das diferenças marcantes (empresas com e sem raízes digitais, B2C e B2B), as jornadas de experimentação dessas organizações são extraordinariamente parecidas. Neste capítulo, conheceremos algumas dessas empresas e aprenderemos sobre as medidas que elas tomaram para escalonar os testes. Além desses exemplos específicos, analisaremos os elementos básicos comuns a todas as organizações de experimentação.

A jornada começa com o Sistema

Tornar-se uma organização de experimentação não é algo que acontece da noite para o dia; é um processo que precisa ser feito aos poucos. Foi a lição que algumas empresas aprenderam quando tentaram implementar as práticas do Sistema Toyota de Produção sem um profundo entendimento delas ou sem ter os recursos organizacionais necessários. Um bom exemplo disso foi o que aconteceu com a fabricante europeia que decidiu implementar uma política de estoque zero em sua fábrica e acabou com a operação sendo interrompida. A gestão da empresa deve ter confundido a causa com o efeito. O estoque muito baixo era o resultado (a dependente variável) da implementação e do escalonamento das práticas descritas por Spear e Bowen, não a variável causal que a gestão esperava que melhorasse as operações. Pensando assim, instruir uma organização inteira a realizar milhares de experimentos anualmente, por exemplo, não levará a uma rápida inovação e poderá até sair pela culatra. Para criar uma organização aberta a testes em grande escala, os gestores precisam construir um sistema propício à experimentação. A jornada para chegar lá pode ser transformadora e precisa começar reconhecendo e aceitando que a mudança é um processo ao mesmo tempo necessário e constante. Foi o que aprendemos com o estudo de caso da Booking, no Capítulo 5.

Mas como você poderia projetar um sistema como esse para a sua organização? O sistema deve basear-se em ferramentas confiáveis (ou uma plataforma) para reduzir acentuadamente o custo de executar e analisar os experimentos. Empresas como a Microsoft, a Booking, o Pinterest, o LinkedIn, a Amazon e a Netflix desenvolveram suas próprias ferramentas (aprendemos sobre a infraestrutura da Microsoft no Capítulo 3), o que requer anos de investimentos sustentados, um profundo conhecimento técnico e recursos alocados especificamente à iniciativa. Hoje, ferramentas terceirizadas, como a Optimizely, o Google Optimize e o Adobe Target, oferecem funcionalidades de testes A/B para empresas que não têm interesse nem recursos para desenvolver e manter uma solução própria – embora as funcionalidades de teste e gerenciamento de programa oferecidas pelas ferramentas possam ser consideravelmente diferentes (por exemplo, testes *full-stack*, como vimos no Capítulo 4). Os departamentos de engenharia também estão conseguindo explorar o poder da experimentação usando softwares terceirizados de simulação como a Altair Engineering, ANSYS e Dassault Systèmes.[2] Discutiremos essas ferramentas em mais detalhes no fim deste capítulo.

Estágios da transformação: da negação à aceitação

Criar ou escolher a ferramenta certa é só o começo. Vi organizações com dificuldade de fazer dez experimentos on-line por mês, mesmo tendo adotado uma boa ferramenta. O que acontece é que os gestores encaram os testes com ceticismo porque não veem um grande impacto nos negócios e recusam-se a comprometer os recursos e o apoio necessários para escalar as atividades de experimentação. Para que as ferramentas ganhem espaço na organização, é preciso colocar a experimentação no centro do negócio e investir em sete alavancas do sistema, que podem ser agrupadas em três categorias (veja a Figura 6-1): *processo* (escala, escopo, velocidade), *gestão* (padrões, apoio) e *cultura* (valores compartilhados, habilidades). Já vimos essas alavancas em funcionamento no decorrer do livro. Elas reforçam umas às outras e, se não houver uma grande tolerância aos fracassos (valor compartilhado), a organização terá poucas chances de conseguir realizar um grande número de experimentos (escala). A incapacidade de entender conceitos estatísticos ou de engenharia básicos (habilidades) acabará inibindo a ampla adoção dos experimentos no processo decisório (escopo).

FIGURA 6-1

Você é o arquiteto: sete alavancas do sistema

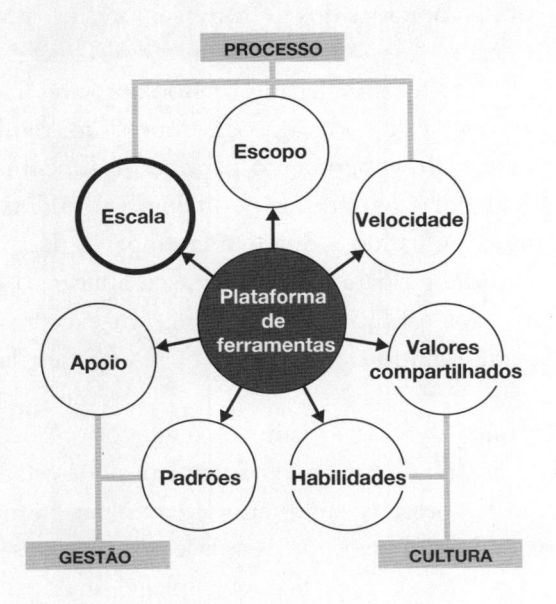

Escala: Número de experimentos por semana, mês ou ano

Escopo: Grau de envolvimento dos funcionários nos experimentos

Velocidade: Tempo entre a formulação de uma hipótese até a conclusão de um experimento

Valores compartilhados: Comportamentos e critérios que facilitam os experimentos

Habilidades: Competências necessárias para criar, executar e analisar experimentos

Padrões: Normas, *checklists* e critérios de qualidade que criam confiança

A grande escala (mais de 25 mil experimentos anualmente), o escopo (75% de seus 1.800 funcionários de tecnologia e produtos usam ativamente a plataforma de testes) e a velocidade (os experimentos podem ser concebidos e lançados em questão de horas) da Booking são um resultado direto da congruência dessas alavancas. Como diz o provérbio, o todo (*sistema*) é maior que a soma das partes (*alavancas*). E, quando elas são implementadas em seu máximo potencial, impulsionam um sistema operacional de inovação contínua e diária, não muito diferente do sistema operacional da Toyota aplicado por toda a empresa para a produção de carros. Em uma fábrica, o Sistema Toyota de Produção também forma uma camada de proteção que impede que os problemas da produção contaminem os produtos acabados. Quando os experimentos são vistos como um procedimento operacional padrão na organização, eles também impedem que as opiniões dos gestores seniores (a opinião da pessoa mais bem paga) afetem as decisões que devem ser testadas. No Capítulo 5, vimos o exemplo do CEO recém-chegado na Booking, que ficou desconcertado quando sua decisão sobre o logotipo da empresa foi recebida com um: "Excelente! Vamos fazer um experimento para ver se funciona". Esse é um exemplo espetacular de uma cultura de experimentação saudável em ação.

Ninguém está imune. Quando a Snap, uma empresa de tecnologia e câmeras, criou um novo design para o Snapchat, seu aplicativo de mensagens multimídia, o cofundador e CEO Evan Spiegel, um executivo com amplo treinamento em design, relutou em sujeitar a nova experiência do usuário a experimentos rigorosos e, com isso, postergar o lançamento. Quando a satisfação do usuário caiu 73%, ele insistiu: "Até as reclamações que estamos vendo reforçam a ideia [do design]. Até as frustrações que estamos vendo validam essas mudanças. As pessoas vão levar um tempo para se ajustar".[3] Foi só quando os usuários migraram para outros aplicativos de mensagens, levando o preço das ações da empresa a despencar, que Spiegel finalmente admitiu que o lançamento do redesign fora "apressado" e deveria ter sido testado mais extensivamente com uma pequena comunidade de usuários.[4] A empresa supostamente fez alguns testes, mas a natureza improvisada da experimentação e a discrepância entre a intuição e as evidências devem ter contribuído para o lançamento problemático do produto. Em uma verdadeira organização de experimentação, até as crenças do chefe são submetidas a testes no mundo real.

Tornando-se uma organização de experimentação

Ao longo deste livro, você conheceu empresas notáveis que adotaram sem restrições a experimentação disciplinada para impulsionar a inovação. Todos os anos, elas fazem milhares de experimentos e integram totalmente o que aprendem à maneira como as pessoas trabalham e tomam decisões todos os dias. No entanto, é importante lembrar que elas não chegaram lá da noite para o dia. Os estudos de caso a seguir mostram o que a jornada para "chegar lá" envolve, ou seja, como o sistema e suas "alavancas" foram gradualmente desenvolvidos.

State Farm: uma empresa antiga sem raízes digitais

A State Farm é uma gigante de seguros e serviços financeiros de 96 anos de idade.

Como seus negócios usam um grande volume de dados, a empresa sempre teve estatísticos em seu quadro de funcionários. Assim, quando a gestão decidiu investir na presença digital da empresa, não foi nenhuma surpresa esses mesmos estatísticos serem chamados para dar suporte às atividades de marketing e pesquisa aplicando testes off-line e on-line.[5] Para isso, o grupo criou um processo de três fases: configuração (entre uma e duas semanas; cada variante da ferramenta precisaria ser manualmente codificada), execução (entre duas e quatro semanas) e coleta e análise de dados (entre uma a duas semanas), até para os experimentos mais simples. Em média, esse ciclo de processo produzia cerca de um a dois experimentos por mês, que eram divulgados aos stakeholders e a alguns executivos em uma reunião de revisão trimestral. Mahesh Chandrappa, ex-diretor de análise e finanças do eBay e hoje vice-presidente de digital da State Farm, observa: "Os poucos experimentos que fazíamos eram quase acadêmicos, sem levar em conta as necessidades dos negócios".

Depois que a State Farm assumiu o compromisso de aumentar a escala, outras alavancas de seu sistema de experimentação tiveram de ser acionadas. A empresa decidiu começar aposentando seu software interno de testes e adotou uma ferramenta terceirizada de experimentação. A velocidade aumentou significativamente: os tempos de configuração e revisão passaram de duas a quatro semanas para um a dois dias, e os tempos de execução mais curtos passaram a ser baseados em princípios estatísticos. A ferramenta também permitiu que a State Farm passasse de experimentos com alterações simples na interface do site a testes com algoritmos, conteúdo e aplicativos nativos (incluindo os para dispositivos móveis). Com os clientes adotando cada vez mais o autosserviço, a empresa também podia garantir que os usuários entendessem as novas funcionalidades do produto. O escopo organizacional mais amplo incluía divulgar os experimentos em reuniões de negócios semanais e instruir as pessoas sobre os benefícios dos testes para os negócios.

Chandrappa encontrou alguns dos obstáculos que já vimos nos capítulos anteriores: as pessoas ficavam impacientes para lançar suas ideias, não entendiam a necessidade de fazer iterações e não acreditavam quando os resultados não correspondiam à sua intuição ou experiência. Os primeiros sinais de mudança cultural ocorreram quando os experimentos resultaram em insights surpreendentes e melhores experiências do cliente. A Figura 6-2 nos dá um exemplo.

Quando você compra um seguro da State Farm, a maioria de suas interações com a empresa é para a manutenção de sua apólice, a menos que você sofra um acidente e precise acionar o seguro. A equipe de experimentação fez uma pergunta simples: como a empresa poderia melhorar a experiência de pagar o boleto mensal do seguro para clientes que não cadastraram o pagamento no débito automático? Os experimentos mostraram que exigir que os clientes fizessem o login em sua conta na State Farm ou usassem códigos especiais impressos em suas faturas físicas resultava em baixas taxas de finalização do pagamento. Assim, a equipe se concentrou em métodos mais práticos e que não violavam as leis vigentes: acessar a conta da State Farm e pagar uma fatura usando nomes e datas de nascimento ou apenas o número de telefone do cliente, em vez de exigir uma senha que eles poderiam esquecer. A experiência do cliente foi otimizada ainda mais fazendo testes iterativos com o texto, a fonte e o design da página na internet. Os experimentos revelaram um vencedor surpreendente: o acesso a contas com o número de telefone resultou na maior taxa de finalização de pagamentos. Quem poderia imaginar? Segundo Chandrappa, a equipe de design não poderia ter descoberto a solução vencedora sem realizar testes disciplinados, porque o resultado contrariava todas as suposições anteriores. No passado, a empresa não tinha uma maneira rigorosa de descobrir o que funcionava e o que não funcionava e por que isso acontecia. Ou seja, não tinha uma maneira de investigar a verdadeira relação entre causa e efeito.

FIGURA 6-2

Experimento com o pagamento das faturas da State Farm

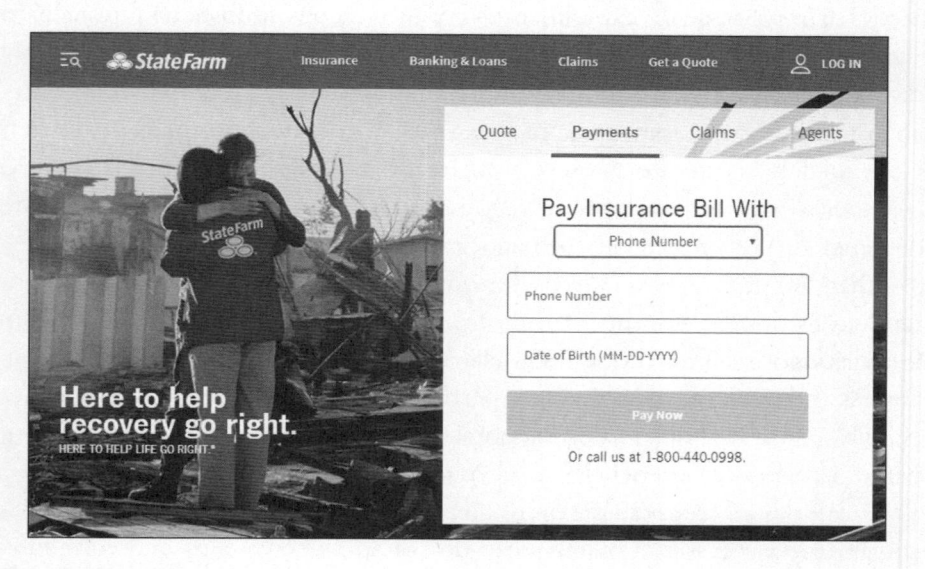

Fonte: Cortesia da State Farm.

No fim de 2018, a State Farm realizava de 10 a 15 experimentos por mês e esperava aumentar o número para 50 em 2019. Para chegar lá, a empresa teve de continuar trabalhando nos valores compartilhados, habilidades e infraestrutura de apoio. Antes de a empresa embarcar em sua jornada, a maioria das áreas de negócio não entendia o porquê da experimentação. Por meio de treinamentos, demonstrações e leituras breves (de cinco a dez minutos) nas reuniões regulares de negócios, o valor dos testes em grande escala para os negócios passou a ser reconhecido pela liderança sênior da empresa. Tanto que o CEO da State Farm até quis aumentar a velocidade! No entanto, os desafios permanecem: só a equipe central de testes tem as habilidades necessárias para configurar e interpretar experimentos complexos e resolver problemas técnicos, como interferência entre variáveis nos resultados no caso de sobreposição de testes. Nem todas as pessoas da State Farm entendem as implicações de uma boa hipótese e de um bom experimento, e algumas se preocupam por não saber como a experimentação pode afetar seu trabalho. Ter um repositório central de conhecimento, contendo capturas de tela, hipóteses e análises, ajudou bastante. Qualquer pessoa pode acessar o SharePoint, a ferramenta de colaboração on-line utilizada pela empresa, e aprender com os experimentos realizados.

No entanto, enquanto as pessoas não tiverem as habilidades e a experiência necessárias para configurar e analisar experimentos, a principal responsabilidade pelos testes permanecerá com a equipe central de quatro pessoas. Eles dão suporte e revisam todos os experimentos para garantir que a empresa obtenha resultados confiáveis. A criação de um sistema confiável protegeu a equipe de Chandrappa das críticas quando os resultados dos experimentos contrariaram a intuição ou as experiências prévias das pessoas da empresa. O trabalho de escalar a experimentação sem dúvida será um desafio para a organização atual. O aumento do número de testes exigirá descentralização, e as revisões dos testes propostos deverão ser padronizadas, aceleradas ou até abolidas. No entanto, o que ficou claro até agora é que, como Chandrappa observou: "Usamos o escalonamento da experimentação como a base para impulsionar as mudanças na cultura da State Farm". Note que, às vezes, a causalidade pode agir nas duas direções: a mudança cultural possibilita a experimentação em grande escala, mas um foco na escala também pode levar à mudança cultural.

Pinterest: uma empresa nova com raízes digitais

O Pinterest, empresa que inspira 250 milhões de usuários ativos a encontrar e salvar imagens e vídeos na internet, foi fundada em 2010. Em qualquer dia, o Pinterest realiza centenas de experimentos simultâneos com duração mínima de duas semanas para entender em profundidade os efeitos de curto e longo prazo. Os testes incluem alterações nos algoritmos, no sistema de recomendação e na usabilidade de suas páginas na internet, bem como a maneira como as imagens são exibidas. Para descobrir se um experimento teve sucesso, o Pinterest monitora meticulosamente as métricas que medem a missão da empresa: as pessoas estão efetivamente encontrando coisas de seu interesse? Andrea Burbank, cientista de dados do Pinterest, divide a jornada de experimentação da empresa em cinco etapas:[6]

- *A partida*. Como os funcionários não entendiam por que as coisas aconteciam, a empresa adotou um rigoroso sistema de experimentação (testes A/B, randomização, verificações de qualidade por meio de testes A/A etc.). O problema é que poucas pessoas da empresa usavam esse sistema.

- *O crescimento*. Para convencer as pessoas a usar o sistema, a equipe central de experimentação teve de se empenhar muito. O time de Burbank deu palestras sobre tecnologia, contou histórias e explicou por que era extremamente necessário adotar uma nova abordagem. As pessoas tinham de entender o valor dos experimentos, e a equipe de experimentação precisava eliminar atritos desnecessários (por exemplo, facilitando o uso do sistema). Burbank resumiu a abordagem: "Evangelizar, instruir, explicar e vender".

- *A melhoria*. Com a maior adoção dos testes A/B, as pessoas precisaram de mais ajuda para conceber e entender os experimentos. A equipe central de especialistas se tornou um gargalo na adoção da experimentação. A tarefa adicional de ajudar as pessoas a ter sucesso em seus experimentos deixava pouco tempo para a equipe desenvolver seu know-how e melhorar as ferramentas de experimentação.

- *A saída do palco*. Para remover o gargalo da equipe de especialistas, o Pinterest precisou desenvolver processos padronizados e investir em treinamento. Os exemplos incluíram a divisão do processo em etapas que tomaram de empréstimo termos da aviação ("lançamento", "em voo", "pouso") e *checklists* com as dúvidas mais comuns ("Você tem uma hipótese?"; "Ela pode ser testada?"; "Você tem dados suficientes?"). A equipe também criou processos de revisão de experimentos, elaborou modelos e treinou funcionários para resolver as dúvidas das pessoas por meio de um canal específico (@experiment-help).

- *Mais ferramentas.* Para agilizar o trabalho de experimentação, o Pinterest decidiu automatizar etapas simples e repetitivas. Com a ajuda de APIs (interface de programação de aplicações), painéis, algoritmos de detecção (para erros comuns), entre outras ferramentas, a empresa reduziu as chances de erros nos experimentos. Essa etapa se baseou em dois princípios: criar ferramentas que dificultem fazer alguma coisa errada e automatizar o máximo possível para que as pessoas possam se focar na criatividade, que não pode ser automatizada.

A equipe de experimentação do Pinterest sabia que, para escalar a experimentação, não bastaria criar as ferramentas mais avançadas ou seguir o sistema mais rigoroso. Também seria necessário impulsionar a adoção organizacional da poderosa metodologia que exploramos ao longo deste livro, *o método científico*, para testar novas experiências do cliente, produtos e até modelos de negócio. De acordo com Burbank, foi fácil criar o sistema porque ele se baseia em robustos princípios científicos e estatísticos.[7] O mais difícil foi convencer as pessoas da importância da experimentação (durante a fase do "crescimento"), porque elas tinham pressa em tomar decisões e lançar produtos, um fenômeno que vimos repetidamente. As pessoas achavam que, uma vez tomada a decisão de lançar uma nova versão do produto, não fazia sentido realizar experimentos. Por outro lado, elas sabiam, pela própria experiência, que era difícil, se não impossível, saber *por que* o engajamento do usuário despencava (ou decolava) de repente, a menos que a decisão fosse pensada em termos de um experimento. A equipe de experimentação do Pinterest também enfatizou a humildade intelectual. As apresentações e os treinamentos sempre incluíam exemplos reais para mostrar aos desenvolvedores e gestores a dificuldade de prever o comportamento do usuário até nos casos de utilização mais simples, e como contar apenas com a intuição e as experiências prévias podia levar a decisões ruins.

Sem o apoio da gestão sênior, é impossível escalar a experimentação e obter o amplo envolvimento da organização. No Pinterest, a gestão começou a dar mais apoio à iniciativa na fase do "crescimento", quando os experimentos tiveram problemas durante um importante lançamento de produto. Após todos entenderem o valor dos experimentos – e passarem a acreditar neles –, os esforços se direcionaram a garantir uma boa infraestrutura de apoio. Quando a demanda por ajuda para fazer os experimentos decolou, Burbank percebeu que ela estava se tornando um gargalo e não podia mais dar conta de todas as solicitações sozinha. Para garantir a qualidade e a ampla adoção, as pessoas foram empoderadas a criar e lançar os próprios experimentos, desde que seguissem um processo de revisão padrão aprovado por assistentes que normalmente faziam parte da equipe de um pesquisador. A mudança na cultura ficou visível quando a gestão começou a esperar que decisões importantes, como uma grande mudança no design do site, fossem orientadas por rigorosos experimentos com os usuários.

Mudando sua organização

Muitas empresas, independentemente de suas raízes digitais ou de seus canais de clientes, aprenderam que é (relativamente) fácil instalar uma ferramenta de experimentação. No entanto, mudar uma organização – seus processos, gestão e cultura – requer tempo e paciência. O historiador Will Durant descreveu o desafio nos seguintes termos: "Somos o que fazemos repetidamente. A excelência, portanto, não é um ato, mas um hábito".[8] A excelência requer foco, prática constante e sistemas bem projetados. Geralmente uso a metáfora a seguir para explicar a dificuldade: "Na maioria das organizações, fazer experimentos é como pilotar um jet ski numa piscina". Assim como um jet ski, as ferramentas de hoje, sejam elas para testes on-line ou simulações de engenharia, têm um poder incrível. Elas derrubaram para praticamente zero o custo de realizar experimentos. Se uma empresa for uma piscina, são os limites e a profundidade de uma organização que precisam ser abordados para que a empresa possa beneficiar-se de todas as possibilidades de um jet ski. Esse trabalho envolve um processo de amadurecimento gradual, que pode ser descrito por cinco estágios de envolvimento da gestão, o modelo ABCDE: conscientização (*a*wareness, em inglês), crença (*b*elief), comprometimento (*c*ommitment), difusão (*d*iffusion) e incorporação (*e*mbeddedness) (veja a Figura 6-3).[9] Como observei no início do capítulo, a maioria das organizações que analisei, digitais ou não, B2C ou B2B, passaram por alguma variação dessa jornada.

As etapas são:

- A – *Conscientização (Awareness)*. A gestão sabe que os experimentos são importantes para a inovação; "Nós fazemos experimentos" geralmente significa "Estamos tentando algo novo", mas não há nenhum processo, sistema ou ferramenta de teste rigorosos para orientar a experimentação; as pessoas têm dificuldade de encontrar relações de causa e efeito, o que elas sabem se baseia principalmente em experiências prévias, intuição e observação.

- B – *Crença (Belief)*. A gestão percebe que a organização precisa de uma abordagem mais disciplinada para estabelecer relações de causa e efeito; um sistema de referência e ferramentas de teste rigorosos são implementados em grupos pequenos e especializados (as perguntas do Capítulo 2 são um exemplo de um sistema como esse); os efeitos começam a ser medidos, mas o impacto no processo decisório gerencial é pequeno; a liderança da empresa ainda vê a experimentação como uma atividade periférica na organização.

- C – *Comprometimento (Commitment)*. A gestão compromete-se com tornar a experimentação essencial para a aprendizagem e a tomada de decisão; mais recursos são alocados; algumas decisões de inovação e produtos passam a basear-se nos resultados de experimentos disciplinados ("Mostre-me o experimento"); o impacto positivo sobre os resultados dos negócios pode ser medido.

- D – *Difusão (Diffusion)*. A gestão percebe que os testes em grande escala são cruciais para causar um impacto nos negócios; padrões e programas formais são implementados por toda a empresa; o método científico na experimentação é disseminado por toda a organização; as pessoas ganham um amplo acesso a treinamentos, *checklists* e estudos de caso;[10] os gestores consideram os experimentos cruciais para atingir seus objetivos de negócio e exigem que experimentos sejam feitos antes de tomar decisões.

- E – *Incorporação (Embeddedness)*. A experimentação disciplinada para tomar decisões de negócios é democratizada e cria raízes profundas; as equipes (e as pessoas) são empoderadas e capazes de criar e executar os próprios experimentos; as ferramentas são acessadas por uma grande parcela dos funcionários da organização; a experimentação passa a ser uma atividade rotineira, como fazer cálculos financeiros, e as competências melhoram continuamente.

FIGURA 6-3

Os estágios para se tornar uma organização de experimentação

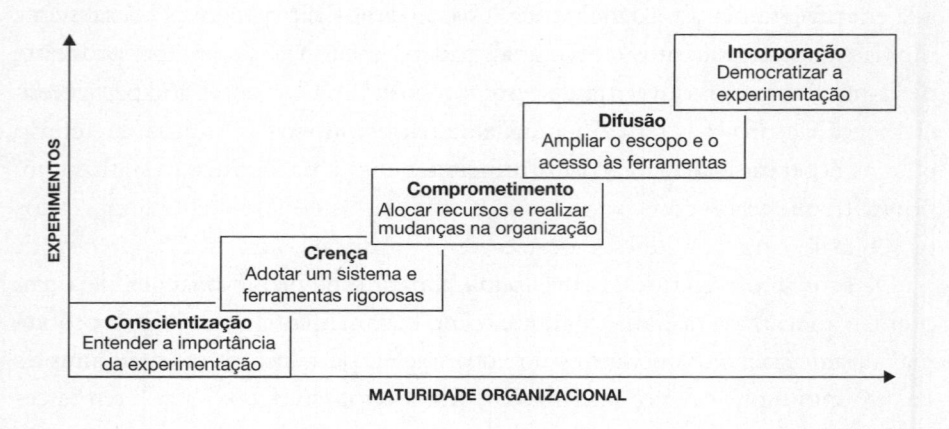

Os estágios de maturidade podem se sobrepor, mas são caracterizados por um conjunto distinto de ações. O número de experimentos pode aumentar significativamente à medida que a organização amadurece. Nos capítulos 3 e 5, vimos os exemplos da Microsoft e da Booking, duas organizações que atingiram o último estágio: a *incorporação* (*embeddedness*). Entretanto, para chegar lá, algumas organizações precisarão superar enormes desafios relativos à cultura e à integração.

Vejamos o que aconteceu na International Business Delivery (IBD), uma empresa de entrega expressa de encomendas adquirida pela Global Express Corporation (GEC), uma organização muito maior. (Os nomes foram alterados a pedido da empresa.) Antes de ser adquirida, a IBD tinha operações em mais de 50 países fora dos Estados Unidos e bilhões de dólares em vendas. Em 2014, a empresa lançou seu novo site sem qualquer teste ou medição específica das métricas de desempenho para orientar as decisões. Para iniciar sua jornada de testes on-line, as equipes de produto da organização foram encorajadas a fazer medições de rotina e incorporar os testes a seu fluxo de trabalho, o que levou quase nove meses. As equipes da IBD escalaram aos poucos a experimentação de um para cerca de dez testes mensais em 2018, contando com a ajuda das equipes de ciência de dados, *analytics* e marketing. Hoje, todos os produtos lançados passam por testes *full-stack* (do *back-end* ao *front-end*).[11]

O desenvolvimento de um aplicativo de remessas para clientes corporativos ilustra os desafios enfrentados pela IBD: uma base inicial menor, composta de dez mil clientes que interagiam com a empresa apenas algumas vezes por ano (que posteriormente cresceu para 200 mil), uma concorrência acirrada e a aquisição pela GEC, que tinha uma organização funcional baseada em projetos. A abordagem interfuncional da IBD, que envolvia iterações rápidas, testes frequentes e produtos minimamente viáveis em um ambiente de computação em nuvem, deparou com a cultura conservadora de gerenciamento de projetos da GEC, que desenvolvia novos produtos de acordo com as especificações, levando, em geral, entre um e três anos, testados com pouca frequência e com os projetos considerados concluídos quando todos os requisitos eram atendidos.

De acordo com o diretor de desenvolvimento de produtos digitais da empresa, o aplicativo era "incrivelmente complexo, com longos *checklists* e problemas de integração, e queríamos que o processo de compra fosse tão simples quanto comprar um livro na Amazon. Seria impossível fazer isso sem testes frequentes e sem aprender com os clientes corporativos". O contraste ficou claro quando o aplicativo da IBD aumentou a receita por cliente em quase 10% (pense em uma receita anual de bilhões de dólares), enquanto a GEC lançou um produto similar sem fazer testes e a satisfação do cliente despencou. E a equipe da IBD não se contentou com isso. Sua cultura de experimentação exigia testes e otimização contínuos, mesmo depois do lançamento de seu aplicativo de remessa.

Para beneficiar-se de todo o poder da experimentação e escalar para milhares de testes, a capacidade da IBD precisava ser replicada na GEC, muito maior. Para isso, é preciso superar desafios culturais que muitas empresas enfrentam. Os gestores seniores devem direcionar a organização para reagir ao feedback externo em tempo real, o que pode ser feito com a experimentação em grande escala. Pode ser difícil, mas é possível. Vejamos como a IBM escalonou seus experimentos de cerca de cem para quase três mil por ano em apenas três anos.

IBM: uma gigante B2B que está escalando a experimentação

Em 2015, a IBM ainda não era uma organização de experimentação.[12] O departamento de TI da empresa oferecia serviços de testes, mas os experimentos, além de caros (custavam milhares de dólares por teste), eram cobrados diretamente das unidades de negócio e tinham de seguir um rigoroso processo. A capacidade de atendimento era limitada a apenas um especialista em testes, que também tinha o poder de vetar propostas. Muitos experimentos só eram aceitos se ele acreditasse que seriam bons candidatos a uma "vitória".

Em consequência, a empresa só fez 97 testes em 2015. Esse baixo número não deve surpreender, considerando que a empresa tinha um gargalo de apenas um especialista, nenhuma ferramenta de teste de fácil utilização e um baixo grau de conscientização nas unidades de negócio. E, se a ideia era limitar os testes realizados nos clientes empresariais da IBM – e manter essa capacidade fora do alcance dos departamentos de marketing –, alguns gestores não viam problema algum com essa pequena escala. O problema, naturalmente, é que não é fácil encontrar muitos príncipes se você só beijar 97 sapos por ano.

Tudo isso mudou quando a cultura de testes da IBM foi democratizada, apesar das objeções da área de TI. Ari Sheinkin, vice-presidente de marketing *analytics*, com o apoio de Michelle Peluso, a nova CMO da IBM, assumiu a experimentação com os clientes empresariais. Sheinkin declarou: "Poder tomar decisões com base no feedback em tempo real é o meu sonho para qualquer organização, e os testes em grande escala eram cruciais para realizar esse sonho". Para isso, seria necessário convencer e empoderar mais de 500 executivos de marketing ao redor do mundo para realizar os próprios testes. Para começar, a equipe de Sheinkin selecionou ferramentas de teste escalonáveis e fáceis de usar, concebeu um sistema para fazer experimentos disciplinados e isentou todas as unidades de negócio de pagar pelos testes on-line. (O departamento de marketing *analytics* usaria um orçamento centralizado para pagar todos os custos de suporte e licenças de software.) Um Centro de Excelência, que, em 2018, já tinha 12 pessoas, dava suporte ao pessoal de marketing em todos os aspectos do design e execução dos experimentos, facilitando o processo de experimentação. Sheinkin explicou: "Nossas comunicações deixavam claro que estávamos implementando um novo jeito de trabalhar, não um mero caminho alternativo para fazer o trabalho".

Mesmo com os recursos adicionais, as mudanças organizacionais e as novas ferramentas, ampliar o escopo do envolvimento exigiu intervenções criativas. Para convencer os departamentos de marketing ao redor do mundo a executar seu primeiro experimento, a IBM fez uma "blitz de testes", na qual 30 experimentos on-line precisariam ser realizados em 30 dias. As unidades identificaram líderes que posteriormente desempenharam um papel importante na implementação de testes em outros grupos. As modificações nas páginas da internet deveriam ser simples e estruturadas: alterações nas cores, texto dos títulos, layout dos botões. Embora a maioria dos testes não tenha resultado em melhorias estatisticamente significativas, alguns tiveram um sucesso espetacular. Como as páginas nunca tinham sido otimizadas com rigor científico, os KPIs saltaram mais de 100%. Alguns grupos temiam que suas páginas de destino não tivessem um tráfego de clientes suficiente para realizar testes significativos. Em vista disso, a empresa se focou nas páginas de destino mais importantes e na consolidação das páginas de baixo tráfego. O exercício também levantou questões importantes: será que a IBM precisava mesmo de milhões de páginas na internet, considerando que a maioria raramente era visitada?

Para redirecionar a cultura da IBM à experimentação, a gestão usou uma abordagem em três frentes: rituais, repetição e reconhecimento. As intervenções incluíram concursos trimestrais para escolher os experimentos mais inovadores ou escaláveis. Os vencedores ganhavam destaque na newsletter da empresa e viagens para participar de conferências especializadas, onde poderiam ouvir palestras e conversar com teóricos e outros praticantes da experimentação. A crescente comunidade de testes da IBM também podia acompanhar blogs, consultar a equipe de experimentação e fazer cursos em todos os níveis de expertise. Em suma, a empresa disponibilizou suporte a qualquer pessoa interessada em realizar experimentos.

Nem todas as intervenções, contudo, envolviam recompensas. Em algumas situações, a IBM também precisou mudar suas políticas para encorajar o comportamento. Por exemplo, os departamentos de marketing foram informados de que não poderiam mais utilizar as verbas corporativas sem um plano de experimentação. E, mesmo para alocar seu próprio orçamento para publicidade, o pessoal de marketing era encorajado a começar com um plano de experimentação. As mudanças nas políticas resultaram de um insight importante: os experimentos isolados, mesmo sendo numerosos, em geral não eram seguidos de ações de *follow-up* e iteração. Um bom plano de experimentação exigia uma abordagem mais holística, que levasse em consideração como as hipóteses influenciavam umas às outras, os sites nos quais os experimentos eram realizados, as metas e as métricas vinculadas aos resultados de negócio, os tamanhos projetados de amostra, as etapas de implementação, entre outros fatores. Acima de tudo, um bom plano possibilitava iterações e levava à exploração e à otimização de ações muito mais ousadas, como "a introdução de elementos emocionais nas interações B2B na internet". Nem todos os experimentos se focavam em estabelecer a relação causal entre tratamentos e variáveis de desempenho. Alguns agregaram valor ao afastar as equipes de um "ideal local" (a melhor solução dentro de um pequeno círculo de possibilidades) e possibilitaram novas abordagens para melhorar as experiências do cliente ou atrair uma nova geração de consumidores (como jovens que nunca tiveram contato com a IBM).

Valeu a pena todo esse empenho para democratizar a experimentação. A empresa implementou a nova plataforma de testes em 23 unidades de negócio em 170 países. Em 2017, a empresa realizou um total de 782 testes, envolvendo quase um quarto de seu pessoal de marketing ao redor do mundo (veja a Tabela 6-1). Alguns testes passaram a envolver a personalização das experiências do cliente. À medida que melhorava sua capacidade de fazer experimentos com precisão científica e coletar um enorme volume de dados sobre clientes individuais, a empresa podia começar a testar experiências personalizadas para grupos de clientes menores (e mais homogêneos).

TABELA 6-1

Crescimento dos experimentos on-line na IBM

Ano	Escopo (funcionários envolvidos)	Escala (testes A/B/n)	Personalização (testes)	Escala (Total)
2015	14	97	0	97
2016	37	474	38	512
2017	1.496	631	151	782
2018	2.130	1.317	1.505	2.822

Em 2018, o número de testes decolou para 2.822, e centenas de profissionais de marketing já levavam a experimentação muito a sério. O interesse de outros grupos de negócio também cresceu, e 12% dos experimentos tiveram origem fora dos departamentos de marketing. No entanto, segundo Sheinkin, o trabalho ainda não chegou ao fim: "Para muitos profissionais de marketing, a experimentação ainda fica em terceiro lugar em sua lista de prioridades. Os dois principais itens costumam ser responsabilidades do dia a dia, como preparar-se para a próxima grande reunião. Os experimentos precisam se tornar a principal prioridade". Um desafio cultural constante é levar as pessoas a desenvolver uma mentalidade verdadeiramente experimental, que envolve mais do que apenas realizar experimentos encorajados pelos líderes seniores. A IBM descobriu que um dos grupos mais difícil de integrar era a gerência intermediária, cujo papel tradicional de traduzir a direção executiva em ações práticas foi virado de cabeça para baixo por essa nova maneira de gerenciar – ou seja, seguir o método científico, sempre que possível e em tempo real, e tomar decisões com base nos resultados dos experimentos.

Ferramentas utilizadas

Como já vimos, as ferramentas são cruciais para tornar-se uma organização de experimentação. Elas possibilitam testes controlados em grande escala e precisam ser integradas ao trabalho do dia a dia. O simples ato de incluir mais camadas de ferramentas não transforma automaticamente sua empresa em uma organização inovadora.

Como cada organização usa uma abordagem específica para integrar pessoas, processos e ferramentas – resultado de rotinas, culturas e hábitos formais e informais –, as práticas organizacionais que passaram vários anos se desenvolvendo na empresa podem precisar ser desestabilizadas. Lembrando o que David Vismans, diretor de produtos da Booking que conhecemos no Capítulo 5, disse sobre o desafio: "O teste A/B é uma ferramenta incrível. No nosso setor, se você não fizer esses testes, estará fadado a morrer. Se eu tiver de dar algum conselho aos CEOs, seria: os testes em grande escala não são uma prática técnica. São uma prática cultural que sua organização precisa receber de braços abertos".[13]

As ferramentas não melhoram automaticamente o desempenho

Então, como as empresas deveriam implementar as ferramentas e escalonar suas atividades de experimentação para facilitar, em vez de dificultar, a inovação? Para ter algumas ideias de como fazer isso com mais eficácia, vamos nos concentrar, mais uma vez, na indústria automobilística.

No fim dos anos 1990, colaborei com Takahiro Fujimoto, da Universidade de Tóquio, em um programa de pesquisa de práticas globais de desenvolvimento automotivo. Passamos três anos visitando a maioria das indústrias de automóveis do mundo e coletando dados sobre 22 projetos de desenvolvimento. Coletamos informações bastante detalhadas. Com cerca de 400 pontos de dados para cada projeto, esperávamos descobrir quais práticas de gestão eram responsáveis por grandes diferenças no desempenho dos projetos (em termos de horas de engenharia e tempo de produção total). No estudo, analisamos muitas práticas, incluindo a adoção de ferramentas digitais, como modelagem e simulação por computador.[14] Como vimos no Capítulo 1, essas ferramentas transformaram a maneira como os engenheiros fazem experimentos, resolvem problemas, aprendem e interagem entre si. Gestores seniores de P&D nos diziam que os avanços nas ferramentas digitais foram a mudança mais significativa que eles viram em toda sua carreira. Mas nosso estudo levou a uma constatação intrigante: as empresas de nosso estudo que usavam as ferramentas mais sofisticadas não eram necessariamente as que apresentavam os melhores desempenhos nos projetos. Descobrimos que ferramentas de ponta só resultavam em saltos exponenciais no desempenho se fossem acompanhadas de mudanças organizacionais e culturais. Dito de outra forma, os processos, a estrutura organizacional, a gestão e a cultura existentes em uma empresa podem facilmente se transformar em um gargalo e impedir as novas ferramentas de atingir seu máximo potencial. Aprendi exatamente essa mesma lição estudando outras empresas e setores, incluindo o uso em grande escala de ferramentas de testes on-line para a otimização da experiência do cliente. Em minha pesquisa, também encontrei algumas armadilhas comuns e estratégias que as empresas podem usar para evitá-las, incluindo:

Não use as ferramentas como meros substitutos

Quando as novas ferramentas de modelagem e simulação foram disponibilizadas, seus defensores inicialmente argumentaram que substituir testes de protótipos físicos por testes virtuais poderia poupar milhões de dólares. É verdade que as empresas pouparam dinheiro com essa simples substituição, mas essas substituições não conseguiam se beneficiar das maiores oportunidades oferecidas por esses novos experimentos de baixo custo: reinventar e reorganizar o fluxo de atividades de inovação. Um gestor explicou essa ideia usando a metáfora da hora do *rush* de manhã. Mesmo se tivesse uma Ferrari, se não conseguisse encontrar um novo caminho que lhe permitisse se beneficiar da velocidade e da aceleração do carro, ele não chegaria antes ao trabalho. Da mesma forma, as empresas só têm como se beneficiar de todo o potencial das novas ferramentas se encontrarem novas maneiras de trabalhar.

Vejamos um exemplo: em um projeto que conduzi com uma empresa de semicondutores analógicos, trabalhei com a gestão sênior e a engenharia para encontrar maneiras inovadoras de aproveitar dados detalhados de desempenho dos equipamentos e dos circuitos integrados fabricados pela empresa. Usamos os dados para desenvolver modelos estatísticos sofisticados da capacidade de fabricação da empresa e incorporamos esses modelos às ferramentas de design e simulação que foram, então, usadas pelos engenheiros para testar seus designs. Antes disso, esses engenheiros precisavam criar seus designs com amplas margens de segurança que garantissem que os dispositivos pudessem ser fabricados, o que reduzia o desempenho e aumentava os custos. Agora, com os modelos de sua capacidade de fabricação integrados às ferramentas de design, eles tinham como reduzir significativamente as margens de segurança usando testes de simulação do desempenho da manufatura. O resultado foi um desempenho melhor e custos mais baixos, sem redução do rendimento. No entanto, para se beneficiar das funcionalidades das novas ferramentas, as equipes de design e de manufatura também precisaram transformar a maneira como trabalhavam em colaboração. Para começar, a manufatura precisava coletar e atualizar com frequência os dados para serem utilizados pelos engenheiros de design. Em segundo lugar, os dois grupos precisavam confiar que os modelos incorporados à ferramenta eram precisos e não resultariam em rendimentos mais baixos. Em terceiro lugar, a manufatura tinha de informar imediatamente quaisquer mudanças (como ajustes no processo) aos outros grupos e coordenar o trabalho com eles, porque suas ações afetavam as ferramentas utilizadas por esses grupos.

Conquiste a confiança das pessoas

Em minhas pesquisas, observei que a velocidade das mudanças tecnológicas normalmente é maior do que a velocidade na qual as pessoas conseguem mudar seu comportamento. Ou seja, quando a base de conhecimento de uma organização depende da utilização de ferramentas e materiais específicos, não é fácil para os engenheiros abandonar grande parte de seu conhecimento atual, e eles não mudarão a maneira como trabalham da noite para o dia. No caso da empresa de chips que vimos acima, a manufatura relutou muito em aceitar que a redução das margens de segurança das ferramentas de design não afetaria o rendimento da produção. É bem verdade que a empresa não tinha como saber qual seria o efeito como um todo, mas seu CEO queria fazer alguns experimentos porque, se as novas funcionalidades disponibilizadas pela ferramenta funcionassem, elas dariam aos produtos da empresa uma vantagem de desempenho sobre os concorrentes. (Muitos concorrentes não tinham fábricas próprias e, portanto, não tinham acesso a dados detalhados de manufatura.) O pessoal da manufatura se convenceu quando viu os resultados impressionantes de alguns projetos de design.

Da mesma forma, quando os grupos de engenharia começaram a implementar ferramentas de simulação, pessoas que passaram anos, ou até décadas, usando modelos físicos tiveram dificuldade de aceitar os resultados de um teste simulado. Essa dificuldade levou ao resultado bizarro que vimos no Capítulo 4: em uma empresa automobilística, descobrimos que a implementação da simulação por computador acabou *aumentando* os custos gerais de desenvolvimento de produtos. Como as pessoas não confiavam na nova ferramenta que deveria substituir os dispendiosos protótipos físicos, elas acabaram construindo mais protótipos físicos para verificar se as simulações eram precisas. Em alguns casos, o ceticismo era justificado, porque os testes virtuais simplesmente não eram bons substitutos. No entanto, em muitos casos, o fracasso da gestão em gerar confiança levou ao desperdício de recursos.

Minimize as interfaces

A experimentação pode envolver diferentes grupos ou departamentos especializados. Para que o processo funcione, as atividades devem ser coordenadas. Engenheiros de áreas diferentes criam o design de partes de um produto que precisam funcionar como um todo, enquanto modelos de teste (como protótipos) muitas vezes são construídos por um grupo diferente. Em ambientes como esse, a iteração dos experimentos requer que o "bastão" seja passado com eficácia de uma equipe à outra, sem a perda de informações e as demoras que costumam ser associadas às interfaces organizacionais. Novas ferramentas digitais podem, por si sós, reduzir algumas dessas perdas, porque a transferência de informações é ao mesmo tempo reduzida e padronizada. Só que elas também podem travar a roda da experimentação que vimos no Capítulo 1.

No estudo global com empresas automotivas, analisamos as interfaces organizacionais com potencial de inibir as iterações. Mais especificamente, investigamos como o trabalho de inovação era dividido entre as pessoas especializadas nas ferramentas e os engenheiros, e vimos os diferentes modelos organizacionais da Figura 3-3. Algumas empresas empregavam especialistas centralizados (pessoas focadas na ferramenta) para desenvolver expertise (por exemplo, em modelagem e simulação), mas a desvantagem era que a resolução de problemas podia ser desacelerada se a integração dessa expertise não fosse bem gerenciada. Era o que acontecia quando as empresas automobilísticas empregavam um número maior desses especialistas. Embora esses profissionais dessem suporte aos engenheiros, eles não eram especialistas em design. Pelo contrário, eles tendiam a *separar* os engenheiros das ferramentas e dos detalhes do design. Por outro lado, empresas como a Toyota preferiam ferramentas mais simples, de fácil utilização pelos engenheiros e que reduziam as barreiras entre os grupos. Nas empresas de melhor desempenho, os próprios engenheiros faziam mais simulações, o que, na prática, reduzia o número de interfaces. É importante notar que, quando os engenheiros de projeto dominam as ferramentas, eles resistem em deixar a integração para os especialistas, que tendem a conhecer menos os aspectos sistêmicos dos produtos em desenvolvimento.

Encontre novas maneiras de criar valor

Avanços nas ferramentas podem disponibilizar novas maneiras de interagir com os parceiros e criar valor. Ao colocar as ferramentas analíticas nas mãos dos clientes, o Google revolucionou a área da publicidade. As ferramentas de desenvolvimento de aplicativos da Apple transformaram muitos usuários em fornecedores de aplicativos e criaram um enorme mercado que a empresa controla, que colhe benefícios enormes. Com efeito, é possível criar um novo valor encontrando maneiras de possibilitar que clientes e usuários tenham um papel mais ativo na inovação e nas operações. Isso é feito incorporando o know-how de uma empresa em ferramentas e empoderando os clientes para criar, testar e até "fabricar" as próprias soluções, revolucionando o processo de criação e captura de valor. Já vi isso acontecer em empresas de engenharia e software, e essas novas ferramentas estão começando a se popularizar também em outros setores.[15]

Alguns anos atrás, a Credit Suisse criou uma plataforma que os clientes podem usar para criar os próprios produtos financeiros. Ao automatizar as verificações rotineiras de segurança e de robustez e transferir aos clientes o trabalho de montar pacotes de produtos, a Credit Suisse reduziu o custo de design de produtos em cerca de 95%, aumentando enormemente a lucratividade e liberando recursos para se focar na inovação e não na execução. Além disso, centenas de produtos diferenciados eram criados todos os dias, e o volume de negociações na plataforma cresceu mais de 50% ano após ano. Ao repensar a maneira como pode agregar valor a seus clientes utilizando novas ferramentas, o banco e seus clientes criaram soluções até então inexistentes.[16]

A lição a ser aprendida com a State Farm, o Pinterest, a IBM e outras empresas que vimos neste capítulo é que escalar a experimentação é uma jornada necessária que será difícil, mas extremamente gratificante. Ao longo do caminho, precisamos repensar a maneira como o trabalho do dia a dia é feito. Ao assumir o desafio de se tornar uma organização de experimentação, tome cuidado! Alguns mitos e seus defensores obstinados tentarão impedir seu progresso. Vamos conhecer esses mitos e como desmascará-los no Capítulo 7.

Sete mitos da experimentação

Para cada ação há uma reação igual e oposta.
— Terceira Lei de Newton

Quando Isaac Newton publicou sua terceira lei do movimento em 1687, ele acidentalmente nos deu um modelo conceitual que ia muito além do movimento de objetos físicos. Cerca de 300 anos depois, o economista Albert Hirschman aplicou essa lei da ação e reação ao estudo do progresso político, social e econômico e chegou a uma conclusão provocativa. Ele propôs que a oposição ao progresso costuma ser "moldada não tanto por traços básicos de personalidade, mas simplesmente pelos imperativos da argumentação, praticamente sem qualquer relação com os desejos, o caráter ou a convicção dos participantes".[1] Apesar das experiências da IBM, da Microsoft, da Booking e de outras empresas descritas neste livro, os argumentos de Hirschman, que veremos em mais detalhes logo adiante, podem nos ajudar a entender por que alguns executivos recusam-se a pisar no acelerador quando se trata da experimentação na empresa. Em 2018, a Forrester Research fez um levantamento com cerca de 120 usuários sobre as práticas dos testes on-line em suas organizações. Os respondentes do levantamento trabalhavam em empresas globais, com e sem raízes digitais.[2] O estudo chegou a três importantes constatações. Para começar, os testes on-line não tinham visibilidade entre os executivos: apenas 32% dos respondentes ocupavam cargos executivos em sua organização. Um vice-presidente de e-commerce observou que convencer os líderes seniores da importância dos testes on-line era o maior obstáculo ao escalonamento dos experimentos. Em segundo lugar, o estudo constatou que a insuficiência de recursos e os problemas de integração com as atividades analíticas eram importantes obstáculos ao aumento da maturidade e da escala de experimentação. Apenas cerca de um terço dos respondentes tinha vários funcionários totalmente dedicados à experimentação; o restante só tinha um funcionário trabalhando em período integral ou meio período (ou uma combinação dos dois). Em terceiro lugar, 55% dos respondentes disseram que suas plataformas de testes on-line eram pouco integradas aos canais digitais interativos. Esse último resultado surpreende, já que cerca de 90% relataram melhorias na conversão de usuários, enquanto outros relataram benefícios como aumento do valor das compras e do número de cadastros on-line.

Algumas empresas levam muito tempo para avançar porque sua gestão desconhece o poder de pensar e agir cientificamente em grande escala. No entanto, identifiquei alguns equívocos comuns (expressos na forma de argumentações retóricas) que estão desacelerando ainda mais o progresso das organizações. Essas ideias enganosas precisam ser compreendidas, abordadas e eliminadas.

Hirschman concluiu que os argumentos contra o progresso normalmente vêm em três "sabores": a tese da *perversidade*, a tese da *futilidade* e a tese da *ameaça*. Quando você tenta mudar uma organização, os grupos resistentes à mudança têm grandes chances de apresentar esses argumentos. De acordo com a tese da perversidade, qualquer ação para melhorar algum aspecto de um sistema sairá pela culatra. A organização ficará pior do que era antes do início da ação. (Foi o que aconteceu na J.C. Penney, como vimos no Capítulo 1.) Portanto, seria melhor não iniciar a ação. Já a tese da futilidade afirma que qualquer tentativa de transformar uma organização dificilmente fará qualquer diferença, porque não aborda os problemas estruturais mais profundos. Portanto, qualquer ação é inútil e não vale a pena explorar. No entanto, o argumento mais perigoso pode ser a tese da ameaça, que afirma que uma ação proposta, embora possa ter seus benefícios, envolve riscos e custos inaceitáveis. O perigo desse argumento é que é fácil especificar custos e riscos antes da ação, mas os benefícios geralmente são difíceis de calcular, especialmente antes de a ação acontecer. Por exemplo, uma rede de supermercados não teria dificuldade de calcular o custo de reformar suas lojas. No entanto, o impacto na receita só será conhecido depois de as obras serem finalizadas. O verdadeiro custo da inação é o custo de oportunidade, que não entra em nenhum balanço ou demonstração de resultados. A maior arma dos defensores do argumento da ameaça é o medo, a incerteza e a dúvida.

Tornar-se uma organização de experimentação sem dúvida provocará atritos, já que para cada ação haverá uma reação oposta. As causas que encontrei são numerosas e variadas: inércia, ansiedade, incentivos, arrogância, riscos e custos percebidos e assim por diante. No entanto, também descobri que os gestores nem sempre estão cientes da eficácia das atividades de experimentação descritas neste livro. Essa dificuldade de entender e dar valor aos verdadeiros benefícios da experimentação deu origem a falácias que comprometem a inovação.

Veja abaixo sete mitos específicos que encontrei (resumidos na Tabela 7-1).

Mito 1: "A inovação impulsionada pela experimentação destruirá a intuição e a capacidade de julgamento na organização"

Alguns anos atrás, dei uma palestra sobre a experimentação a uma grande plateia composta de executivos e empreendedores. Os espectadores estavam intrigados, até que um participante, o fundador e CEO de uma cadeia nacional de restaurantes, expressou enfaticamente sua oposição a sujeitar as ideias de seus funcionários a testes rigorosos. Ele acreditava firmemente que a inovação se baseia em criatividade, confiança e visão e esbravejou: "Steve Jobs não testou nenhuma de suas ideias". Ficou claro que ele era um defensor da tese da perversidade: um foco maior na experimentação seria um tiro pela culatra, colocaria ideias inovadoras em risco de serem descartadas antes da hora e, no fim, destruiria a intuição e a capacidade de julgamento na organização.

TABELA 7-1

Sete mitos da experimentação

Mito	Fato
1. "A inovação impulsionada pela experimentação destruirá a intuição e a capacidade de julgamento na organização."	A intuição e a capacidade de julgamento podem ser fontes de hipóteses e complementar a experimentação.
2. "Os experimentos on-line levarão a inovações incrementais, mas não a uma melhoria significativa no desempenho."	Os experimentos on-line são cruciais para a exploração e a otimização. Um fluxo contínuo de inovações incrementais atingindo muitos clientes no decorrer de longos períodos pode muito bem levar a uma melhoria significativa no desempenho.

3. "Não temos hipóteses suficientes para realizar a experimentação em grande escala."	Todas as organizações de experimentação começaram sem grandes ambições e foram melhorando com o tempo. A maioria das empresas não faz milhares de experimentos por ano.
4. "As empresas físicas não têm transações suficientes para fazer experimentos."	Os experimentos podem ser realizados em ambientes com muitas ou poucas transações e em ambientes off-line ou on-line.
5. "Tentamos fazer testes A/B, mas esses experimentos melhoraram muito pouco o desempenho da organização."	É fundamental dominar a experimentação para garantir a competitividade. Qual é o ROI de respirar?
6. "Conhecer as relações de causalidade é coisa do passado na era do *big data* e do *business analytics*. Para que perder tempo com experimentos?"	A análise de *big data* nos fornece insights sobre correlações. Esses insights são fontes excelentes de novas hipóteses e experimentos, que testarão a causalidade. O *big data* e os experimentos são complementares, não excludentes.
7. "Sempre é antiético realizar experimentos com clientes sem seu consentimento prévio."	Os experimentos devem ser éticos e merecer a confiança dos clientes. Mas o maior risco que as empresas correm é deixar de fazer experimentos suficientes e abrir mão da inovação.

Respondi que a experimentação não substituía a intuição, e que, na verdade, uma precisava da outra para existir. A intuição, os insights de clientes e as pesquisas qualitativas são fontes preciosas de novas hipóteses, que podem ou não ser refutadas, mas a experimentação rigorosa muitas vezes nos permite melhorar as hipóteses. Evidências empíricas demonstram que até os especialistas têm dificuldade de prever o comportamento do cliente (encontramos amplas evidências disso). Na verdade, eles erram na maioria das vezes. Não seria preferível saber logo o que funciona e o que não funciona e concentrar os recursos nas ideias mais promissoras? Quando alguns participantes concordaram com esse raciocínio, o defensor ferrenho da tese da perversidade cedeu aos poucos. (Curiosamente, depois fiquei sabendo que a empresa dele utilizava uma ferramenta popular para realizar rigorosos experimentos em seus restaurantes, mas ele desconhecia a iniciativa.) No que diz respeito a seu comentário sobre Steve Jobs, é incrível ver quanta gente acha que tem o mesmo nível de intuição e criatividade que Jobs – até se dar conta de que não é o caso. Aproveitando, gostaria de derrubar outro mito: na verdade, a Apple faz experimentos.

Mito 2: "Os experimentos on-line levarão a inovações incrementais, mas não a uma melhoria significativa no desempenho"

No Capítulo 3, vimos que os gestores costumam presumir que, quanto maior for a mudança, maior será o impacto que eles poderão ver. Só que essa não passa de outra manifestação da tese da perversidade: as melhorias no desempenho dos negócios nem sempre resultam de uma ou de um punhado de grandes mudanças. Elas também podem resultar do fluxo contínuo de muitas mudanças menores e bem-sucedidas que se acumulam rapidamente e podem atuar sobre os clientes por um longo período. Uma cultura de inovação incremental pode beneficiar a organização desde que muitas melhorias sejam feitas, que elas sejam testadas e escaladas rapidamente e que haja evidências científicas de causa e efeito. No mundo digital, o impacto também envolve acertar muitas pequenas mudanças e escalá-las a milhões ou bilhões de usuários.

Os experimentos em tempo real podem ser assustadores quando fazemos grandes mudanças. Para começar, eles podem ser um fracasso estrondoso e expor milhões de clientes a consequências negativas. Para um negócio on-line de alto tráfego, o custo de uma queda repentina na conversão do usuário pode chegar rapidamente à casa dos milhões de dólares. Há outra preocupação: O que uma organização poderia aprender sobre causa e efeito quando várias mudanças são feitas ao mesmo tempo e não é possível isolar a variável que levou a métrica a mudar? Grandes mudanças são mais eficazes quando o objetivo é explorar e passar a um novo patamar (como um novo modelo de negócio ou uma nova experiência na internet), porque você já atingiu um ponto ótimo local: experimentos sucessivos produzem resultados com retornos decrescentes.

Foi o que vimos no exemplo da equipe de iatismo da Nova Zelândia no Capítulo 1, no qual o novo patamar era um novo design do casco da embarcação. É verdade que experimentadores experientes podem realizar experimentos inovadores alterando muitas variáveis ao mesmo tempo. E, quando fazem isso, eles prestam muita atenção a comportamentos como aversão à mudança. As respostas em curto prazo a grandes mudanças podem não indicar os efeitos em longo prazo. Toda inovação envolve incerteza, e os experimentos, tanto os incrementais quanto os radicais, são cruciais para enfrentá-la.

Mito 3: "Não temos hipóteses suficientes para realizar a experimentação em grande escala"

Os gestores se intimidam quando ficam sabendo de importantes empresas digitais lançando dezenas de novos experimentos todos os dias. Para fazer dez mil experimentos por ano, seus funcionários precisariam conceber, aprovar, lançar e analisar cerca de 40 experimentos por dia, uma tarefa aparentemente impossível. Pior ainda, empresas como a Amazon, a Booking e a Microsoft parecem estar tão à frente que nem poderiam servir de exemplo. Os que se opõem à experimentação alegam que, como a organização só tem como implementar um pequeno número de experimentos, a experimentação fará pouca diferença no desempenho financeiro da empresa e, portanto, seria um esforço fútil. Só que todas as organizações descritas neste livro começaram do zero. Todas as suas realizações resultaram do desenho e do redesenho criterioso de sistemas de experimentação e anos de prática. A realidade é que a maioria das empresas não faz milhares de experimentos todos os anos. A State Farm faz entre cem e 200 testes anualmente (com muitas variantes) e se beneficia consideravelmente do que aprende. Algumas empresas fazem ainda menos experimentos e observam melhorias nas principais métricas de desempenho. Com o tempo, e aplicando as lições deste livro, as organizações podem aumentar a escala da experimentação e superar os concorrentes. Portanto, não é de surpreender que a adoção de ferramentas de teste A/B seja especialmente importante nas startups. Os testes de alta velocidade lhes dão agilidade para reagir às mudanças do mercado e dos clientes e reduzem os gastos com pesquisas de marketing. Um estudo de 2018 descobriu que 75% de uma amostra de 13.935 startups fundadas em 2013 usavam ferramentas de teste A/B. Apesar de não deixar clara a eficácia da implementação dessas ferramentas, o estudo constatou que os testes A/B tiveram um impacto positivo no desempenho dos negócios.[3]

Mito 4: "As empresas físicas não têm transações suficientes para fazer experimentos"

Um dos riscos de usar grandes empresas digitais para demonstrar o potencial da experimentação é que os céticos apontam imediatamente o tamanho da amostra. Eles observam que a grande maioria dos negócios de sua empresa não é realizada por meio de canais digitais, e sim de sistemas de distribuição complexos, como redes de lojas, territórios de vendas, agências bancárias e assim por diante. Em ambientes como esses, os experimentos sofrem com uma série de complexidades analíticas, sendo que a mais importante é que o tamanho das amostras costumam ser pequenos demais para produzir resultados estatisticamente válidos. Enquanto um grande varejista on-line pode simplesmente selecionar aleatoriamente 50 mil consumidores e verificar suas reações a um experimento, nem os maiores varejistas físicos têm como alocar aleatoriamente 50 mil lojas para testar uma nova promoção. Para eles, um grupo de teste realista seria na casa das dezenas, não dos milhares. Então para que se preocupar com experimentos disciplinados? Para combater esse argumento da futilidade, vamos rever o que aprendemos no Capítulo 2.

Para começar, vimos que os experimentos precisam de uma amostra grande o suficiente para calcular a média dos efeitos de todas as variáveis, exceto as que estão sendo estudadas. O tamanho necessário da amostra depende em grande parte da magnitude do efeito esperado. Se a empresa espera que a causa tenha um grande efeito, o tamanho da amostra pode ser menor. Se o efeito esperado for pequeno, a amostra deve ser maior. Isso acontece porque, quanto menor for o efeito esperado, maior será o número de observações necessárias para distingui-lo, com a confiança estatística desejada, do ruído. Portanto, se a sua empresa competir em um ambiente que não permite testes envolvendo centenas de milhares de clientes, basta focar-se em realizar experimentos maiores e mais arriscados. E, às vezes, como vimos na IBM (Capítulo 6), focar-se no tamanho da amostra pode realmente ajudar com questões como: por que investimos em páginas da internet com baixo tráfego? Como podemos aumentar o tráfego e o tamanho da amostra? Não seria melhor consolidar nosso tráfego?

Em segundo lugar, vimos que alguns gestores muitas vezes presumem, equivocadamente, que uma amostra maior resultará automaticamente em dados melhores. O problema é que um experimento pode envolver muitas observações, mas, se elas forem altamente agrupadas, ou correlacionadas entre si, o tamanho real da amostra pode ser bem pequeno. Em terceiro lugar, as empresas podem utilizar algoritmos especiais em combinação com vários conjuntos de *big data* para compensar as limitações do ambiente com tamanhos de amostra menores que cem (veja o quadro do Capítulo 2, "Como o *big data* pode ajudar a melhorar os experimentos"). Por fim, vimos que até os experimentos que não têm um alto grau de rigor podem ajudar na exploração de novos direcionamentos possíveis.

Também é verdade que as empresas sem raízes digitais estão cada vez mais expostas à concorrência digital. E, quando as empresas passarem a interagir mais com os clientes por meio de canais móveis e na internet, elas terão acesso a amostras maiores. Quando isso acontecer, os gestores perceberão que, para competir, é necessário ter uma boa capacidade de experimentação para otimizar as experiências dos clientes.

Mito 5: "Tentamos fazer testes A/B, mas esses experimentos melhoraram muito pouco o desempenho da organização"

Cerca de um ano atrás, falando com um colega sobre os testes on-line, ele me contou uma conversa que teve com o CEO de uma empresa de viagens. A empresa utilizou testes A/B, mas, segundo o CEO, "[a experimentação] não gerou o valor de negócios prometido". Não temos como saber ao certo se a organização estava no estágio de *conscientização* ou *crença* (ou ainda mais adiante), mas parece que o executivo tinha se decidido contra a experimentação. Em vez de aumentar a escala, o escopo e a integração entre as unidades de negócio, a tese da futilidade acaba se transformando em uma profecia autorrealizável. Uma organização faz algumas dezenas de testes, encontra poucos vencedores e declara que a iniciativa foi um fracasso. Uma variante dessa tese da futilidade é: "Estamos decepcionados com os testes A/B porque o impacto cumulativo sobre os negócios está sendo menor que a soma esperada dos resultados dos testes". Os executivos podem se focar cedo demais nas boas notícias ou as equipes podem ficar compreensivelmente empolgadas e se comprometem demais quando encontram um "vencedor". Só que essa conta dos resultados dos testes não precisa fechar da maneira esperada por várias razões. Para começar, os efeitos de interação não fazem com que os resultados sejam cumulativos. Veja um exemplo muito simples: imagine que a sua empresa decida realizar dois experimentos, um para testar uma alteração na cor da fonte e outro para testar uma alteração na cor de fundo. Experimentos independentes mostram que mudar a cor para azul resulta em um aumento de 1% na conversão correspondente Mas, quando os dois elementos são alterados para azul ao mesmo tempo, a métrica despenca (não é uma boa ideia deixar a fonte azul em um fundo azul). Esse é um exemplo de interação negativa.

Por outro lado, os efeitos de interação positiva podem fazer com que o efeito como um todo seja maior que a soma dos experimentos. Em vez de alterar a *cor* do texto, agora imagine que você mudou só o texto e voltou a observar um aumento de 1%. Só que dessa vez a combinação de um texto melhor com a cor de fundo azul resulta em uma melhoria de 3% (não de 1% + 1%). Outras razões (falsos positivos, testes em subconjuntos de uma base de clientes etc.) fazem com que os experimentos não precisem ser cumulativos, e é importante saber administrar as expectativas. Designs de experimentos particularmente adequados para identificar e alavancar os efeitos de interação podem ajudar.[4]

Também acontece de eu encontrar céticos preocupados com os custos da experimentação em grande escala. Eles querem ver o retorno sobre o investimento (ROI) da experimentação antes de começar, porque é assim que avaliam todas as novas iniciativas. Antes eu explicava pacientemente os custos e os benefícios para que eles pudessem preencher suas planilhas de análise financeira. No entanto, como vimos, os custos são tangíveis mas os benefícios se concentram em oportunidades, o que requer um salto de fé. Em vista disso, quando os executivos me perguntam sobre o ROI da experimentação, passei a dar a seguinte resposta: "Qual é o ROI de respirar?". Pode ser uma resposta ridícula, mas, pensando que dominar a experimentação é crucial para a sobrevivência de uma empresa, a analogia não é tão absurda assim.

Mito 6: "Conhecer as relações de causalidade é coisa do passado na era do *big data* e do *business analytics*. Para que perder tempo com experimentos?"

Essa afirmação, formulada como uma pergunta, foi feita por um executivo em uma discussão em sala de aula e reflete outro mito derivado da tese da futilidade. Ele tinha lido histórias sobre empresas que encontraram correlações entre variáveis aparentemente não relacionadas (como comportamentos de compra de clientes) que uma empresa poderia usar para tomar decisões sem precisar conhecer as razões dessas correlações. Por exemplo, a Amazon, com base em resultados reais de análises de *big data*, passou um tempo recomendando azeite extravirgem orgânico para clientes que compravam papel higiênico. (Eu adoraria ter participado da reunião que eles fizeram para discutir as possíveis explicações causais!)[5]

No entanto, como vimos no Capítulo 2, correlação e causalidade são duas coisas diferentes e ter um entendimento superficial das razões que levam as coisas a acontecer pode sair caro ou, no caso da medicina, até ser perigoso. Eu disse ao executivo que os experimentos e o *big data* são complementares, não substitutos. As correlações e outros padrões interessantes identificados na análise de grandes conjuntos de dados são excelentes fontes de novas hipóteses que precisam ser rigorosamente testadas no que diz respeito à causa e ao efeito. E, como também já vimos, o *big data* pode ajudar a aumentar a eficácia dos experimentos, especialmente quando o tamanho da amostra é pequeno.

Mito 7: "É sempre antiético realizar experimentos com clientes sem seu consentimento prévio"

Esse mito é um fruto da mentalidade da ameaça e de fato aborda algumas preocupações legítimas. As empresas devem agir dentro da lei e precisam demonstrar um comportamento ético para conquistar e manter a confiança de seus clientes. Nos estudos acadêmicos, os pesquisadores de ciências sociais precisam seguir rigorosos protocolos quando suas pesquisas envolvem participantes humanos. Antes de começar, os projetos precisam ser aprovados por comitês de ética. Na área médica, os padrões são ainda mais altos, ponderando com muito critério os benefícios terapêuticos dos experimentos em relação ao custo para os pacientes. No entanto, precisamos tomar cuidado para não exagerar os riscos potenciais dos experimentos de negócios e subestimar seus verdadeiros benefícios. No Capítulo 4, analisamos o famoso experimento do contágio emocional realizado pelo Facebook. Só para esclarecer, os danos potenciais foram mínimos e as alterações algorítmicas do Facebook não foram enganosas (todas as postagens mostradas aos usuários eram reais). E, se a empresa tivesse informado os usuários antes do experimento, os resultados teriam sido tendenciosos e poderíamos nunca saber se o contágio emocional nas redes sociais é real e potencialmente prejudicial.

Em algumas situações, não é prático obter o consentimento prévio do consumidor, como no experimento da Kohl's com diferentes horas de abertura das lojas (Capítulo 2). Alguns críticos do Facebook devem estar sob o fascínio da ilusão A/B descrita no Capítulo 4. As pessoas não parecem preocupadas com a prática atual de serem emocionalmente manipuladas pela publicidade e outros meios, apesar de seus efeitos nocivos poderem nunca ter sido estudados por testes rigorosos. No entanto, quando a prática padrão é desafiada por uma alternativa, os críticos imediatamente presumem o pior. Naturalmente, o maior problema é que, sem experimentos rigorosos (o *método científico*), o desenvolvimento e a organização do conhecimento sobre causa e efeito entram em um processo de estagnação. As empresas não fazem experimentos suficientes.

Ninguém duvida que a busca por conhecimento não dá às empresas uma carta branca para realizar testes antiéticos.[6] A verdadeira ameaça, contudo, não está em realizar experimentos antiéticos que, de alguma forma, estão fora de controle. O maior risco é *não fazer experimentos* e abrir mão de um recurso crucial para a inovação. Ao longo deste livro, vimos práticas que podem reforçar o comportamento ético dos funcionários. As diretrizes internas do LinkedIn declaram que a empresa não realizará experimentos "que visam proporcionar uma experiência negativa aos usuários [da plataforma], têm o objetivo de alterar o estado de espírito ou as emoções dos usuários ou substituir as configurações ou escolhas dos usuários existentes".[7] A Booking inclui um programa de treinamento em ética em seu processo de integração de novos funcionários. A empresa também exige transparência total antes e depois do lançamento de um experimento. As discussões sobre a ética são abertas a todos os funcionários e podem chegar a ser vigorosas, mas, no fim, todos têm o mesmo objetivo: melhorar as experiências do cliente e eliminar o atrito nas viagens. Dissimular os clientes ou induzi-los a fazer coisas que vão contra esse objetivo não funciona no longo prazo.

Para descobrir o que funciona e o que não funciona com velocidade e rigor é preciso testar. Como diz a ex-CEO Gillian Tans: "Tudo é um teste". Para chegar lá, os mitos discutidos neste capítulo precisam dar lugar aos fatos.

Epílogo
O que podemos esperar para o futuro

O futuro já chegou, só não está uniformemente distribuído.
— William Gibson, escritor de ficção especulativa

O influente teórico da administração Peter Drucker observou que todo líder de negócios deveria responder a cinco perguntas cruciais.[1] De todas elas, a pergunta *"O que seu cliente valoriza?"* pode ser a mais importante quando as empresas inovam.[2] O problema é que a maioria dos métodos de pesquisa utilizados para calcular o valor para o cliente é imprecisa, demorada e dispendiosa. Tentar prever o que os clientes querem (ou acham que querem), como eles *realmente* se comportarão e o que eles irão valorizar no futuro tem sido principalmente um processo de tentativa e erro. Entra em cena a experimentação em grande escala, que permite que as organizações descubram o que os clientes realmente valorizam a um custo muito baixo e com grande precisão científica.

Quando os gestores descobrem e se beneficiam do poder surpreendente da experimentação nos negócios, eles ficam absolutamente empolgados. Peter Jones, vice-presidente de otimização de produtos da Dow Jones & Company, controladora do *Wall Street Journal*, fez a seguinte observação: "Para um amplo produto digital como o *Journal*, aplicar a experimentação orientada a dados foi como descobrir o plutônio. É a ferramenta de desenvolvimento de produtos mais poderosa da face da Terra. Podemos testar com segurança novas e agressivas mudanças, tomar decisões absolutamente precisas e melhorar nosso produto de forma rápida e iterativa".[3] A lição a ser aprendida nesse caso é que o desenvolvimento da capacidade de experimentação disciplinada não deve ser deixado para grupos especializados ou departamentos funcionais. Criar uma verdadeira organização de experimentação requer uma boa liderança do topo até a base. Portanto, eis o meu conselho para todos os chefes do mundo: *Simplesmente comece e siga em frente.*

Outra razão para desenvolver *rapidamente* a capacidade de experimentação de uma empresa é o futuro. Neste ponto, cabe citar o antigo provérbio dinamarquês: "É difícil fazer previsões, especialmente sobre o futuro". Mas não é difícil ver para onde o mundo dos negócios está indo, basta ligar os pontos. Vejamos três avanços importantes que exigirão uma enorme capacidade de experimentação.

Para começar, os clientes vão interagir cada vez mais com sua empresa por meio de dispositivos móveis (smartphones, tablets, smartwatches etc.). Em 2018, as empresas venderam mais de 1,5 bilhão de smartphones e dispositivos móveis e espera-se que as unidades vendidas superem os 2 bilhões em 2023.[4] Mas o mais surpreendente é o poder computacional e de rede desses dispositivos.[5] Se essa taxa de progresso se mantiver, em algumas décadas os clientes terão nos bolsos os supercomputadores de hoje (usados por pesquisadores para prever padrões climáticos globais ou para simular os primeiros momentos do universo). Isso resultará em uma explosão de pontos de contato e interações complexas com os clientes, incluindo comportamentos e impulsionadores de valor que hoje nem imaginamos. Os avanços na realidade aumentada nos dão uma ideia tanto das possibilidades quanto das exigências no futuro: experiências do cliente totalmente novas, que vão demandar muita exploração e otimização.

A única maneira que todas as empresas terão para conseguir acompanhar esses rápidos avanços e decidir o que funciona e o que não funciona é a implementação de programas de experimentação em grande escala. (Ferramentas melhores e mais rápidas também tornarão possíveis dispositivos móveis mais potentes.) Quando empresas de semicondutores como a Intel, a Samsung, a Nvidia e a Broadcom anunciam grandes avanços no design e na tecnologia de chips, essas vitórias são tão representativas dos rápidos avanços das ferramentas modernas de modelagem e simulação quanto das habilidades de suas equipes de P&D. O ciclo desse progresso está completo. Seria impossível criar o design e fabricar os chips de hoje (e de amanhã) sem as ferramentas de experimentação que eles ajudaram a criar.

Em segundo lugar, as empresas não devem demorar para reconhecer que qualquer programa de *business analytics* estará incompleto sem experimentos controlados. No Capítulo 1, vimos que o *analytics* tradicional utilizando o *big data* limita-se a olhar pelo espelho retrovisor e tem sérias limitações para a inovação: quanto maior for a novidade de uma inovação, menores serão as chances de dados confiáveis estarem disponíveis. (Na verdade, se dados confiáveis estiverem disponíveis, é porque alguma outra empresa já lançou a inovação, e não será mais novidade!) Além disso, os próprios dados muitas vezes dependem do contexto (como vimos no exemplo da iniciativa fracassada da J.C. Penney no Capítulo 1). O simples fato de uma ação ter funcionado para uma empresa em outro mercado (Apple Stores) não significa que vai funcionar para a sua empresa (J.C. Penney).

Também aprendemos que a análise de *big data* usando métodos matemáticos padrão, como análise de regressão, resulta principalmente em informações de correlação, não de causalidade. Tanto que algumas variáveis com fortes correlações não apresentam quaisquer relações causais diretas. Como vimos no Capítulo 2, estudiosos fizeram uma revisão de 45 estudos de pesquisa clínica bastante citados sobre intervenções médicas e apenas 17% dos não randomizados resistiram à replicação em estudos subsequentes (o teste decisivo do método científico).[6] Não me surpreenderia se esses estudos médicos, embora não aleatórios, fossem conduzidos com um nível de rigor muito mais alto do que o que vemos nas decisões do dia a dia nos negócios. Também vimos como o *big data*, combinado com técnicas sofisticadas de computação, pode ajudar com experimentos que sofrem com tamanhos pequenos de amostra em empresas tradicionais off-line, como redes de lojas físicas, agências bancárias etc. A lição aqui é que o *business analytics* precisa de experimentos controlados e vice-versa, especialmente no contexto da inovação.

Por fim, o terceiro, e talvez o mais importante, avanço que exigirá uma enorme capacidade de experimentação é a ascensão da inteligência artificial ou, mais especificamente, o aprendizado de máquina e as redes neurais artificiais. Algoritmos sofisticados e redes neurais inspiradas na biologia podem ser treinados com grandes conjuntos de dados para detectar padrões com alto grau de automação (por exemplo, identificação, agrupamento e priorização dos problemas do usuário). Embora a maioria das grandes descobertas teóricas tenha ocorrido décadas atrás, estamos finalmente testemunhando uma explosão de aplicações que prometem transformar o futuro dos negócios.[7] Imagine o cenário a seguir: e se métodos baseados na inteligência artificial pudessem analisar os dados de sua empresa (informações de suporte ao cliente, pesquisas de mercado e assim por diante) e gerar milhares de hipóteses baseadas em evidências?[8] Agora imagine que esses algoritmos também poderiam conceber, executar e analisar experimentos *sem qualquer envolvimento da gestão*. Programas de experimentação em grande escala usando um sistema em 360 graus podem ser executados em segundo plano e apresentar recomendações de ação quando você chegar ao trabalho de manhã. E você pode ter um alto grau de confiança de que suas ações produzirão resultados porque elas foram cientificamente testadas no que diz respeito à causa e ao efeito.

E se, para acelerar ainda mais as coisas, o sistema em 360 graus executar automaticamente as ações da gestão sem precisar consultar os gestores? Será que estamos falando de um cenário de ficção científica (nos negócios)? Na verdade, alguns dos ingredientes necessários para que esse cenário se concretize já existem hoje. Vejamos um exemplo do campo da pesquisa de engenharia: Hod Lipson, professor da Universidade Columbia, trabalha em "máquinas criativas" dedicadas a criar coisas novas.[9] Devido à dificuldade de imitar a criatividade humana, o design automatizado de produtos (chamado de "síntese") tem sido complexo de definir para os desenvolvedores de produtos. Assim, em vez de tentar imitar o processo criativo humano, Lipson e outros pesquisadores decidiram seguir princípios da evolução (variação e seleção natural) para criar o design de coisas como robôs e circuitos elétricos analógicos. (O design de circuitos analógicos requer muita habilidade e experiência.) O problema da abordagem evolutiva é a escala e a eficiência: o grau de "adaptação" de milhões de variações (*experimentos*) precisa ser testado antes de chegar a soluções que se aproximam da engenhosidade humana. É aí que entra a simulação. Ao automatizar a geração de variantes usando algoritmos evolutivos e ao avaliar seu grau de adaptação simulando seu desempenho, designs inovadores de produtos podem ser criados sem a necessidade dos seres humanos. E, quando a máquina criativa da Lipson ficar pronta, os melhores designs serão "impressos" usando a tecnologia de impressão 3D. Essa abordagem, que já é viável hoje, superou o desempenho dos melhores designs desenvolvidos por humanos e se assemelha ao sistema em 360 graus que apresentei acima. O problema é que essas abordagens levantam muitas questões, inclusive qual será o papel de engenheiros e gestores quando as decisões sobre design e valor puderem ser tomadas por sistemas automatizados de experimentação. Para descobrir (melhor ainda, para participar do processo de encontrar respostas a essas questões cruciais), você terá de entrar na jornada em direção ao futuro, transformando sua empresa em uma organização de experimentação.

> *"Oh! Que milagre!*
> *Que soberbas criaturas aqui vieram!*
> *Quão bela é a humanidade! Admirável mundo novo,*
> *que tem habitantes assim."*
> — William Shakespeare, *A tempestade*, Ato V, Cena I, LL. 203-206

Notas

Prefácio

1. D. Yoffie e E. Baldwin, "Apple Inc. in 2018", Harvard Business School Case No. 718-439 (Boston: Harvard Business School Publishing, 2018).
2. R. Kohavi e S. Thomke, "The Surprising Power of Online Experiments", *Harvard Business Review*, set.-out. 2017.

Introdução

1. I. C. MacMillan e R. G. McGrath, em *Discovery-Driven Growth: A Breakthrough Process to Reduce Risk and Seize Opportunity* (Boston: Harvard Business Review Press, 2009), defendem uma abordagem de planejamento orientado por descobertas que leva em conta o alto grau de incerteza no gerenciamento do crescimento. Eles observam que "a principal ideia que fundamenta um plano orientado por descobertas é que, à medida que seu plano se desenrola, você vai querer reduzir o que chamamos de "razão suposição/conhecimento". Quando a razão suposição/conhecimento é alta, a incerteza é enorme e você deve priorizar o aprendizado rápido ao menor custo possível". Criar uma cultura capaz de agir com base nas evidências dos testes é uma parte essencial da abordagem proposta por eles.
2. R. Kohavi e S. Thomke, "The Surprising Power of Online Experiments", *Harvard Business Review*, set.-out. 2017.
3. O *ethos* do pensamento experimental não se restringe às decisões que afetam a inovação e as operações. Henry Mintzberg argumenta que até a estratégia deveria ser

vista como um processo de aprendizagem emergente. Segundo ele: "É bem verdade que pensamos para agir, mas também agimos para pensar. Tentamos coisas novas, e os experimentos que funcionam convergem aos poucos para formar padrões viáveis que se tornam estratégias. Essa é base da elaboração de estratégias como um processo de aprendizagem"; veja H. Mintzberg, "The Fall and Rise of Strategic Planning", *Harvard Business Review*, 1994. Mais recentemente, D. Levinthal, em "Mendel in the C-Suite Design and the Evolution of Strategies", *Strategy Science* 2, n. 4 (dez. 2017): 282-287, afirmou que o executivo "mendeliano" ocupa o meio-termo entre o design intencional da estratégia e a evocação de um processo darwinista de variação e seleção. Em consequência, a intencionalidade é limitada. Ele concorda que os experimentos têm um importante papel nesse processo: "A ênfase está mais no design do processo experimental do que no dos caminhos específicos a seguir". Neste livro, não me restringirei ao design de processos. Também abordarei questões organizacionais, culturais e tecnológicas que afetam a experimentação.

4. C. Crowe (dir.), *Jerry Maguire* (Culver City, Califórnia: Columbia TriStar Home Video, 1999).

5. É claro que realizar um grande número de experimentos não garante uma solução se a ciência na qual esses experimentos são baseados for impraticável ou inviável. Uma tentativa de transformar chumbo em ouro não teria sucesso, mesmo com um número enorme de experimentos. No entanto, se existisse uma solução prática, teríamos muito mais chances de descobri-la.

6. S. Thomke e D. Beyersdorfer, "Booking.com", Harvard Business School Case No. 619-015 (Boston: Harvard Business School Publishing, 2018).

7. Essa frase foi popularizada pelo tio de Peter Parker (também conhecido como Homem-Aranha) em S. Raimi (dir.), *Homem-Aranha*. (USA: Columbia Pictures Corporation & Marvel Enterprises, 2002).

Capítulo I

1. D. Mattioli, "For Penney's Heralded Boss, the Shine Is off the Apple", *Wall Street Journal*, 24 fev. 2013. No artigo, o autor observa que um colega de Johnson sugeriu que ele testasse sua nova estratégia em algumas lojas antes de implementá-la em todas as 1.100 lojas da J.C. Penney. Johnson supostamente respondeu: "A gente não fazia testes na Apple". Quando ficou claro que as decisões de Johnson, baseadas na intuição, não estavam tendo sucesso, uma membra do conselho da J.C. Penney, Colleen Barrett, admitiu que "foi um erro não fazer testes". Mas, mesmo se tivesse feito testes, será que a empresa teria a capacidade de executar experimentos controlados em um ambiente de amostras pequenas? É possível

que os testes não contassem com o rigor e a aceitação cultural necessários para protegê-los das inclinações da gestão.

2. R. Kohavi e S. Thomke, "The Surprising Power of Online Experiments", *Harvard Business Review* 95, n. 5 (set.-out. 2017).

3. E. Schmidt, testemunho perante o Subcomitê Judiciário do Senado dos Estados Unidos sobre as Políticas Antitruste, de Concorrência e Direitos do Consumidor, 21 set. 2011.

4. S. Cook, entrevista com D. Baer, "Why Intuit Founder Scott Cook Wants You to Stop Listening to Your Boss", *Fast Company*, 28 out. 2013. Disponível em: <https://www.fastcompany.com/3020699/why-intuit-founder-scott-cook-wants--you-to-stop-listening-to-your-boss>.

5. S. Thomke, *Experimentation Matters: Unlocking the Potential of New Technologies for Innovation* (Boston: Harvard Business School Press, 2003). Parte do conteúdo deste capítulo foi apresentada nesse livro de 2003.

6. T. Kuhn, *The Structure of Scientific Revolutions* (Chicago: University of Chicago Press, 1962); R. Harré, *Great Scientific Experiments: Twenty Experiments That Changed Our View of the World* (Oxford: Phaidon Press, 1981); e P. Galison, *How Experiments End* (Chicago: University of Chicago Press, 1987).

7. O relato a seguir se baseia em P. R. Nayak e J. Ketteringham, "3M's Post-it Notes: A Managed or Accidental Innovation?", em *The Human Side of Managing Technological Innovation: A Collection of Readings*, ed. R Katz (Nova York: Oxford University Press, 1997).

8. Nayak e Ketteringham, "3M's Post-it Notes", 368.

9. Arquivos do SEC (2016): Carta de 2015 do CEO Jeff Bezos aos acionistas da Amazon.

10. R. Friedel e P. Israel, *Edison's Electrical Light: Biography of an Invention* (New Brunswick, Nova Jersey: Rutgers University Press, 1987), xiii.

11 S. McGrane, "For a Seller of Innovation, a Bag of Technotricks", *New York Times*, 11 fev. 1999.

12. A. Millard, *Edison and the Business of Innovation* (Baltimore: John Hopkins University Press, 1990), 15.

13. R. Kaufman, J. Pitchforth e L. Vermeer, "Democratizing Online Controlled Experiments at Booking.com", trabalho apresentado na Conference on Digital Experimentation (CODE@MIT), MIT, Cambridge, Massachusetts, 27-28 out. 2017. O banco de dados central de sucessos e fracassos é parte essencial da plataforma de experimentação da Booking.

14. F. L. Dyer e T. C. Martin, *Edison: His Life and Inventions*, vol. 2 (Nova York: Harper & Brothers, 1910), 615-616.

15. C. M. Christensen, *The Innovator's Dilemma: When New Technologies Cause Great Firms to Fail* (Boston: Harvard Business School Press, 1997). [Ed. bras.: *O dilema da inovação*. São Paulo: M Books, 2011.]

16. C. M. Christensen, S. P. Kaufman e W. C. Shih, "Innovation Killers: How Financial Tools Destroy Your Capacity to Do New Things", *Harvard Business Review*, jan. 2008.

17. J. Pearl e D. Mackenzie, *The Book of Why: The New Science of Cause and Effect* (Nova York: Basic Books, 2018). O Capítulo 10 apresenta uma excelente discussão sobre essas limitações. Questões causais nunca podem ser respondidas com base apenas em dados do passado.

18. David Garvin observa que novos empreendimentos ou empreitadas podem ser considerados experimentos. O contato direto com o mercado é fundamental para a exploração e a validação, principalmente para negócios radicalmente novos, nos quais as fontes comuns de conhecimento só fornecem insights limitados; veja D. Garvin, "A Note on Corporate Venturing and New Business Creation", Note No. 302-091 (Boston: Harvard Business School Publishing, 2002).

19. Christensen, *The Innovator's Dilemma*, 99. [Ed. bras.: *O dilema da inovação*. São Paulo: M Books, 2011.]

20. Citado em J. Lehrer, "The Truth Wears Off", *The New Yorker*, 13 dez. 2010.

21. Millard, *Edison and the Business of Innovation*, 19.

22. Todas as informações sobre a equipe de iatismo da Nova Zelândia apresentadas neste capítulo são de M. Enright e A. Capriles, "*Black Magic* and the America's Cup: The Victory", Harvard Business School Case No. 796-187 (Boston: Harvard Business School Publishing, 1996); M. Iansiti e A. MacCormack, "Team New Zealand (A)", Harvard Business School Case No. 697-040 (Boston: Harvard Business School Publishing, 1996); e M. Iansiti e A. MacCormack, "Team New Zealand (B)", Harvard Business School Case No. 697-041 (Boston: Harvard Business School Publishing, 1997).

23. S. Thomke et al., "Lotus F1 Team", Harvard Business School Case No. 616-055 (Boston: Harvard Business School Publishing, 2016).

24. D. Garvin, *Learning in Action* (Boston: Harvard Business School Press, 2000). Garvin traça uma distinção entre experimentos exploratórios e experimentos de teste de hipóteses. Ele observa que os primeiros são do tipo "e se", com resposta aberta, enquanto os segundos se propõem a discriminar explicações alternativas.

25. Ao longo dos anos, muitos livros foram escritos sobre o design experimental. O livro de Montgomery apresenta um panorama bem acessível e é amplamente utilizado por estudantes e profissionais; veja D. Montgomery, *Design and Analysis*

of Experiments (Nova York: Wiley, 1991). Box, Hunter e Hunter se aprofundam muito mais no aspecto estatístico do design experimental; veja G. Box, W. Hunter e S. Hunter, *Statistics for Experimenters* (Nova York: Wiley, 1978). Os leitores interessados nas obras originais de Ronald Fisher podem ler seus artigos clássicos sobre as ciências agrícolas ("The Arrangement of Field Experiments", *Journal of the Ministry of Agriculture of Great Britain* 33 [1926]: 503-513) ou seu texto clássico sobre o design de experimentos, *The Design of Experiments*, 8. ed. (Edimburgo: Oliver and Boyd, 1966).

26. Modelos de aprendizagem semelhantes foram utilizados por outros pesquisadores. Simon analisou o design como uma série de ciclos de "gerador-teste"; veja H. A. Simon, *The Sciences of the Artificial*, 2. ed. (Cambridge, Massachusetts: MIT Press, 1969), capítulo 5; K. Clark e T. Fujimoto (*Product Development Performance: Strategy, Organization, and Management in the World Auto Industry* [Boston: Harvard Business School Press, 1991]) e S. Wheelwright e K. Clark (*Revolutionizing Product Development* [Nova York: The Free Press, 1992]) utilizaram ciclos de "design-construção-teste" como um modelo para a resolução de problemas no desenvolvimento de produtos. Thomke modificou os blocos para incluir a "condução" e a "análise" como duas etapas explícitas que separam conceitualmente a condução de um experimento e a aprendizagem ocorrida durante a análise; veja S. Thomke, "Managing Experimentation in the Design of New Products", *Management Science* 44, n. 6 (1998): 743-762.

27. H. A. Simon observa que os métodos tradicionais de engenharia tendem a empregar mais inequações (especificações de desempenho satisfatório) do que valores máximos e mínimos. Essas métricas de mérito possibilitam comparações entre designs melhores ou piores, mas não fornecem um método objetivo para determinar os melhores. Como isso geralmente acontece na criação de designs no mundo real, Simon propôs o termo *satisfice*, sugerindo que uma solução satisfaz, em vez de otimizar, as medidas de desempenho (veja Simon, *The Sciences of the Artificial*).

28. Um exemplo de uma mudança como essa é o Viagra, medicamento para o tratamento da disfunção erétil que foi identificado por cientistas do laboratório de pesquisa e desenvolvimento da Pfizer em Sandwich, Inglaterra. O objetivo original do medicamento era combater a angina, um distúrbio cardíaco. Após vários ensaios clínicos com resultados que não impressionaram, os pesquisadores estavam prestes a engavetar o projeto quando um efeito colateral inesperado foi observado. Embora o Viagra não tenha sido eficaz na redução do entupimento de artérias cardíacas, alguns homens que receberam doses mais altas relataram

ereções melhores e mais frequentes do que antes. Outros testes e experimentos foram realizados com sucesso, e a experimentação acabou transformando um "fracasso" em um dos medicamentos mais conhecidos da Pfizer.

29. Iansiti e MacCormack, "Team New Zealand (A)", 3.

30. Observe que esses fatores não são mutuamente excludentes e coletivamente exaustivos. Pelo contrário, o objetivo é descrever uma série de fatores que afetam a maneira como empresas, grupos e pessoas aprendem com os experimentos e, portanto, precisam ser administrados.

31. M. Schrage, *The Innovator's Hypothesis: How Cheap Experiments Are Worth More Than Good Ideas* (Cambridge, Massachusetts: MIT Press, 2014).

32. Iansiti e MacCormack, "Team New Zealand (A)", 4.

33. Ibid.

34. O. Hauptman e G. Iwaki, "The Final Voyage of the Challenger", Harvard Business School Case No. 691-037 (Boston: Harvard Business School Publishing, 1991).

35. No que diz respeito ao conhecimento sobre os fenômenos, Jaikumar e Bohn observaram que [a produção de] conhecimento pode ser classificada em oito estágios, variando de apenas ser capaz de distinguir os processos bons dos ruins (mas só um especialista saberia dizer por que) até um conhecimento processual completo, quando todas as contingências podem ser previstas e controladas e a produção pode ser automatizada. O próprio exercício de construção de modelos para a experimentação forçará os desenvolvedores a articular e acumular conhecimento sobre sistemas e seu funcionamento, elevando, dessa forma, o conhecimento a estágios mais altos; veja R. Jaikumar e R. Bohn, "The Development of Intelligent Systems for Industrial Use: A Conceptual Framework", *Research on Technological Innovation, Management and Policy* 3 (1986): 169-211.

36. S. Thomke, M. Holzner e T. Gholami, "The Crash in the Machine", *Scientific American*, mar. 1999, 92-97.

37. A importância do feedback na aprendizagem foi apontada por numerosos estudiosos da administração, incluindo Garvin, *Learning in Action*; D. Leonard-Barton, *Wellsprings of Knowledge: Building and Sustaining the Sources of Innovation* (Boston: Harvard Business School Press, 1995), P. Senge, *The Fifth Discipline: The Art and Practice of the Learning Organization* (Nova York: Doubleday, 1990) [Ed. bras.: *A quinta disciplina*. Rio de Janeiro: Best Seller, 2013]; J. Sterman, "Modeling Managerial Behavior: Misperceptions of Feedback in a Dynamic Decision-Making Experiment", *Management Science* 35 (1989): 321-339; e C. Argyris e D. Schön, *Organizational Learning: A Theory of Action Perspective* (Reading, Massachusetts: Addison-Wesley, 1978).

38. Millard, *Edison and the Business of Innovation*, 9-10.

39. Iansiti e MacCormack, "Team New Zealand (A)", 7.

40. O trecho se baseia em S. Thomke e D. Reinertsen, "Six Myths of Product Development", *Harvard Business Review*, maio 2012, que explora em maior profundidade o papel das filas de espera no desenvolvimento de produtos.

41. Essa propriedade dos sistemas de filas de espera costuma surpreender os gestores, apesar de poder ser encontrada na maioria dos livros universitários sobre o gerenciamento de operações. Para uma discussão bastante interessante sobre a teoria das filas e sua aplicação no desenvolvimento de produtos, veja D. Reinertsen, *Managing the Design Factory* (Nova York: Free Press, New York, 1997), capítulo 3.

42. Box, Hunter e Hunter, *Statistics for Experimenters*; Montgomery, *Design and Analysis of Experiment*; e Fisher, *The Design of Experiments*.

43. As informações sobre o LinkedIn foram fornecidas por Iavor Bojinov (cientista-pesquisador) e Ya Xu (diretor de ciência de dados) em 18 mar. 2019.

44. S. Thomke e D. Beyersdorfer, "Booking.com", Harvard Business School Case No. 619-015 (Boston: Harvard Business School Publishing, 2018).

45. S. Thomke, E. von Hippel e R. Franke, "Modes of Experimentation: An Innovation Process and Competitive Variable", *Research Policy* 27 (1998): 315-332. Os autores demonstram esse *trade-off* ao propor o seguinte exercício mental: imagine uma pesquisa bem simples, na qual se sabe que a topografia da paisagem de valores consiste em n pontos e pode ser visualizada como plana, exceto por uma torre estreita com laterais verticais representando a solução correta. Uma estratégia de experimentação puramente paralela exigiria que todos os experimentos e seus testes fossem realizados ao mesmo tempo. Desse modo, o experimentador *não* teria como incorporar o que aprendeu em um estudo e aplicá-lo ao próximo. Embora essa abordagem resulte em um número muito alto de experimentos (n), também reduz significativamente o tempo total de desenvolvimento, uma vez que todos os estudos são realizados em paralelo. Desse modo, a experimentação paralela massiva seria a estratégia mais cara, mas também a mais rápida. Por outro lado, uma estratégia sequencial aplicada a esse problema de amostra permitiria a um experimentador aprender com cada experimento e, munido desse novo conhecimento, selecionar cuidadosamente o próximo. Uma estratégia com aprendizagem mínima (ou seja, não repetir um teste que fracassou) pode, em média, reduzir pela metade o número total de experimentos necessários, mas aumentaria acentuadamente o tempo total de desenvolvimento em relação à abordagem puramente paralela. Naturalmente, se houver a oportunidade de aprender mais com cada experimento, o número de experimentos da série que provavelmente será necessário para chegar

a uma solução (e, portanto, o tempo total decorrido) será reduzido ainda mais. Por exemplo, considere um cenário de aprendizagem bastante favorável no qual os *n* experimentos são organizados em uma escala linear (como *n* diferentes configurações de pressão) e no qual, depois de cada experimento, o experimentador poderia saber se seria melhor subir ou descer nessa escala. Na prática isso nos levaria a reduzir o campo de busca em 50% depois de cada ciclo experimental e progrediríamos rapidamente em direção a uma solução ideal. Um experimentador começaria com *n*/2 (o ponto médio) e passaria para *n*/4 ou 3*n*/4, dependendo do resultado do primeiro experimento, mantendo esse padrão até uma solução ser encontrada. No mundo real, um exemplo desse tipo de busca pode ser encontrado na prática da identificação de problemas em um sistema: técnicos de engenharia eletrônica muito experientes tendem a começar no meio de um sistema, descobrir a metade defeituosa e continuar subdividindo a busca até encontrar o problema. É fácil ver que o número esperado de experimentos até o sucesso utilizando essa estratégia em série (com o tipo de aprendizagem descrito) pode ser reduzido para $\log 2n$, o que representa uma enorme redução no custo. No entanto, o tempo total de desenvolvimento excederia, pelo mesmo fator, o da estratégia puramente paralela.

46. Iansiti e MacCormack, "Team New Zealand (A)", 7.
47. W. M. Blair, "President Draws Planning Moral: Recalls Army Days to Show Value of Preparedness in Time of Crisis", *New York Times*, 15 nov. 1957, 4.
48. R. Bohn, "Noise and Learning in Semiconductor Manufacturing", *Management Science* 41 (jan. 1995): 31-42.
49. R. Lewis e J. Rao, "The Unfavorable Economics of Measuring the Returns to Advertising", *Quarterly Journal of Economics* 130, n. 4 (nov. 2015): 1941-1973.
50. M. Schrage, "Q&A: The Experimenter", *MIT Technology Review*, 18 fev. 2011.
51. Ibid.
52. Box, citado em Pearl e Mackenzie, *The Book of Why*, 144.
53. Ibid.

Capítulo 2

1. Arquivos do SEC (2016): Carta de 2015 do CEO Jeff Bezos aos acionistas da Amazon.
2. A. Jesdanun, "Amazon Deal from Whole Foods Could Bring Retails Experiments", *Washington Post*, 16 jun. 2017.
3. S. Thomke e J. Manzi, "The Discipline of Business Experimentation", *Harvard Business Review*, dez. 2014. O capítulo baseia-se amplamente no texto, em conceitos e exemplos apresentados nesse artigo. Salvo indicação em contrário, os exemplos

são provenientes de entrevistas dos autores com gestores e foram aprovados pelas respectivas empresas.

4. Realizar um experimento que tenha uma resposta óbvia gera pouco ou nenhum valor para uma empresa. Por exemplo, um experimento para saber se reduzir o número de caixas em um supermercado afeta o tempo de espera dos clientes no horário de pico tem uma resposta óbvia: é claro! Não faz sentido realizar esse experimento, a menos que a gestão queira analisar em detalhes os *trade-offs* entre custo e tempo de espera nos caixas do supermercado.

5. A. Calaprice, *The New Quotable Einstein* (Princeton, NJ: Princeton University Press, 2005).

6. A falsificação de uma hipótese (a capacidade de *provar* que uma afirmação é errada) é um conceito importante na epistemologia científica. Defendido pelo filósofo da ciência Karl Popper, o conceito é usado para distinguir entre ciência e pseudociência. Por exemplo, a hipótese "Todos os políticos dizem a verdade" pode ser falsificada por uma única mentira, mas em geral não pode ser comprovada verdadeira. Por outro lado, "Os políticos que mentem vão para o inferno" não é uma afirmação testável, não pode ser refutada e, portanto, não é científica. Embora a abordagem de Popper não tenha sido isenta de críticas, a noção de testabilidade por meio de evidências deve embasar o processo decisório da gestão; veja K. Popper, *The Logic of Scientific Discovery* (Nova York: Basic Books, 1959). [Ed. bras.: *A lógica da pesquisa científica*. São Paulo: Cultrix, 2013.]

7. W. Thomson, *Popular Lectures and Addresses*, vol. 1 (Londres: MacMillan, 1891), 80.

8. Entrevista pessoal com Scott Cook, 29 fev. 2018.

9. R. Cross e A. Dixit, "Customer-Centric Pricing: The Surprising Secret of Profitability", *Business Horizons* 48 (2005): 483-491. Muitas empresas tiveram experiências parecidas com as descritas nos exemplos da Philips e da Intuit. Muitas razões levam os comportamentos dos clientes a não corresponder com o que eles dizem. Para começar, é difícil para os clientes imaginar um produto ou serviço sem ver ou usar um protótipo ou vivenciar uma interação de serviço. Em algumas situações, as escolhas são muito dependentes do contexto, que pode não ficar claro em grupos de foco realizados numa sala de reunião da empresa. Minha preferência por água gelada a café quente (e minha disposição para pagar por isso) difere em um dia frio de inverno e em um dia quente de verão. Um experimento tem muito mais chances de revelar as discrepâncias entre o que os clientes dizem e fazem do que se limitar a realizar um grupo de foco ou um levantamento com os clientes.

10. D. McCann, "Big Retailers Put Testing to the Test", CFO.com, 8 nov. 2010.

11. Thomke e Manzi, "The Discipline of Business Experimentation".

12. Ibid.

13. J. Manzi, *Uncontrolled: The Surprising Payoff of Trial-and-Error for Business, Politics, and Society* (Nova York: Basic Books, 2012), 132-141.

14. Se os participantes de um estudo forem alocados aleatoriamente em grupos de teste e de controle, todas as possíveis causas de diferenças nos resultados devem ser distribuídas por igual entre os dois grupos, e, portanto, podemos atribuir com confiança quaisquer diferenças nos resultados à diferença de tratamento. No entanto, é importante notar que esse balanceamento dos grupos de teste e de controle não é exato devido ao erro de amostragem; portanto, se todos os outros fatores forem mantidos constantes, grupos de tamanhos maiores nos aproximam de distribuições uniformes de todos esses fatores entre os grupos de teste e de controle. A ciência estatística apropriada é concebida para avaliar nosso grau de certeza para deduzir inferências causais dado o tamanho do grupo (tamanho da amostra) e a diferença nos resultados entre os grupos de teste e de controle (o sinal), em comparação com o nível geral de variação nos resultados na população (o ruído). Desse modo, uma lei dos testes diz que a confiabilidade resulta do tamanho da amostra e da relação sinal/ruído.

15. B. Anand, M. Rukstad e C. Page, "Capital One Financial Corporation", Harvard Business School Case n. 700-124 (Boston: Harvard Business School Publishing, 2000).

16. H. Landsberger, "Hawthorne Revisited", *Social Forces* 37, n. 4 (maio 1959): 361-364.

17. Os experimentos voltados ao mercado de consumo começaram muitos anos atrás em aplicações de nicho, como mala direta e marketing de catálogo, porque relações sinal/ruído suficientemente fortes podiam ser atingidas com tamanhos de amostra economicamente viáveis. (A experimentação nos campos da ciência e da engenharia tem uma tradição muito mais longa e mais rica; veja o Capítulo 1.) Mesmo com baixas taxas de resposta, de 1% a 2%, tamanhos de amostra compostos de dezenas de milhares de clientes de grupos de teste e de controle podem revelar diferenças significativas nas taxas de resposta com significância estatística. Fora esses nichos, outras aplicações se revelaram analiticamente mais difíceis devido à baixa relação sinal/ruído (por exemplo, testes multicanais) e tamanhos de amostra viáveis menores (por exemplo, o setor do varejo). Embora os testes on--line de hoje se pareçam com os testes tradicionais de mala direta, seu baixíssimo custo abre espaço para comportamentos como "jogar tudo em um site para ver o que 'pega'" e outras complexidades analíticas. Essa situação leva a superestimar o verdadeiro impacto das mudanças e à dificuldade de diferenciar a causa do efeito. É possível obter uma eficiência significativa ao testar amostras menores usando

informações sobre cada cliente, como padrões de gastos no passado, informações demográficas etc. e traçando com muito critério correlações entre os clientes potenciais pertencentes aos grupos de teste e de controle.

18. Tyler Vigen, Spurious Correlations. Disponível em: <http://www.tylervigen.com/view_correlation?id=2956>. Acessado em: 4 abr. 2018. Para uma lista de correlações enganosas (e divertidas), veja http://www.tylervigen.com/spurious-correlations.

19. J. Pearl e D. Mackenzie, *The Book of Why: The New Science of Cause and Effect* (Nova York: Basic Books, 2018).

20. Rubin propôs uma definição mais formal do dilema contrafatual: "Intuitivamente, o efeito causal de um tratamento, E, sobre outro, C, para uma unidade específica e um intervalo de tempo de T1 a T2 é a diferença entre o que teria acontecido no momento T2 se a unidade tivesse sido exposta a E a partir do momento T1 e o que teria acontecido no momento T2 se a unidade tivesse sido exposta a C a partir do momento T1: 'Se uma hora atrás eu tivesse tomado duas aspirinas em vez de apenas um copo de água, minha dor de cabeça teria passado' ou 'Porque uma hora atrás eu tomei duas aspirinas em vez de apenas um copo d'água, minha dor de cabeça passou'"; veja D. Rubin, "Estimating Causal Effects of Treatments in Randomized and Nonrandomized Studies", *Journal of Educational Psychology* 66, n. 5 (1974): 688-701. O problema, naturalmente, é que não podemos voltar ao tempo T1 e dar à mesma unidade, no caso a pessoa com dor de cabeça, as duas aspirinas em vez do copo d'água. Realizar os dois tratamentos sequencialmente (primeiro água e depois aspirina) traz outros problemas, como efeitos residuais (também chamados de efeitos de transbordamento) e variância temporal de outras variáveis (por exemplo, a dor de cabeça pode passar sem qualquer intervenção). O artigo de Rubin é uma excelente introdução técnica, mostrando como a randomização e o *matching* ajudam a estimar efeitos causais na ausência de verdadeiros contrafatuais.

21. C. Anderson, "The End of Theory: The Data Deluge Makes the Scientific Method Obsolete", *Wired*, jun. 2008. O autor observa: "Os cientistas são treinados para saber que correlação e causalidade são duas coisas diferentes, que nenhuma conclusão deve ser tirada simplesmente com base na correlação entre X e Y (pode ser só uma coincidência). Pelo contrário, é preciso entender o mecanismo que conecta os dois... No entanto, diante de um enorme volume de dados, essa abordagem científica (formular uma hipótese, fazer modelagens, realizar testes) está ficando obsoleta". Ele conclui: "A correlação substitui a causalidade, e a ciência pode avançar mesmo sem modelos coerentes, teorias unificadas ou até sem qualquer explicação mecanicista".

22. V. Mayer-Schönberger e K. Cukier, *Big Data: A Revolution That Will Transform How We Live, Work, and Think* (Boston: Houghton Mifflin Harcourt, 2013).

23. D. Lazer et al. "The Parable of Google Flu: Traps in *Big data* Analysis", *Science*, 14 mar. 2014. Os autores não foram os únicos a questionar a precisão do Google Flu Trends (Tendências de Gripe do Google, ou GFT na sigla em inglês). De acordo com Lazer et al., em 2013, a *Nature* relatou que "o GFT estava prevendo mais do que o dobro da proporção de consultas médicas por doenças semelhantes à gripe do que os Centros de Controle e Prevenção de Doenças dos Estados Unidos (CDC), que baseia suas estimativas em relatórios de vigilância de laboratórios espalhados por todo o território americano. Veja D. Butler, "When Google Got Flu Wrong", *Nature* 494 (14 fev. 2013): 155-156.

24. R. Kohavi e S. Thomke, "The Surprising Power of Online Experiments", *Harvard Business Review*, set.-out. 2017.

25. P. Rosenbaum, *Observation and Experiment: An Introduction to Causal Inference* (Cambridge, Massachusetts: Harvard University Press, 2017). O livro é uma excelente introdução aos vários métodos para encontrar a inferência causal.

26. J. Ionnidis, "Contradicted and Initially Stronger Effects in Highly Cited Clinical Research", *Journal of the American Medical Association* 294, n. 2 (jul. 2005): 218-228. O autor analisou 49 estudos muito citados (mais de mil citações) publicados entre 1990 e 2003 em três periódicos médicos com o maior fator de impacto. Dos 49 estudos, 45 afirmavam que a intervenção foi eficaz. Estudos posteriores refutaram ou encontraram efeitos mais fortes do que cinco dos seis estudos não randomizados, em comparação com nove dos 39 estudos randomizados (p = 0,008). Entre os estudos randomizados, os com efeitos refutados ou mais fortes foram menores (p = 0,009) do que os replicados ou não refutados, mas não houve diferença no número de citações.

27. Kohavi e Thomke, "The Surprising Power of Online Experiments".

28. Ibid.

29. S. Ramachandran e J. Flint, "At Netflix, Who Wins When It's Hollywood vs. the Algorithm?", *Wall Street Journal*, 10 nov. 2018.

30. S. Thomke e A. Nimgade, "Bank of America (A)", Harvard Business School Case No. 603-022 (Boston: Harvard Business School Publishing, 2002); S. Thomke e A. Nimgade, "Bank of America (B)", Harvard Business School Case No. 603-023 (Boston: Harvard Business School Publishing, 2002).

Capítulo 3

1. R. Kohavi e S. Thomke, "The Surprising Power of Online Experiments", *Harvard Business Review*, set.-out. 2017. O capítulo baseia-se amplamente neste artigo,

inclusive texto, conceitos e exemplos. Kohavi forneceu os exemplos da Microsoft e teve muitos artigos publicados sobre os testes on-line. Seu trabalho está disponível no site exp-platform.com.

2. Entrevista com Simon Elsworth, gestor de experimentação e *analytics*, e Abdul Mullick, diretor de transformação digital, ambos da Sky UK, 27 mar. 2019.

3. Entre os livros recentes publicados sobre os testes A/B estão R. King, E. Churchill e C. Tan, *Designing with Data: Improving the User Experience with A/B Testing* (Sebastopol, Califórnia: O'Reilly Media, 2017); e D. Siroker e P. Koomen, *A/B Testing: The Most Powerful Way to Turn Clicks into Customers* (Hoboken, Nova Jersey: John Wiley & Sons, 2015).

4. G. E. P. Box e N. R. Draper, *Empirical Model-Building and Response Surfaces* (Nova York: Wiley, 1987) e D. Montgomery, *Design and Analysis of Experiments* (Nova York: Wiley, 1991), fornecem excelentes introduções dos métodos de design experimental e modelagem.

5. Kohavi et al. têm uma regra geral sobre o número de usuários necessários para realizar um experimento on-line significativo. Embora seja fácil encontrar fórmulas para calcular tamanhos de amostras, os autores recomendam levar em conta a obliquidade de uma variável (a assimetria de sua distribuição). Veja R. Kohavi et al., "Seven Rules of Thumb for Web Site Experimenters", *Proceedings of the 20th ACM SIGKDD International Conference on Knowledge Discovery and Data Mining, New York, August 24-27, 2014*, Nova York: ACM, 2014.

6. Um dos custos potenciais de realizar muitos experimentos no lado dos clientes é o tempo de resposta mais longo. Desse modo, é interessante quantificar o ganho monetário (ou a perda) resultante de atrasos menores para tomar decisões sobre a estratégia de experimentação de uma empresa. Por exemplo, a gestão pode decidir realizar mais experimentos no lado do servidor, com a ajuda de programas de codificação e uma solução de testes de *full-stack*, para melhorar o tempo de resposta.

7. G. Smith e J. Pell, "Parachute Use to Prevent Death and Major Trauma Related to Gravitational Challenge: Systematic Review of Randomized Controlled Trials", *BMJ*, 327, n. 7429 (2003): 1459-1461.

8. R. Yeh et al., "Parachute Use to Prevent Death and Major Trauma When Jumping from an Aircraft: Randomized Controlled Trial", *BMJ* (2018), 363.

9. Uma exceção são os sistemas altamente não lineares, nos quais pequenas mudanças nas variáveis independentes podem resultar em grandes mudanças nas variáveis dependentes. Pode não ser fácil otimizar esses sistemas, mas a experiência tem demonstrado que aumentar a robustez usando métodos do tipo Monte Carlo, em vez de uma otimização do desempenho de um único ponto, é uma solução

promissora (por exemplo, para melhorar a segurança em acidentes automotivos).

10. D. Garcia-Macia, C. Hsieh e P. Klenow, "How Destructive Is Innovation?", NBER Working Paper n. 22953, 2016.

11. Samuel Hollander (1965) constatou que cerca de 80% das reduções do custo unitário na produção do tecido *rayon* resultaram de pequenas alterações técnicas. Kenneth E. Knight (1963) usou computadores digitais para calcular as mudanças de desempenho e chegou a conclusões semelhantes: muitas pequenas melhorias no design dos equipamentos tiveram um grande impacto cumulativo. Veja S. Hollander, *The Sources of Increased Efficiency* (Cambridge, Massachusetts: MIT Press, 1965); e K. E. Knight, *A Study of Technological Innovation: The Evolution of Digital Computers* (dissertação de PhD, Carnegie Institute of Technology, Pittsburgh, 1963).

12. Corstjens, Carpenter e Hasan propõem que as empresas podem melhorar seus retornos sobre as atividades de pesquisa e desenvolvimento reduzindo as grandes apostas e investindo mais em apostas menores. Essa recomendação se baseia em um estudo de empresas de bens de consumo no qual os pesquisadores descobriram que, em média, os gastos de marketing se correlacionam com a receita de vendas, mas os gastos de P&D não apresentam essa correlação. No entanto, uma análise mais profunda das empresas sugeriu que algumas delas obteriam consideráveis ganhos nas vendas resultantes das atividades de P&D se fizessem investimentos menores e mais direcionados na área; veja M. Corstjens, G. Carpenter e T. Hasan, "The Promise of Targeted Innovation", *MIT Sloan Management Review* (inverno 2019).

13. J. Rivkin, S. Thomke e D. Beyersdorfer, "LEGO", Harvard Business School Case n. 613-004 (Boston: Harvard Business School Publishing, 2012).

14. A. Gawande, "Tell Me Where It Hurts", *The New Yorker*, 23 jan. 2017.

15. S. Spear e K. Bowen, "Decoding the DNA of the Toyota Production System", *Harvard Business Review*, set.-out. 1999. O artigo chega a descrever os trabalhadores das fábricas da Toyota como uma "comunidade disciplinada, flexível e criativa de cientistas que aproxima continuamente a Toyota de seus ideais de zero defeitos, pontualidade e eliminação do desperdício".

16. Thomke e Beyersdorfer, "Booking.com".

17. Manzi cita essa taxa de sucesso no Google. A taxa de sucesso mais baixa (3,9%), citada no Capítulo 1, inclui testes menos rigorosos, como avaliações de cliques; veja J. Manzi, *Uncontrolled: The Surprising Payoff of Trial-and-Error for Business, Politics, and Society* (Nova York: Basic Books, 2012).

18. D. Siroker, "How Obama Raised $60 Million by Running a Simple Experiment",

Optimizely Blog. Disponível em: <https://blog.optimizely.com/2010/11/29/how-
-obama-raised-60-million-by-running-a-simple-experiment/>. Acessado em: 22
nov. 2018.

19. Em 2017, 40 desenvolvedores trabalhavam na plataforma de experimentação e
suas ferramentas de análise. Além disso, o grupo tem 30 cientistas de dados, oito
gerentes de programa, um gerente geral e um administrador. A equipe inclui pessoas que trabalharam na Amazon, Facebook, Google e LinkedIn.

20. Entrevista com Manish Gajria, diretor de produtos de seguros e serviços residenciais da MoneySuperMarket, 11 dez. 2018.

21. Ibid.

22. Noam Paransky, vice-presidente sênior de digital da Gap, explicou o progresso
de sua empresa no campo da experimentação na Opticon Conference, Las Vegas,
Nevada, em setembro de 2018. Vídeo acessado no site da conferência, 22 nov.
2018.

23. Tecnicamente, o valor de p, uma medida de significância estatística, relativo à mudança na receita foi de 0,000000005 (muito abaixo do limite de 0,05 normalmente
utilizado).

24. Ronny Kohavi e eu escrevemos uma versão preliminar da presente seção, mas que
não foi incluída em nosso artigo de 2017 publicado na *Harvard Business Review.*
Naturalmente, quaisquer erros desta seção revisada são de minha inteira responsabilidade.

25. S. Goodman, "A Dirty Dozen: Twelve P-Value Misconceptions", *Seminars in Hematology* 45 (2008): 135-140. Os valores de p são amplamente utilizados na análise
de dados, mas muitas vezes não são bem compreendidos. O autor explica 12
equívocos comuns que podem ter um impacto significativo nas conclusões dos
experimentos.

26. Sobre o valor de p de 5%, veja M. Cowles e C. Davis, "On the Origins of the
0.05 Level of Statistical Significance", *American Psychologist* 37, n. 5 (1982): 553-
558. Cabe ao pesquisador escolher o nível de significância adequado, mas o nível
de 5% tem bases em uma longa história de convenções científicas. Quando as
empresas o definem em 10%, como costuma ser feito em experimentos on-line,
elas precisam estar cientes do limiar de evidência mais baixo e não devem tratar os
resultados como se fossem um fato.

27. Kohavi et al., "Seven Rules of Thumb" inclui a fórmula; veja a regra n. 2 dos
autores.

28. R. Fisher, "The Arrangement of Field Experiments", *Journal of the Ministry of
Agriculture of Great Britain* 33 (1926): 503-513.

29. R. Kohavi e R. Longbotham, "Online Controlled Experiments and A/B Tests", in *Encyclopedia of Machine Learning and Data Mining*, ed. C. Sammut e G. Webb (Nova York: Springer, 2017).

30. L. M. Holson, "Putting a Bolder Face on Google", *New York Times*, 28 fev. 2009.

31. D. Bowman, "Goodbye, Google", *Stopdesign* (blog), 20 mar. 2009. Disponível em: <https://stopdesign.com/archive/2009/03/20/goodbye-google.html>. Acessado em: 27 abr. 2018.

32. Veja G. Box, "Robustness in the Strategy of Scientific Model Building", in *Robustness in Statistics*, ed. R. L. Launer e G. N. Wilkinson (Nova York: Academic Press, 1979), 201-236. Uma prática relacionada interessante é a utilização de arranjos ortogonais para o design do experimento. Esses arranjos concentram-se nos principais efeitos das variáveis investigadas. Embora não seja tão preciso quanto os designs fatoriais completos, que incluem interações entre as variáveis e se tornam muito complexos com apenas algumas variáveis, Madhav Phadke descreve a utilidade dos designs ortogonais na otimização em duas etapas dos problemas de engenharia (também conhecido como "método de Taguchi"); veja MS Phadke, *Quality Engineering Using Robust Design* (Englewood Cliffs, Nova Jersey: Prentice-Hall, 1989).

33. S. Thomke e D. Reinertsen, "Six Myths of Product Development", *Harvard Business Review*, maio 2012.

34. R. Koning, S. Hasan e A. Chatterji ("A/B Testing and Firm Performance" [documento de trabalho, 24 out. 2018]) descobriram que cerca de 75% de uma amostra de 7.116 startups fundadas em 2008 usam ferramentas de teste A/B. (A adoção é semelhante para empresas fundadas em 2013.) Além disso, cerca de 25% começaram a usar ferramentas de teste A/B no primeiro ano de operação.

35. Devo informar que atuo como um consultor independente da Optimizely desde janeiro de 2018. O projeto de pesquisa descrito neste capítulo não tem qualquer relação com meu trabalho de consultoria e não foi financiado pela Optimizely. (O apoio financeiro para o projeto foi fornecido pela Divisão de Pesquisa da Faculdade de Administração da Harvard.)

36. Usamos diferentes medidas de impacto: (1) elevação máxima/mínima de todas as variações testadas, condicionada à significância estatística (na maioria dos testes, $p = 0,1$), (2) elevação média gerada por todas as variações condicionadas à significância estatística e (3) significância estatística em qualquer variação.

37. Koning, Hasan e Chatterji ("A/B Testing and Firm Performance") constataram que a adoção da ferramenta de testes A/B em startups está associada a um desempenho mais alto (medido pelo número de visualizações de página e métricas de engajamento do usuário) e ao sucesso do financiamento.

Capítulo 4

1. B. Hindo, "At 3M, a Struggle between Efficiency and Creativity", *BusinessWeek*, 6 jun. 2007.

2. S. Thomke e D. Reinertsen, "Six Myths of Product Development", *Harvard Business Review*, maio 2012.

3. D. Ariely, "Why Businesses Don't Experiment", *Harvard Business Review*, abr. 2010.

4. S. Thomke, *Experimentation Matters: Unlocking the Potential of New Technologies for Innovation* (Boston: Harvard Business School Press, 2003). Algumas seções deste capítulo baseiam-se neste livro, inclusive textos, conceitos e exemplos.

5. Tanto Leonard-Barton quanto Sitkin referem-se a esses resultados como *fracassos inteligentes*. Sitkin relaciona cinco características que contribuem para que os fracassos sejam "inteligentes". São eles: (1) resultam de ações meticulosamente planejadas, (2) têm resultados incertos, (3) são de escala modesta, (4) apresentam presteza na execução e nas respostas e (5) ocorrem em áreas conhecidas o suficiente para possibilitar uma aprendizagem eficaz; veja D. Leonard-Barton, *Wellsprings of Knowledge: Building and Sustaining the Sources of Innovation* (Boston: Harvard Business School Press, 1995); e S. Sitkin, "Learning through Failure: The Strategy of Small Losses", *Research in Organizational Behavior* 14 (1992): 231-266.

6. O caso foi retirado de P. Heinrich, "A/B Testing Case Study: Air Patriots and the Results That Surprised Us", *Amazon's Appstore Blogs*, 16 jan. 2014. Disponível em: <https://developer.amazon.com/es/blogs/appstore/post/TxO655111W182T/a-b-testing-case-study-air-patriots-and-the-results-that-surprised-us>. Acessado em: 2 nov. 2018.

7. A. Hirschman, "The Principle of the Hiding Hand", *National Affairs* (inverno 1967): 10-23.

8. Ibid.

9. Detalhes da entrevista com Manish Gajria, diretor de produtos de seguros e serviços residenciais da MoneySuperMarket, 11 dez. 2018.

10. S. Sitkin, "Learning through Failure" e F. Lee et al., "The Mixed Effects of Inconsistency on Experimentation in Organizations", *Organization Science* 15, n. 3 (maio-jun. 2004): 310-326, apresentam uma discussão e uma revisão de estudos sobre o aprendizado pelo fracasso.

11. Arquivos do SEC (2016): Carta de 2015 do CEO Jeff Bezos aos acionistas da Amazon.

12. As palavras *fracasso* e *erro* têm uma grande proximidade semântica. *Fracasso* geralmente se refere à ausência de um desempenho satisfatório resultante das ações tomadas. Por outro lado, *erro* refere-se à ação equivocada resultante de uma capacidade de julgamento insuficiente, desatenção ou simples desconhecimento, sem

envolver qualquer objetivo de aprendizado. Exagerei deliberadamente a diferença: os fracassos podem ser positivos se as ações forem motivadas por um objetivo de aprendizado, geralmente na forma de uma hipótese ou pergunta.

13. D. Reinertsen, *Managing the Design Factory* (Nova York: The Free Press, 1997) usa esse mesmo argumento ao distinguir entre dois tipos de fracassos: os que geram e os que não geram informações. Os primeiros têm um grande valor para o design, ao passo que os últimos só consomem tempo e recursos sem produzir qualquer benefício.

14. M. L. Tushman e C.A. O'Reilly III, *Winning through Innovation: A Practical Guide to Leading Organizational Change and Renewal* (Boston: Harvard Business School Press, 1997).

15. Citado em W. Bennis e B. Nanus, *Leaders: The Strategies for Taking Charge* (Nova York: Harper & Row, 1985), 70.

16. A. C. Edmondson, "Learning from Errors Is Easier Said Than Done: Group and Organizational Influences on the Detection and Correction of Human Error", *Journal of Applied Behavioral Science* 32, n. 1 (1996): 5-32.

17. Os resultados completos do estudo podem ser encontrados em Lee et al., 2004, "The Mixed Effects of Inconsistency on Experimentation".

18. S. Thomke e A. Nimgade, "Bank of America (A)", Harvard Business School Case No. 603-022 (Boston: Harvard Business School Publishing, 2002); e "Bank of America (B)", Harvard Business School Case No. 603-023 (Boston: Harvard Business School Publishing, 2002).

19. Nas agências de Atlanta, os caixas do Bank of America ganhavam cerca de US$ 20 mil anuais e a rotatividade anual era, em média, de 50%. Acima dos caixas, na hierarquia, ficavam os representantes de vendas, que ajudavam os clientes a abrir contas-corrente ou poupança, a preencher formulários de solicitação de financiamento imobiliário, autenticavam documentos e apresentavam novos produtos e serviços aos clientes. Nas agências participantes do experimento, alguns representantes de vendas podiam atuar na recepção, tomando muitas decisões sem consultar o gerente da filial.

20. Citação de Thomke and Nimgade, "Bank of America (A)", 11.

21. Thomke e Nimgade, "Bank of America (A)", 11.

22. "I. Semmelweiss", Wikimedia Foundation, última alteração em 29 jul. 2019. Disponível em: <https://en.wikipedia.org/wiki/Ignaz_Semmelweis>. Acessado em: 17 abr. 2018.

23. J. Lehrer, "The Truth Wears Off", *The New Yorker*, 13 dez. 2010.

24. G. Linden, "Early Amazon: Shopping Cart Recommendations", *Geeking with Greg* (blog), 25 abr. 2006. Disponível em: <http://glinden.blogspot.com/2006/04/early-amazon-shopping-cart.html>. Acessado em: 1º jun. 2018.

25. R. Kohavi, R. Henne e D. Sommerfield, "Practical Guide to Controlled Experiments on the Web: Listen to Your Customers, Not to the HiPPO", trabalho apresentado na SIGKDD Conference on Knowledge Discovery and Data Mining, San Jose, Califórnia, 12-15 ago. 2007. Para saber mais sobre a história do termo "HiPPO", veja "HiPPO FAQs". Disponível em: <https://exp-platform.com/hippo/>. Acessado em: 17 abr. 2019.

26. "HiPPO FAQs". Acessado em: 17 abr. 2019.

27. F. Bacon, *The Advancement of Learning* (1605; rep. Philadelphia: Paul Dry Books, 2000).

28. D. Kahneman, *Thinking, Fast and Slow* (Nova York: Farrar, Straus and Giroux, 2011), 117. [Ed. bras.: *Rápido e devagar*. Rio de Janeiro: Objetiva, 2012.]

29. M. Shermer, em *The Believing Brain: From Ghosts and Gods to Politics and Conspiracies – How We Construct Beliefs and Reinforce Them as Truths* (Nova York: Times Books, 2011) [Ed. bras.: *Cérebro e crença*. São Paulo: JSN, 2012], propõe que nossos ancestrais humanos tiveram grandes incentivos para cometer um erro do tipo 1 (falso positivo) na cognição. Concluir que a causa do farfalhar no mato é um predador perigoso, quando na verdade é apenas o vento, tem um custo baixo para o ser humano. No entanto, cometer um erro do tipo 2 (falso negativo), achando que a causa do farfalhar no mato é só o vento, quando na verdade é um predador, pode ser um erro fatal. Assim, a genética favoreceu os seres humanos que cometiam erros do tipo 1, e, como Shermer argumenta, nosso cérebro humano é um mecanismo de crenças moldado pela evolução.

30. U. Sinclair, *I, Candidate for Governor: And How I Got Licked* (Nova York: Farrar & Rinehart, 1935; reimpressão University of California Press, 1994), 109.

31. R. Raffaelli, J. Margolis e D. Narayandas, "Ron Johnson: A Career in Retail", Suplemento em vídeo 417-704 (Boston: Harvard Business School, 2017).

32. Lehrer, "The Truth Wears Off".

33. D. Hand, "Never Say Never", *Scientific American*, fev. 2014. Pode ser demonstrado que, se houver 23 ou mais pessoas em uma sala, é mais provável que duas delas tenham a mesma data de aniversário (a probabilidade é de 0,51). Os cálculos são os seguintes: em um grupo de n pessoas, há um total de $n \times (n-1)/2$ pares de pessoas que podem ter o mesmo aniversário. Quando n é igual a 23, o número de combinações é de 253 e só um par precisa ter o mesmo aniversário. Qual é a probabilidade de isso acontecer? A probabilidade de duas pessoas não compartilharem o mesmo aniversário é de 364/365. Para três pessoas, é 364/365 × 363/365. Seguindo essa lógica, a probabilidade de nenhuma das 23 pessoas compartilhar o mesmo aniversário é de 364/365 × 363/365 × 362/365

× ... × 343/365. Isso equivale a 0,49. Portanto, a probabilidade de algumas pessoas compartilharem o mesmo aniversário é de 1 − 0,49 = 0,51, o que costuma surpreender as pessoas.

34. M. Meyer, "Two Cheers for Corporate Experimentation: The A/B Illusion and the Virtues of Data-Driven Innovation", *Colorado Technology Law Journal* 13 (2015): 273-331.

35. Para esclarecer, o Facebook só fez um ajuste no algoritmo que decidia o que os usuários viam em seu Feed de Notícias. Essa triagem algorítmica é uma importante característica proeminente do Feed de Notícias, já que a empresa tenta mostrar aos usuários o conteúdo que eles considerarão mais relevantes e interessantes. A única diferença no experimento foi que o algoritmo usou temporariamente palavras que soam negativas ou positivas para filtrar as notícias.

36. A. Kramer, J. Guillory e J. Hancock, "Experimental Evidence of Massive-Scale Emotional Contagion through Social Networks", *Proceedings of the National Academy of Sciences of the United States of America* 111: (2014): 8788-8790.

37. R. Albergotti, "Facebook Experiment Had Few Limits", *Wall Street Journal*, 2 jul. 2014.

38. T. Weiss, "Amazon Apologizes for Price-Testing Program That Angered Customers", *Computerworld*, 28 set. 2000.

39. Meyer, "Two Cheers for Corporate Experimentation".

40. M. Meyer et al, "Objecting to Experiments That Compare Two Unobjectionable Policies or Treatments", *Proceedings of the National Academy of Sciences of the United States of America* 116 (2019): 10723-10728.

41. S. Thomke, *Experimentation Matters: Unlocking the Potential of New Technologies for Innovation* (Boston: Harvard Business School Press, 2003), mostra como novas ferramentas de simulação e modelagem têm o potencial de transformar a P&D e explica o que os gestores devem fazer para integrá-las com sucesso.

42. Thomke, *Experimentation Matters*, 4.

43. S. Thomke, "Capturing the Real Value of Innovation Tools", *MIT Sloan Management Review* 47, n. 2 (inverno 2006): 24-32.

44. Erik Brynjolfsson e Lorin Hitt argumentaram que a análise no nível do setor não explica por completo a verdadeira relação entre os investimentos em TI e o aumento da produtividade. A pesquisa que os autores fizeram no nível da empresa revela uma relação positiva e aponta para outros fatores que também precisam ser levados em consideração, como práticas organizacionais e de trabalho e investimentos complementares; veja E. Brynjolfsson e L. Hitt, "Paradox Lost? Firm-Level Evidence on the Returns to Information Systems Spending", *Management Science* (abr. 1996).

45. McKinsey Global Institute, *How IT Enables Growth: The US Experience Across Three Sectors in the 1990s* (São Francisco: McKinsey Global Institute, nov. 2002).

46. Kinsey Global Institute, *Productivity Growth and Information Technology*.

47. J. March, "Exploration and Exploitation in Organizational Learning", *Organization Science* 2, n. 1 (1991): 71-87; Tushman e O'Reilly, *Winning Through Innovation*.

48. A. Millard, *Edison and the Business of Innovation* (Baltimore: John Hopkins University Press, 1990), 200.

49. Citado em Millard, *Edison and the Business of Innovation*, 201.

50. Arquivos do SEC (2016): Carta de 2015 do CEO Jeff Bezos aos acionistas da Amazon.

51. Devo informar que, em 2007, prestei consultoria à ams AG e auxiliei nas atividades de inovação, manufatura e marketing da empresa.

52. Hindo, "At 3M, A Struggle Between Efficiency and Creativity".

53. Scott Cook, entrevista em vídeo com Larry Kanter, "Make decisions by experiment, not Power Point", fev. 2014. Disponível em: <https://www.inc.com/larry-kanter/scott-cook--intuit-run-experiments-not-powerpoints.html>. Acessado em: 19 jan. 2019.

54. Na pesquisa acadêmica, a prática de minerar dados para encontrar a significância estatística de algo é conhecida como *p-hacking*. Se o valor de p for definido em 10%, é simplesmente uma questão de tempo para que algumas hipóteses mostrem significância se um número suficiente delas for testada (apenas devido ao efeito do acaso). O problema é que esses resultados podem ser muito enganosos. Imagine analisar centenas de semelhanças entre três pessoas que nasceram no dia 4 de julho. O analista descobre que todas elas são alérgicas a amendoim. Sabendo disso, agora seria possível sustentar a hipótese de que as pessoas nascidas no dia 4 de julho têm uma chance muito maior de serem alérgicas a amendoim, e os dados existentes confirmariam essa hipótese. Naturalmente, essa constatação tem muito poucas chances de se manter em uma replicação do estudo com controles.

Capítulo 5

1. S. Thomke et al., "Lotus F1 Team", Harvard Business School Case n. 616-055 (Boston: Harvard Business School Publishing, 2016).

2. Thomke et al., "Lotus F1 Team".

3. Este capítulo se baseia em um estudo de caso que uso no meu curso na Faculdade de Administração da Harvard para mostrar aos executivos como criar uma vantagem competitiva por meio da experimentação digital e baseia-se amplamente em S. Thomke e D. Beyersdorfer, "Booking.com", Harvard Business School Case No. 619-015 (Boston: Harvard Business School Publishing, 2018).

4. Na internet, o setor de viagens era composto principalmente de sites de e-commerce e de avaliações. Os de comércio eletrônico permitiam que os clientes adquirissem produtos como hospedagem, passagens aéreas e locação de carros diretamente no site da empresa fornecedora (como a Lufthansa) ou por meio de uma agência de viagens on-line, que atuava como intermediária. As agências on-line de viagens compravam parte dos "estoques" de hotéis e outros fornecedores de produtos de viagem e ofereciam esses produtos aos clientes por meio de seu site ou aplicativo móvel. Os sites de avaliações de viagens, como o TripAdvisor, ofereciam aos clientes a oportunidade de compartilhar sua experiência com produtos de viagem (por exemplo, avaliando sua estadia em um hotel) e muitas vezes geravam receita por meio de anúncios no site. Viajantes do mundo todo usavam cada vez mais os sites de avaliação de viagens para tomar decisões de compra. Em 2017, as vendas globais de viagens pela internet geraram US$ 630 bilhões (um aumento de 11,5% em relação a 2016) e devem chegar a US$ 818 bilhões até 2020. O Grupo Expedia, o Priceline Group (holding detentora da Booking e que passou a ser chamada de Booking Holdings em 2018) e o Ctrip da China se tornaram os maiores agentes de viagens do mundo em números de reservas e vendas. O TripAdvisor ficou em primeiro lugar em número de usuários. As quatro empresas impulsionaram a consolidação das agências on-line de viagens, expandindo sua participação de mercado, e passaram a competir com os fornecedores diretos, como hotéis. As agências on-line também estavam sendo desafiadas por novos negócios, como o site *peer-to-peer* Airbnb e gigante dos mecanismos de busca Google. Em 2011, o Google lançou uma ferramenta de busca de hotéis, o Google Hotel Finder, que, em 2016 já tinha se transformado em um serviço completo de busca de estadias. A empresa também incluiu busca de voos com links para sites de companhias aéreas, permitindo que os viajantes comparassem e reservassem passagens aéreas e hotéis sem ter de passar pelas agências on-line de viagens. As agências, que dependiam muito do Google para garantir o tráfego de clientes, reagiram aumentando os gastos com publicidade. Analistas especularam que a gigante do comércio eletrônico Amazon pode estar entre as próximas empresas a entrar no setor de viagens.

5. M. Sorrells, "Booking Holdings Reveals $12.7B Revenue, Goes Lukewarm on Airbnb Threat". *Phocuswire*, 28 fev. 2018. Disponível: <https://www.phocuswire. com/Booking-Holdings-earnings-full-year-2017>. Acessado em: jul. 2018.

6. Ibid.

7. J. Panyaarvudh, "Booking a Niche in the Travel World", *The Nation on the Web*, 18 jun. 2017. <Disponível em: http://www.nationmultimedia.com/news/Startup_and_IT/30318362>. Acessado em: jul. 2018.

8. O exemplo represena só uma variação testada pela Booking. Outras variações poderiam incluir um mapa com pontos turísticos próximos, descrições das características que faziam com que o bairro fosse propício à caminhada ou uma declaração impactante sobre como a caminhabilidade poupava tempo aos viajantes por aumentar a acessibilidade do hotel. Costuma ser uma boa ideia testar muitas variações de uma hipótese (por exemplo, "Informações sobre a caminhabilidade aumentam a conversão do cliente") para evitar que uma única variação de teste leve a uma conclusão precipitada.

9. Panyaarvudh, "Booking a Niche in the Travel World".

10. T. Pieta, "5 Ways to Listen to Your Customers", *Booking.design*, 24 out. 2016. Disponível: <https://booking.design/5-ways-to-listen-to-your-customers-8d06b67702a6>. Acessado em: 6 jul. 2018.

11. A Booking não revela o número de experimentos que realiza por ano, mas um cálculo simples mostra que esse número é muito grande. Para estimá-lo, precisamos aplicar a Lei de Little: taxa de produção (TP) = trabalho em processo (TEP)/ tempo de produção (T). Se o T for de aproximadamente duas semanas e o TEP for de aproximadamente mil experimentos, a empresa realiza cerca de 500 experimentos por semana ou 26 mil experimentos por ano. Mesmo se os experimentos levarem uma média de três semanas, a taxa de produção ainda seria de 17.333 experimentos anuais.

12. S. Gupta et al., "Top Challenges from the First Practical Online Controlled Experiments Summit", *SIGKDD Explorations* 21 (jun. 2019).

13. Entrevista pela internet com Iavor Bojinov (cientista-pesquisador) e Ya Xu (diretor de ciência de dados) em 18 mar. 2019.

14. Y. Xu et al., "From Infrastructure to Culture: A/B Testing Challenges in Large Scale Social Networks". *Proceedings of the 21st ACM SIGKDD International Conference on Knowledge Discovery and Data Mining (KDD) '15*, Sydney. Austrália, 2015, Nova York: ACM, 2015.

15. Algumas diretrizes foram publicadas na internet. Disponível em: <https://engineering.linkedin.com/ab-testing/xlnt-platform-driving-ab-testing-linkedin>. Acessado em: 21 mar. 2019.

Capítulo 6

1. S. Spear e K. Bowen, "Decoding the DNA of the Toyota Production System", *Harvard Business Review*, set.-out. 1999.

2. S. Thomke e D. Beyersdorfer, "Dassault Systèmes", Harvard Business School Case No. 610-080 (Boston: Harvard Business School Publishing, 2010).

3. J. Constine, "Why Snapchat's Redesign Will Fail and How to Save It", *TechCrunch*, 11 maio 2018. Disponível em: <https://techcrunch.com/2018/05/11/how--snapchat-should-work>. Acessado em: 14 nov. 2018.

4. M. Moon, "Snap CEO Evan Spiegel Admits App Redesign Was 'Rushed'", *Engadget*, 5 out. 2018. <https://www.engadget.com/2018/10/05/snap-evan-spiegel--app-redesign-rushed>. Acessado em: 14 nov. 2018.

5. Entrevistas pessoais com Mahesh Chandrappa, 8 e 19 nov. 2018.

6. Andrea Burbank, uma cientista de dados do Pinterest, apresentou esse modelo de maturidade no Data Innovation Summit em Estocolmo, Suécia (abril 2017). Acessei o vídeo da apresentação em 7 nov. 2018. Assumo a responsabilidade por quaisquer erros no resumo dos conceitos por ela apresentados.

7. Entrevista pessoal com Andrea Burbank, 13 nov. 2018.

8. A citação na íntegra diz: "A excelência é uma arte dominada por meio do treinamento e da habituação: não agimos corretamente porque somos detentores de virtude ou excelência, mas somos detentores de virtude ou excelência porque agimos corretamente; essas virtudes são formadas no homem por meio de suas ações; somos o que fazemos repetidamente. A excelência, portanto, não é um ato, mas um hábito"; veja W. Durant, *The Story of Philosophy* (Nova York: Simon & Schuster, 1926).

9. Aleksander Fabijan et al. sugeriram que as empresas seguissem um *modelo de evolução da experimentação*, com base em observações feitas na Microsoft. Os pesquisadores dividem o modelo de maturidade em quatro fases ("engatinhar", "andar", "correr" e "voar") e dividem a evolução de cada fase em três categorias: *técnica* (foco técnico, complexidade da plataforma e disseminação), *organizacional* (autossuficiência da equipe, organização) e *negócios* (critérios gerais de avaliação). Eles constataram que, à medida que a Microsoft escalava acentuadamente a experimentação, sua plataforma e instrumentação ficavam mais sofisticadas, as atividades de teste se tornavam mais difundidas e as equipes, mais independentes. A fase final, do "voar", é o nirvana da experimentação: de acordo com os pesquisadores, nessa fase, "experimentos controlados são a norma para decidir todas as mudanças em qualquer produto do portfólio da empresa". Veja Fabijan et al., "The Evolution of Continuous Experimentation in Software Product Development", International Conference on Software Engineering (ICSE), Buenos Aires, Argentina, maio 2017.

10. Para ver exemplos de *checklists* para realizar experimentos on-line, veja A. Fabijan et al., "Three Key Checklists and Remedies for Trustworthy Analysis of Online Experiments at Scale", apresentado na Conference on Software Engineering, Montreal, Canadá, maio 2019.

11. Entrevista com o diretor de desenvolvimento de produtos digitais da IBD, 11 abr. 2019.

12. Entrevista com Ari Sheinkin, vice-presidente de marketing *analytics* da IBM, 15 fev. 2019.

13. S. Thomke e D. Beyersdorfer, "Booking.com", Harvard Business School Case No. 619-015 (Boston: Harvard Business School Publishing, 2018).

14. Uma discussão detalhada sobre o estudo e seus resultados pode ser encontrada em S. Thomke, *Experimentation Matters: Unlocking the Potential of New Technologies for Innovation* (Boston: Harvard Business School Press, 2003), Capítulo 4.

15. S. Thomke e E. von Hippel, "Customers as Innovators: A New Way to Create Value", *Harvard Business Review*, abr. 2002.

16. Entrevistas com Anke Bridge, da área de soluções de financiamento e banking da Credit Suisse, 16 mar. e 8 jun. 2015.

Capítulo 7

1. A. Hirschman, *The Rhetoric of Reaction* (Cambridge, Massachusetts: The Belknap Press, 1991), 10. [Ed. bras.: *A retórica da intransigência*. São Paulo: Companhia das Letras, 2019.]

2. J. McCormick, "Elevate Your Online Testing Program with a Continuous Optimization Approach", *Forrester Research*, 15 fev. 2018.

3. R. Koning, S. Hasan e A. Chatterji, "A/B Testing and Firm Performance" (documento de trabalho, 24 out. 2018). As medidas de desempenho incluíram o engajamento do usuário, a probabilidade de obter uma rodada inicial de financiamento, o número de rodadas de financiamento e o valor do financiamento de startups que já tinham levantado fundos.

4. D. Montgomery, *Design and Analysis of Experiments* (Nova York: Wiley, 1991), explica ao leitor várias opções de design de experimentos. Naturalmente, estimar os efeitos de interação exigirá designs mais complexos e um número maior de testes.

5. Ronny Kohavi, da Microsoft, usa esse exemplo em apresentações. Em 2003, ele liderou as ações de mineração de dados e a personalização na Amazon.

6. M. Meyer, "Ethical Considerations When Companies Study – and Fail to Study – Their Customers", em *The Cambridge Handbook of Consumer Privacy*, ed. E. Sellinger, J. Polonetsky e O. Tene (Cambridge, Reino Unido: Cambridge University Press, 2018), contém uma discussão ponderada das considerações legais e éticas na experimentação e no teste de produtos envolvendo os clientes. Como vimos no Capítulo 4, o argumento ético a favor de mais experimentos é muito mais forte do que seus críticos gostariam que o leitor acreditasse.

7. Ya Xu, "XLNT Platform: Driving A/B Testing at LinkedIn", 22 ago. 2014. Disponível em: <https://engineering.linkedin.com/ab-testing/xlnt-platform-driving-ab--testing-linkedin>. Acessado em: 21 mar. 2019.

Epílogo

1. P. Drucker et al., *The Five Most Important Questions You Will Ever Ask about Your Organization* (São Francisco: Jossey-Bass, 2008).

2. As outras quatro perguntas são: *qual é a nossa missão? Quem é o nosso cliente? Quais são os nossos resultados? Qual é o nosso plano?*

3. S. Hyken, "You Cannot Downsize Your Way to Profit: Newspapers' Lesson in Customers' Changing Habits", *Forbes Online*. Disponível em: <https://www.forbes.com/sites/shephyken/2018/10/14/you-cannot-downsize-your-way-to-profit/#122f6ea225ab>. Acessado em: 14 out. 2018.

4. Frost e Sullivan, "Global Smartphones and Mobile OS Market, Forecast to 2023", 15 fev. 2018. Disponível em: <https://store.frost.com/global-smartphones-mobile-os-market-forecast-to-2023.html>.

5. Lançado em 2018, o chip A12 Bionic GPU (unidade de processamento gráfico) da Apple tem uma capacidade computacional estimada de 500 gigaflops. Isso representa cerca do dobro do desempenho do A10 Fusion, lançado em 2016. O A10, por sua vez, dobrou o desempenho do A9, lançado em 2015. O mais incrível é que o desempenho bruto do A12 é comparável a um grande supercomputador construído em meados dos anos 1990.

6. J. Ionnidis, "Contradicted and Initially Stronger Effects in Highly Cited Clinical Research", *Journal of the American Medical Association* 294, n. 2 (2005): 218-228.

7. Em "Is AI Riding a One-Trick Pony?", *MIT Technology Review*, nov.-dez. 2017, J. Somers apresenta uma visão geral da história das redes neurais. Muitas das aplicações atuais de aprendizagem profunda são baseadas em uma técnica matemática chamada *retropropagação*, que estudei na pós-graduação no fim dos anos 1980. A retropropagação funciona melhor com um enorme volume de dados e um grande poder computacional.

8. Essa capacidade já foi atingida em algumas áreas. Pense, por exemplo, no sistema de computador Watson, que, de acordo com a IBM, usa "mais de cem técnicas diferentes para analisar a linguagem natural, identificar fontes, encontrar e gerar hipóteses, encontrar e pontuar evidências e mesclar e classificar hipóteses". As aplicações incluem setores tão variados quanto assistência médica, previsão do tempo, indústria da moda, preparação de declarações de imposto de renda, identificação de clientes potenciais etc. Além disso, agentes autônomos ("robôs" de inteligência

artificial) já são capazes de determinar quais variáveis de uma campanha publicitária têm mais chances de converter clientes e fazer automaticamente os ajustes ideais nela (veja B. Power,"How Harley-Davidson Used Artificial Intelligence to Increase New York Sales Leads by 2,930%", hbr.org, 30 mar. 2017. Disponível: <https://hbr.org/2017/05/how-harley-davidson-used-predictive-analytics-to-increase-new--york-sales-leads-by-2930>. Acessado em: 13 set. 2019).

9. H. Lipson, "Curious and Creative Machines", apresentação na Altair Technology Conference, Paris, França, 16-18 out. 2018.

Bibliografia selecionada

ALBERGOTTI, R. "Facebook Experiment Had Few Limits." *Wall Street Journal*, 2 jul. 2014.

ANDERSON, C. "The End of Theory: The Data Deluge Makes the Scientific Method Obsolete." *Wired*, jun. 2008.

ANAND, B., RUKSTAD, M. e PAGE, C. "Capital One Financial Corporation." Case No. 700-124. Boston: Harvard Business School Publishing, 2000.

ARGYRIS, C. e SCHÖN, D. *Organizational Learning: A Theory of Action Perspective*. Reading, Massachusetts: Addison-Wesley, 1978.

ARIELY, D. "Why Businesses Don't Experiment." *Harvard Business Review*, abr. 2010.

BACON, F. *The Advancement of Learning*. 1605. Reimpresso com Introdução de Jerry Weinberger. Filadélfia: Paul Dry Books, 2000.

_____. *Novum Organum*. 1620. Reimpressão, Newton Stewart, Escócia: Anodos Books, 2017.

BANERJEE, A. e DUFLO, E. *Poor Economics: A Radical Rethinking of the Way to Fight Global Poverty*. Nova York: Public Affairs, 2011.

BENNIS, W. e NANUS, B. *Leaders: The Strategies for Taking Charge*. Nova York: Harper & Row, 1985.

BLAIR, W. M. "President Draws Planning Moral: Recalls Army Days to Show Value of Preparedness in Time of Crisis." *New York Times*, 15 nov. 1957.

BOHN, R. "Noise and Learning in Semiconductor Manufacturing." *Management Science* 41 (jan. 1995): 31-42.

BOWMAN, D. "Goodbye, Google." *Stopdesign* (blog), 20 mar. 2009. Disponível em: <https://stopdesign.com/archive/2009/03/20/goodbye-google.html>. Acessado em: 27 abr. 2018.

BOX, G. "Robustness in the Strategy of Scientific Model Building." In *Robustness in Statistics*, R. L. Launer e G. N. Wilkinson (eds.), 201-236. Nova York: Academic Press, 1979.

BOX, G. E. P. e DRAPER, N. R.. *Empirical Model-Building and Response Surfaces*. Nova York: Wiley, 1987.

BOX, G., HUNTER, W. e HUNTER, S. *Statistics for Experimenters*. Nova York: Wiley, 1978.

BOX, J. F. R. *A. Fisher: The Life of a Scientist*. Nova York: Wiley, 1978.

BRYNJOLFSSON, E. e HITT, L. "Paradox Lost? Firm-Level Evidence on the Returns to Information Systems Spending." *Management Science* 42 (abr. 1996).

BUTLER, D. "When Google Got Flu Wrong." *Nature* 494 (14 fev. 2013): 155-156.

CALAPRICE, A. *The New Quotable Einstein*. Princeton, NJ: Princeton University Press, 2005.

CHRISTENSEN, C. M. *The Innovator's Dilemma: When New Technologies Cause Great Firms to Fail*. Boston: Harvard Business School Press, 1997. [Ed. bras.: *O dilema da inovação*. São Paulo: MBooks, 2011.]

CHRISTENSEN, C. M., KAUFMAN, S. P. e SHIH, W. C.. "Innovation Killers: How Financial Tools Destroy Your Capacity to Do New Things." *Harvard Business Review*, jan. 2008.

CLARK, K. e FUJIMOTO, T. *Product Development Performance: Strategy, Organization, and Management in the World Auto Industry*. Boston: Harvard Business School Press, 1991.

CONSTINE, J. "Why Snapchat's Redesign Will Fail and How to Save It." *TechCrunch*, 11 maio 2018. Disponível em: <https://techcrunch.com/2018/05/11/how-snapchat-should-work>. Acessado em: 14 nov. 2018.

COOK, S. "Make Decisions by Experiment, Not PowerPoint." *Inc.,* fev. 2014. Disponível em: <https://www.inc.com/larry-kanter/scott-cook-intuit-run-experiments-not-powerpoints.html>. Acessado em: 19 jan. 2019.

_____. "Why Intuit Founder Scott Cook Wants You to Stop Listening to Your Boss." *Fast Company*, 28 out. 2013. Disponível em: <https://www.fastcompany.com/3020699/why-intuit-founder-scott-cook-wants-you-to-stop-listening-to-your-boss>. Acessado em: 1º jan. 2018.

CORSTJENS, M., CARPENTER, G. e HASAN, T. "The Promise of Targeted Innovation." *MIT Sloan Management Review* (inverno 2019).

COWLES, M. e DAVIS, C. "On the Origins of the 0.05 Level of Statistical Significance." *American Psychologist* 37, n. 5 (1982): 553-558.

CROSS, R. e DIXIT, A. "Customer-Centric Pricing: The Surprising Secret of Profitability." *Business Horizons* 48 (2005): 483-491.

CROWE, C. (dir.). *Jerry Maguire*. Culver City, Califórnia: Columbia TriStar Home Video, 1999.

DRUCKER, P., et al. *The Five Most Important Questions You Will Ever Ask about Your Organization*. São Francisco: Jossey-Bass, 2008.

DURANT, W. *The Story of Philosophy*. Nova York: Simon & Schuster, 1926.

DYER, F. L. e MARTIN, T. C. *Edison: His Life and Inventions*, vol. 2. Nova York: Harper & Brothers, 1910.

EDMONDSON, A. C. "Learning from Errors Is Easier Said Than Done: Group and Organizational Influences on the Detection and Correction of Human Error." *Journal of Applied Behavioral Science* 32, n. 1 (1996): 5-32.

ENRIGHT, M. e CAPRILES, A. "*Black Magic* and the America's Cup: The Victory." Case No. 796187. Boston: Harvard Business School Publishing, 1996.

FABIJAN, A., DMITRIEV, P., HOLSTRÖM OLSSON, H. e BOSCH, J. "The Benefits of Controlled Experimentation at Scale." Trabalho apresentado na Conference on Software Engineering and Advanced Applications (SEAA), Viena, Áustria, ago. 2017.

FABIJAN, A., et al. "The Evolution of Continuous Experimentation in Software Product Development." Trabalho apresentado na International Conference on Software Engineering (ICSE), Buenos Aires, Argentina, maio 2017.

FABIJAN, A., et al. "Three Key Checklists and Remedies for Trustworthy Analysis of Online Experiments at Scale." Trabalho apresentado na Software Engineering, Montreal, Canadá, maio 2019.

FISHER, R. "The Arrangement of Field Experiments." *Journal of the Ministry of Agriculture of Great Britain* 33 (1926): 503-513.

FISHER, R. *The Design of Experiments*, 8. ed. Edimburgo: Oliver and Boyd, 1966.

FRIEDEL, R. e ISRAEL, P. *Edison's Electrical Light: Biography of an Invention*. New Brunswick, Nova Jersey: Rutgers University Press, 1987.

FROST e SULLIVAN. "Global Smartphones and Mobile OS Market, Forecast to 2023." 15 fev. 2018. Disponível: <https://store.frost.com/global-smartphones-mobile--os-market-forecast-to-2023.html>. Acessado em: 20 dez. 2018.

GALBRAITH, J. *Designing Complex Organizations*. Reading, Massachusetts: Addison-Wesley, 1973.

GALISON, P. *How Experiments End*. Chicago: University of Chicago Press, 1987.

GARCIA-MACIA, D., HSIEH, C. e KLENOW, P. "How Destructive Is Innovation?" Documento de trabalho 22953, NBER 2016.

GARVIN, D. *Learning in Action*. Boston: Harvard Business School Press, 2000.

GARVIN, D. "A Note on Corporate Venturing and New Business Creation." Note 302-091. Boston: Harvard Business School Publishing, 2002.

GAWANDE, A. *The Checklist Manifesto: How to Get Things Right*. Nova York: Picador, 2011. [Ed. bras.: *Checklist*. Rio de Janeiro: Sextante, 2011>

GAWANDE, A. "Tell Me Where It Hurts." *The New Yorker*, 23 jan. 2017.

GOODMAN, S. "A Dirty Dozen: Twelve P-Value Misconceptions." *Seminars in Hematology* 45 (2008): 135-140.

GUPTA, S. *Driving Digital Strategy: A Guide to Reimaging Your Business*. Boston: Harvard Business Review Press, 2018. [Ed. bras.: *Implantando estratégia digital*. São Paulo: MBooks, 2019.]

GUPTA, S., et al. "Top Challenges from the First Practical Online Controlled Experiments Summit." *SIGKDD Explorations* 21 (jun. 2019).

HAND, D. "Never Say Never." *Scientific American*, fev. 2014.

HARRÉ, R. *Great Scientific Experiments: Twenty Experiments That Changed Our View of the World*. Oxford: Phaidon Press, 1981.

HAUPTMAN, O. e IWAKI, G. "The Final Voyage of the *Challenger*." Case No. 691-037. Boston: Harvard Business School Publishing, 1991.

HEINRICH, P. "A/B Testing Case Study: Air Patriots and the Results That Surprised Us." *Amazon's Appstore Blogs*, 16 jan. 2014. Disponível em: <https://developer.amazon.com/es/blogs/appstore/post/TxO655111W182T/a-b-testing-case-study--air-patriots-and-the-results-that-surprised-us>. Acessado em: 2 nov. 2018.

HINDO, B. "At 3M, a Struggle between Efficiency and Creativity." *BusinessWeek*, 6 jun. 2007.

HIRSCHMAN, A. "The Principle of the Hiding Hand." *National Affairs* (inverno 1967): 10-23.

_____. *The Rhetoric of Reaction*. Cambridge, Massachusetts: The Belknap Press, 1991. [Ed. bras.: *A retórica da intransigência*. São Paulo: Companhia das Letras, 2019.]

HOLLANDER, S. *The Sources of Increased Efficiency*. Cambridge, Massachusetts: MIT Press, 1965.

HOLSON, L. M. "Putting a Bolder Face on Google." *New York Times*, 28 fev. 2009.

HYKEN, S. "You Cannot Downsize Your Way To Profit: Newspapers' Lesson in Customers' Changing Habits." *Forbes Online*, 14 out. 2018. Disponível em: <https://www.forbes.com/sites/shephyken/2018/10/14/you-cannot-downsize-your-way-to-profit/#122f6ea225ab>. Acessado em: 14 out. 2018.

IANSITI, M. *Technology Integration: Making Critical Choices in a Dynamic World*. Boston: Harvard Business School Press, 1997.

IANSITI, M. e MacCormack, A. "Team New Zealand (A)." Case No. 697-040. Boston: Harvard Business School Publishing, 1997.

_____. "Team New Zealand (B)." Case No. 697-041. Boston: Harvard Business School Publishing, 1997.

IONNIDIS, J. "Contradicted and Initially Stronger Effects in Highly Cited Clinical Research." *Journal of the American Medical Association* 294, n. 2 (jul. 2005): 218-228.

JAIKUMAR, R. e BOHN, R. "The Development of Intelligent Systems for Industrial Use: A Conceptual Framework." *Research on Technological Innovation, Management and Policy* 3 (1986): 169-211.

JESDANUN, A. para a Associated Press. "Amazon Deal from Whole Foods Could Bring Retail Experiments." *The Washington Post*, 16 jun. 2017.

KAHNEMAN, D. *Thinking, Fast and Slow*. Nova York: Farrar, Straus and Giroux, 2011. [Ed. bras.: *Rápido e devagar*. Rio de Janeiro: Objetiva, 2012.]

KAUFMAN, R., PITCHFORTH, J. e VERMEER, L. "Democratizing Online Controlled Experiments at Booking.com." Trabalho apresentado na Conference on Digital Experimentation (CODE@MIT), MIT, Cambridge, Massachusetts, 27-28 out. 2017.

KING, R., CHURCHILL, E. e TAN, C. *Designing with Data: Improving the User Experience with A/B Testing*. Sebastopol, Califórnia: O'Reilly Media, 2017.

KNIGHT, K. E. *A Study of Technological Innovation: The Evolution of Digital Computers*. Dissertação de PhD. Carnegie Institute of Technology, Pittsburgh, PA, 1963.

KOHAVI, R. "Pitfalls in Online Controlled Experiments." Trabalho apresentado na Conference on Digital Experimentation (CODE@MIT), MIT, Cambridge, Massachusetts, 14-15 out. 2016.

KOHAVI, R., et al. "Online Controlled Experiments at Large Scale." *Proceedings of the 19th ACM SIGKDD International Conference on Knowledge Discovery and Data Mining (KDD '13), Chicago, August 11-14, 2013*. Nova York: ACM, 2013.

KOHAVI, R., et al. "Seven Rules of Thumb for Web Site Experimenters." *Proceedings of the 20th ACM SIGKDD International Conference on Knowledge Discovery and Data Mining (KDD '14), New York, August 24-27, 2014*. Nova York: ACM, 2014.

KOHAVI, R., HENNE, R. e SOMMERFIELD, D. "Practical Guide to Controlled Experiments on the Web: Listen to Your Customers, Not to the HiPPO." Trabalho apresentado na SIGKDD Conference on Knowledge Discovery and Data Mining, San Jose, Califórnia, 12-15 ago. 2007.

KOHAVI, R. e LONGBOTHAM, R. "Online Controlled Experiments and A/B Tests." In *Encyclopedia of Machine Learning and Data Mining*, C. Sammut e G. Webb (eds.). Nova York: Springer, 2017.

KOHAVI, R., TANG, D. e XU, Y. *Trustworthy Online Controlled Experiments: A Practical Guide to A/B Testing.* Cambridge, Reino Unido: Cambridge University Press, 2020.

KOHAVI, R. e THOMKE, S. "The Surprising Power of Online Experiments." *Harvard Business Review*, set.-out. 2017.

KONING, R., HASAN, S. e CHATTERJI, A. "A/B Testing and Firm Performance." Documento de trabalho, 24 out. 2018.

KRAMER, A., GUILLORY, J. e HANCOCK, J. "Experimental Evidence of Massive-Scale Emotional Contagion through Social Networks." *Proceedings of the National Academy of Sciences of the United States of America* 111 (2014): 8788-8790.

KUHN, T. *The Structure of Scientific Revolutions.* Chicago: The University of Chicago Press, 1962.

LANDSBERGER, H. "Hawthorne Revisited." *Social Forces* 37, n. 4 (maio 1959): 361-364.

LAZER, D., et al. "The Parable of Google Flu: Traps in Big Data Analysis." *Science*, 14 mar. 2014.

LEE, F., et al. "The Mixed Effects of Inconsistency on Experimentation in Organizations." *Organization Science* 15, n. 3 (maio-jun. 2004): 310-326.

LEHRER, J. "The Truth Wears Off." *The New Yorker*, 13 dez. 2010.

LEONARD-BARTON, D. *Wellsprings of Knowledge: Building and Sustaining the Sources of Innovation.* Boston: Harvard Business School Press, 1995.

LEVINTHAL, D. "Mendel in the C-Suite: Design and the Evolution of Strategies." *Strategy Science* 2, n. 4 (dez. 2017): 282-287.

LEWIS, R. e RAO, J. "The Unfavorable Economics of Measuring the Returns to Advertising." *Quarterly Journal of Economics* 130, n. 4 (nov. 2015): 1941-1973.

LINDEN, G. "Early Amazon: Shopping Cart Recommendations." *Geeking with Greg* (blog), 25 abr. 2006. Disponível em: <http://glinden.blogspot.com/2006/04/early-amazon-shopping-cart.html>. Acessado em: 1º jun. 2018.

LIPSON, H. "Curious and Creative Machines." Trabalho apresentado na Altair Technology Conference, Paris, França, 16-18 out. 2018.

LOCH, C., TERWIESCH, C. e THOMKE, S. "Parallel and Sequential Testing of Design Alternatives." *Management Science* 47, n. 5 (maio 2001).

MANZI, J. *Uncontrolled: The Surprising Payoff of Trial-and-Error for Business, Politics, and Society.* Nova York: Basic Books, 2012.

MARCH, J. "Exploration and Exploitation in Organizational Learning." *Organization Science* 2, n. 1 (1991): 71-87.

MATTIOLI, D. "For Penney's Heralded Boss, the Shine Is Off the Apple." *Wall Street Journal*, 24 fev. 2013.

MAYER-SCHÖNBERGER, V. e CUKIER, K. *Big Data: A Revolution That Will Transform How We Live, Work, and Think.* Boston: Houghton Mi☐in Harcourt, 2013.

McCANN, D. "Big Retailers Put Testing to the Test." CFO.com, 3 nov. 2010. Disponível em: <https://www.cfo.com/technology/2010/11/big-retailers-put-testing--to-the-test-2/>. Acessado em: 4 nov. 2019.

McCORMICK, J., et al. "Elevate Your Online Testing Program with a Continuous Optimization Approach." Forrester Research Report, 15 fev. 2018.

McGRANE, S. "For a Seller of Innovation, a Bag of Technotricks." *New York Times*, 11 fev. 1999.

McGRATH, G. R. e MACMILLAN, I. C. *Discovery-Driven Growth: A Breakthrough Process to Reduce Risk and Seize Opportunity*. Boston: Harvard Business Review Press, 2009.

McKINSEY GLOBAL INSTITUTE. *How IT Enables Growth: The US Experience across Three Sectors in the 1990s*. São Francisco: McKinsey Global Institute, nov. 2002.

MEYER, M. "Ethical Considerations When Companies Study—and Fail to Study—Their Customers." In *The Cambridge Handbook of Consumer Privacy*, E. Sellinger, J. Polonetsky e O. Tene (eds.). Cambridge, Reino Unido: Cambridge University Press, 2018.

_____. "Two Cheers for Corporate Experimentation: The A/B Illusion and the Virtues of Data-Driven Innovation." *Colorado Technology Law Journal* 13 (2015): 273-331.

_____ et al. "Objecting to Experiments That Compare Two Unobjectionable Policies or Treatments." *Proceedings of the National Academy of Science of the United States of America*, 116 (2019): 10723-10728.

MILLARD, A. *Edison and the Business of Innovation*. Baltimore: John Hopkins University Press, 1990.

MINTZBERG, H. "The Fall and Rise of Strategic Planning." *Harvard Business Review*, jan.-fev. 1994.

MONTGOMERY, D. *Design and Analysis of Experiments*. Nova York: Wiley, 1991.

MOON, M. "Snap CEO Evan Spiegel Admits App Redesign Was 'Rushed'." *Engadget*, 5 out. 2018. Disponível em: <https://www.engadget.com/2018/10/05/snap--evan-spiegel-app-redesign-rush>. Acessado em: 14 nov. 2018.

NARAYANDAS, D., MARGOLIS, J. e RAFFAELLI, R. "Ron Johnson: A Career in Retail." Case No. 516-016. Boston: Harvard Business School Publishing, 2017.

NAYAK, P. R. e KETTERINGHAM, J. "3M's Post-it Notes: A Managed or Accidental Innovation?", In *The Human Side of Managing Technological Innovation: A Collection of Readings*, ed. R. Katz. Nova York: Oxford University Press, 1997.

NONAKA, I. e TAKEUCHI, H. *The Knowledge-Creating Company*. Nova York: Oxford University Press, 1995.

PANYAARVUDH, J. "Booking a Niche in the Travel World." *Daily Nation*, 18 jun. 2017. Disponível em: <http://www.nationmultimedia.com/news/Startup_and_IT/30318362J>. Acessado em: jul. 2018.

PEARL, J. e MACKENZIE, D. *The Book of Why: The New Science of Cause and Effect*. Nova York: Basic Books, 2018.

PETROSKI, H. *To Engineer is Human: The Role of Failure in Successful Design*. Nova York: Vintage Books, 1992.

PHADKE, M. S. *Quality Engineering Using Robust Design*. Englewood Cliffs, Nova Jersey: Prentice-Hall, 1989.

PIETA, T. "5 Ways to Listen to Your Customers." Booking.design, 24 out. 2016. Disponível em: <https://booking.design/5-ways-to-listen-to-your-customers--8d06b67702a6>. Acessado em: 6 jul. 2018.

PISANO, G. *The Development Factory*. Boston: Harvard Business School Press, 1997.

POLANYI, M. *Personal Knowledge: Towards a Post-Critical Philosophy*. Chicago: University of Chicago Press, 1958.

POPPER, K. *The Logic of Scientific Discovery*. Nova York: Basic Books, 1959. [Ed. bras.: *A lógica da pesquisa científica*. São Paulo: Cultrix, 2013.]

POWER, B. "How Harley-Davidson Used Artificial Intelligence to Increase New York Sales Leads by 2,930%." *Harvard Business Review*, 30 mar. 2017. Disponível em: <https://hbr.org/2017/05/how-harley-davidson-used-predictive-analytics-to--increase-new-york-sales-leads-by-2930>. Acessado em: 13 set. 2019.

RAIMI, S. (dir.). *Homem-Aranha*. EUA: Columbia Pictures Corporation & Marvel Enterprises, 2002.

RAFFAELLI, R., MARGOLIS, J. e NARAYANDAS, D. "Ron Johnson: A Career in Retail." Suplemento em vídeo 417-704. Boston: Harvard Business School Publishing, 2017.

RAMACHANDRAN, S. e FLINT, J. "At Netflix, Who Wins When It's Hollywood vs. the Algorithm?" *Wall Street Journal*, 10 nov. 2018.

REINERTSEN, D. *Managing the Design Factory*. Nova York: Free Press, 1997.

RIES, E. *The Lean Start-up: How Today's Entrepreneurs Use Continuous Innovation to Create Radically Successful Businesses*. Nova York: Crown Business, 2011. [Ed. bras.: *A startup enxuta*. Rio de Janeiro: Sextante, 2019.]

RIVKIN, J., THOMKE, S. e BEYERSDORFER, D. "LEGO." Case No. 613-004. Boston: Harvard Business School Publishing, 2012.

Rosenbaum, P. *Observation and Experiment: An Introduction to Causal Inference*. Cambridge, Massachusetts: Harvard University Press, 2017.

Rubin, D. "Estimating Causal Effects of Treatments in Randomized and Nonrandomized Studies." *Journal of Educational Psychology* 66, n. 5 (1974): 688-701.

SCHMIDT, E. testemunho perante o Subcomitê Judiciário do Senado dos Estados Unidos sobre as Políticas Antitruste, de Concorrência e Direitos do Consumidor, 21 set. 2011.

SCHRAGE, M. *The Innovator's Hypothesis: How Cheap Experiments Are Worth More Than Good Ideas.* Cambridge, Massachusetts: MIT Press, 2014.

SCHRAGE, M. "Q&A: The Experimenter." *MIT Technology Review,* 18 fev. 2011. Disponível em: <https://www.technologyreview.com/s/422784/qa-the-experimenter>. Acessado em: 30 out. 2019.

ARQUIVOS DO SEC. Carta de 2015 do CEO Jeff Bezos aos acionistas da Amazon, 2016.

ARQUIVOS DO SEC. Carta de 2018 do CEO Jeff Bezos aos acionistas da Amazon, 2019.

SENGE, P. *The Fifth Discipline: The Art and Practice of the Learning Organization.* Nova York: Doubleday, 1990. [Ed. bras.: *A quinta disciplina.* Rio de Janeiro: Best Seller, 2013.]

SHANNON, C. e WEAVER, W. *The Mathematical Theory of Communication.* Chicago: University of Illinois Press, 1963.

SHERMER, M. *The Believing Brain: From Ghosts and Gods to Politics and Conspiracies—How We Construct Beliefs and Reinforce Them as Truths.* Nova York: Times Books, 2011. [Ed. bras.: *Cérebro e crença.* São Paulo: JSN, 2012.]

SIMON, H. A. *The Sciences of the Artificial,* 2. ed. Cambridge, Massachusetts: MIT Press, 1969.

SINCLAIR, U. *I, Candidate for Governor: And How I Got Licked.* Nova York: Farrar & Rinehart, 1935. Reimpresso com introdução de James N. Gregory. Berkeley, Califórnia: University of California Press, 1994.

SIROKER, D. "How Obama Raised $60 Million by Running a Simple Experiment." *Optimizely Blog.* Disponível em: <https://blog.optimizely.com/2010/11/29/how--obama-raised-60-million-by-running-a-simple-experiment/>. Acessado em: 22 nov. 2018.

SIROKER, D. e KOOMEN, P. *A/B Testing: The Most Powerful Way to Turn Clicks into Customers.* Hoboken, Nova Jersey: John Wiley & Sons, 2015.

SITKIN, S. "Learning through Failure: The Strategy of Small Losses." *Research in Organizational Behavior* 14 (1992): 231-266.

SMITH, G. e PELL, J. "Parachute Use to Prevent Death and Major Trauma Related to Gravitational Challenge: Systematic Review of Randomized Controlled Trials." *BMJ* 327, n. 7429 (2003): 1459-1461.

SOMERS, J. "Is AI Riding a One-Trick Pony?" *MIT Technology Review,* nov.-dez. 2017.

SORRELLS, M. "Booking Holdings Reveals $12.7B Revenue, Goes Lukewarm on Airbnb Threat." *Phocuswire*, 28 fev. 2018. Disponível em: <https://www.phocuswire.com/Booking-Holdings-earnings-full-year-2017>. Acessado em: jul. 2018.

SPEAR, S. e BOWEN, K. "Decoding the DNA of the Toyota Production System." *Harvard Business Review*, set.-out. 1999.

STERMAN, J. "Modeling Managerial Behavior: Misperceptions of Feedback in a Dynamic Decision-Making Experiment." *Management Science* 35 (1989): 321-339.

THOMKE, S. "Capturing the Real Value of Innovation Tools." *MIT Sloan Management Review* 47, n. 2 (inverno 2006): 24-32.

_____. *Experimentation Matters: Unlocking the Potential of New Technologies for Innovation.* Boston: Harvard Business School Press, 2003.

_____. "Managing Experimentation in the Design of New Products." *Management Science* 44, n. 6 (1998): 743-762.

THOMKE, S. e BEYERSDORFER, D. "Booking.com." Case No. 619-015. Boston: Harvard Business School Publishing, 2018.

_____. "Dassault Systèmes." Case No. 610-080. Boston: Harvard Business School Publishing, 2010.

THOMKE, S., et al. "Lotus F1 Team." Case No. 616-055. Boston: Harvard Business School Publishing, 2016.

THOMKE, S., HOLZNER, M. e GHOLAMI, T. "The Crash in the Machine." *Scientific American* (mar. 1999): 92-97.

THOMKE, S. e MANZI, J. "The Discipline of Business Experimentation." *Harvard Business Review*, dez. 2014.

THOMKE, S. e NIMGADE, A. "Bank of America (A)." Case No. 603-022. Boston: Harvard Business School Publishing, 2002.

_____. "Bank of America (B)." Case No. 603-023. Boston: Harvard Business School Publishing, 2002.

THOMKE, S. e REINERTSEN, D. "Six Myths of Product Development." *Harvard Business Review*, maio 2012.

THOMKE, S. e VON HIPPEL, E. "Customers as Innovators: A New Way to Create Value." *Harvard Business Review*, abr. 2002.

THOMKE, S., VON HIPPEL, E. e FRANKE, R. "Modes of Experimentation: An Innovation Process and Competitive Variable." *Research Policy* 27 (1998): 315-332.

THOMSON, W. *Popular Lectures and Addresses*, vol. 1. Londres: MacMillan, 1891.

TUSHMAN M. L. e O'REILLY III, C. A.. *Winning through Innovation: A Practical Guide to Leading Organizational Change and Renewal.* Boston: Harvard Business School Press, 1997.

VIGEN, T. "Spurious Correlations". Disponível em: <https://www.tylervigen.com/spurious-correlations>. Acessado em: 4 nov. 2019.

VINCENTE, W. *What Engineers Know and How They Know It*. Baltimore: John Hopkins University Press, 1990.

VON HIPPEL, E. *Democratizing Innovation*. Cambridge, Massachusetts: MIT Press, 2005.

_____. *The Sources of Innovation*. Nova York: Oxford University Press, 1988.

WEISS, T. "Amazon Apologizes for Price-Testing Program That Angered Customers." *Computerworld*, 28 set. 2000.

WHEELWRIGHT, S. e CLARK, K. *Revolutionizing Product Development*. Nova York: The Free Press, 1992.

XU, Y. "XLNT Platform: Driving A/B Testing at LinkedIn." LinkedIn Engineering, 22 ago. 2014. Disponível em: <https://engineering.linkedin.com/ab-testing/xlnt-platform-driving-ab-testing-linkedin>. Acessado em: 21 mar. 2019.

XU, Y., et al. "From Infrastructure to Culture: A/B Testing Challenges in Large Scale Social Networks." *Proceedings of the 21st ACM SIGKDD International Conference on Knowledge Discovery and Data Mining (KDD '15), Sydney, Australia, August 10-13, 2015*. Nova York: ACM, 2015.

YEH, R., et al. "Parachute Use to Prevent Death and Major Trauma When Jumping from an Aircraft: Randomized Controlled Trial." *BMJ* (2018): 363.

YOFFIE, D. e Baldwin, E. "Apple Inc. in 2018." Case No. 718-439. Boston: Harvard Business School Publishing, 2018.

ZALTMAN, G. *How Customers Think: Essential Insights into the Mind of the Market*. Boston: Harvard Business School Press, 2003.

Agradecimentos

Beneficiei-me imensamente da ajuda de todas as pessoas que contribuíram para este livro. Comecei a me interessar pela experimentação nos negócios há mais de 25 anos e tive o privilégio de poder estudar e influenciar o campo com outros teóricos e praticantes, sendo que muitos deles moldaram direta ou indiretamente os conceitos apresentados neste livro. Eric von Hippel, que foi meu orientador de doutorado no MIT, é um grande amigo, mentor e coautor. À base de hambúrgueres e cerveja, nos reunimos com frequência para explorar o fascinante mundo da inovação, e os criativos exercícios mentais de Eric levaram a muitas novas ideias.

Sou profundamente grato aos coautores de outros textos. Don Reinertsen me apresentou à aplicação da teoria das filas ao desenvolvimento de produtos. Jim Manzi me mostrou como realizar experimentos no varejo off-line, setor no qual o tamanho das amostras é pequeno. Ronny Kohavi me ensinou sobre experimentos on-line confiáveis para levar a inovações no software. Eles estão entre os melhores pensadores de gestão e negócios que conheço e aprendi muito com eles.

O trabalho de campo para escrever este livro levou anos e envolveu centenas de pessoas. Sem a ajuda generosa dessas pessoas, seria impossível fazer a pesquisa. Elas participaram pacientemente de entrevistas e me ajudaram a entender como a experimentação funciona na prática. Devo agradecimentos especiais a Cathy Baker, Iav Bojinov, Andrea Burbank, Mahesh Chandrappa,

Scott Cook, Simon Elsworth, Manish Gajria, John Heugle, Jay Larson, Abdul Mullick, Mark Okerstrom, Charles Pensig, Hazjier Pourkhalkhali, Ari Sheinkin, Gillian Tans, Lukas Vermeer, David Vismans e Ya Xu. Outros colaboradores trabalharam comigo em estudos de caso e artigos, incluindo Daniela Beyersdorfer, Alden Hayashi e Ashok Nimgade. Sourobh Ghosh preparou e analisou minuciosamente o conjunto de dados discutido no Capítulo 3. Muitas outras pessoas colaboraram com este projeto e peço desculpas por não ter espaço suficiente para agradecê-las individualmente.

Sou profundamente grato à Divisão de Pesquisa da Faculdade de Administração da Harvard, que apoiou meu trabalho, e a meus colegas. Nitin Nohria, outro apaixonado pela experimentação, tirou um sabático para trabalhar no livro. Sunil Gupta me desafiou a pensar nos limites da experimentação nos negócios. Jason Randal trouxe a magia da inovação a meu trabalho. Outros membros do corpo docente, incluindo Carliss Baldwin, David Bell, Jim Cash, Clay Christensen, Kim Clark, Amy Edmondson, Takahiro Fujimoto, David Garvin, Rebecca Henderson, Marco Iansiti, Karim Lakhani, Gary Pisano, Michael Tushman e Steven Wheelwright, afetaram profundamente meu livro anterior, que foi o ponto de partida para este. Também gostaria de agradecer aos meus colegas, antigos e atuais, da unidade de Gerenciamento de Operações Tecnológicas, que coloca a experimentação no centro de seu planejamento, por criar um lar intelectual para mim desde meu primeiro dia na Faculdade de Administração da Harvard.

Escrever um livro requer longos períodos de solidão. E, quando o primeiro manuscrito surge, a maioria dos autores sai em busca de feedbacks para melhorá-lo. Por sorte, Barbara Feinberg, Bernhard Fischer-Appelt, John Heugle, Hazjier Pourkhalkhali e quatro revisores anônimos leram uma versão preliminar do texto e fizeram recomendações de melhoria. Como um professor, também tive o privilégio de testar ideias, modelos e estudos de caso com milhares de estudantes de MBA e participantes de programas executivos. Sou particularmente grato pelo feedback dos participantes do Programa de Gerenciamento Geral (General Management Program – GMP), do programa Liderando a Inovação de Produtos (Leading Product Innovation – LPI), do Programa Global de Liderança Executiva Sênior (Senior Executive Leadership Program – SELP), dos cursos personalizados da Faculdade de Administração da Harvard e de muitos workshops em empresas. Os participantes leram, discutiram e ouviram pacientemente meu conteúdo e me mostraram como aplicar o "kaizen" para melhorá-lo.

Escrever um livro que seja rigoroso, relevante e acessível ao grande público pode ser um enorme desafio. Barbara Feinberg se destaca como uma amiga e conselheira de confiança, cujo incentivo e insights profundos foram de valor inestimável. Michael Blanding e Monica Jainschigg revisaram meticulosamente meu texto para verificar sua coerência e precisão. Tom Fishburne foi incrivelmente generoso ao me dar acesso a seus cartoons sobre o mundo dos negócios. Jeff Kehoe, Anne Starr e a equipe da HBR Press orientaram o processo de publicação do livro e deram excelentes sugestões para melhorar, posicionar e promover o livro.

Devo minha maior gratidão à minha família. Minha esposa, Savita, me deu seu amor e apoio incondicionais, mesmo quando virei um eremita e negligenciei as tarefas domésticas. A profunda afeição de nossos filhos, Arjun, Vikram e Anjali, é tudo para mim e me dá forças para continuar. Minha mãe e meu pai, de quem sinto falta todos os dias, fizeram de mim o homem que sou hoje e me ensinaram que o mais importante é a família.

Este livro jamais existiria sem essas pessoas.

Sobre o autor

Stefan H. Thomke, uma autoridade em gestão da inovação, é professor de administração de empresas da cátedra William Barclay Harding da Faculdade de Administração de Harvard. Trabalhou com empresas globais no desenvolvimento de produtos, processos e tecnologias; design de experiências do cliente; melhoria operacional; mudança organizacional, e estratégia de inovação. Antes de ingressar no corpo docente da Faculdade de Administração de Harvard, atuou como engenheiro elétrico e consultor na McKinsey & Company, onde prestou trabalhou com clientes dos setores automotivo e de energia.

O professor Thomke lecionou e presidiu programas de educação executiva nas áreas de inovação, gestão de P&D, operações e desenvolvimento de produtos e serviços, tanto na Faculdade de Administração de Harvard quanto em programas corporativos ao redor do mundo. Ele preside o Programa de Gerenciamento Geral (General Management Program – GMP) da Faculdade de Administração de Harvard e é um docente principal em muitos programas de educação executiva, incluindo o Programa de Gestão Avançada (Advanced Management Program – AMP) e o Programa Global de Liderança Executiva Sênior (Senior Executive Leadership Program – SELP) em Dubai, Mumbai e Xangai.

Ele também preside o programa Liderando a Inovação de Produtos (Leading Product Innovation – LPI), que ajuda os líderes de negócios a remodelar seus sistemas de inovação para garantir uma maior vantagem competitiva.

Presidiu o corpo docente da educação executiva da Faculdade de Administração da Harvard no sul da Ásia, onde continua atuando como copresidente das atividades de pesquisa da instituição, e atuou em conselhos consultivos e de supervisão de startups e empresas consolidadas. Antes disso, ele foi presidente do corpo docente do Currículo Obrigatório do MBA e copresidente do programa de doutorado em Ciência, Tecnologia e Gestão.

Thomke foi agraciado com muitos prêmios, incluindo o Prêmio Apgar de Inovação em Ensino da Faculdade de Administração da Harvard e um finalista do Prêmio McKinsey da *Harvard Business Review*.

Suas pesquisas e textos se concentraram principalmente nos processos, nos fatores econômicos e no gerenciamento da experimentação nos negócios. Ele é um autor amplamente publicado, com mais de cem artigos, casos e notas publicados em livros e periódicos de peso, como o *California Management Review, European Business Review, Harvard Business Review, Management Science, Organization Science, Research Policy, Sloan Management Review, Strategic Management Journal* e *Scientific American*. Ele também é o autor dos livros *Experimentation Matters: Unlocking the Potential of New Technologies for Innovation* (Harvard Business School Press, 2003) e *Managing Product and Service Development* (McGraw-Hill/Irwin, 2006).

Thomke tem bacharelado e mestrado em engenharia elétrica, mestrado em pesquisa e gerenciamento de operações (equivalente ao MBA) e PhD em gerenciamento e engenharia elétrica pelo Massachusetts Institute of Technology (MIT), onde foi agraciado com a bolsa de doutorado Lemelson-MIT por suas pesquisas nos campos da invenção e da inovação. Também recebeu diplomas *honoris causa* em economia (doutorado pela Faculdade de Pós-Graduação em Administração HHL Leipzig) e artes (mestrado pela Universidade de Harvard).

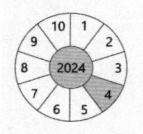